Günther Schwarz | Schauungen der Therese Neumann

Es ist nicht alles aufgeschrieben.
Darum – wenn der Heiland
einen Menschen etwas sehen lässt,
dann muss man dankbar sein.

*

Auf was wollen wir eigentlich noch warten?
Die Leute verlangen nach etwas.
Die Leute wollen etwas lesen.
Ich erlebe das doch jeden Tag.
Sie suchen nach etwas
und können sich nicht selbst helfen.
Die richtigen Gedanken
haben die Leute nicht in sich.
Wenn ihnen etwas zum Lesen gegeben wird,
dann ist das doch wertvoll.

Therese Neumann

Günther Schwarz

Schauungen der Therese Neumann aus Konnersreuth

Impressum:

Druck- & Verlagshaus MAINZ GmbH
Süsterfeldstraße 83
D-52072 Aachen
Internet: *http://www.verlag-mainz.de*

Umschlagsgestaltung:
Verlag Mainz

Abbildungen: *Privatarchiv des Autors*

Druck

Druck- & Verlagshaus MAINZ GmbH
Süsterfeldstraße 83
D-52072 Aachen

Bestellungen und Versand:
Druck- & Verlagshaus MAINZ GmbH
Süsterfeldstraße 83
D-52072 Aachen
Telefon 02 41 - 87 34 34
Fax 02 41 - 87 55 77
Internet www.verlag-mainz.de

ISBN 10 3-8107-0107-6
ISBN 13 978-3-8107-0107-7

INHALT

VORWORT

Wenn Therese Neumann benennen wollte, was vor ihren Schauungen urplötzlich und unwiderstehlich mit ihr geschah, dann sagte sie nur in ihrem stiftländischen Dialekt: „Der Heiland hat mich fortgepackt." – Nur dies. Nicht mehr.

Dieses schlichte Wort, „fortgepackt", ist zweifellos ein treffender Ausdruck für das, was ihr zwischen 1926 und 1962 widerfuhr. Immer und immer wieder. Und jeder, der ihn aus ihrem Munde hörte oder später in der Konnersreuth-Literatur las, verstand sofort und unmittelbar, was sie damit sagen wollte.

Im Hochdeutschen entspricht ihm das Wort „entrückt". Und was es meint, ist – zumindest auf Therese Neumann und auf ihre Schauungen bezogen – ein Zustand entweder jenseits oder unberührt von Raum und Zeit.

Denn sie sah, hörte und fühlte in ihren Schauungen alles, was um sie herum geschah, hautnah und gegenwärtig. Und zwar in der Zeit und im Raum von – vor fast zweitausend Jahren! Nicht unbeteiligt, als sei sie eine Zuschauerin, die in einem Sessel in einem Theater sitzt, sondern als sei sie eine Zeitgenossin, die unmittelbar beteiligt ist, äußerlich und innerlich betroffen ist. – So jedenfalls empfand und beschrieb sie, was sie schaute.

Und wir, die wir ihre Schauungen lesen *können*, wenn wir wollen? – Wir haben drei Möglichkeiten: Entweder wir lesen sie offenen Sinnes und unvoreingenommen, um erfahren oder gar nachempfinden zu können, was sie geschaut hat; oder wir lesen sie distanziert und voreingenommen, um, was sie geschaut hat, nicht an uns herankommen zu lassen, damit wir bei unserer schon lange gehegten Meinung bleiben können; oder wir lehnen es grundsätzlich ab, uns mit solchem 'Mummenschanz' zu befassen.

Es ist wahr: „Bücher haben ihre Schicksale!“ (Terentianus Maurus). – Dieses Buch hätte eigentlich nicht lange nach meinem Buch *Das Zeichen von Konnersreuth* (erschienen 1994) geschrieben werden sollen. So jedenfalls hatten wir es geplant, Ferdinand Neumann, ein Bruder Thereses, und ich. Er wollte mir alles verfügbare Tonmaterial über die Schauungen seiner Schwester schicken, von ihm selbst ins Hochdeutsche übersetzt. Und ich sollte es bearbeiten, so wort- und so sinngetreu wie möglich.

Die meisten seiner Tonbandabschriften bekam ich bald. Weitere sollten folgen, sobald er sie übersetzt hätte. Doch das fiel ihm zunehmend schwerer, je älter er wurde. Verwunderlich ist das nicht, so mühselig, wie diese Arbeit inzwischen – altersbedingt – für ihn geworden war.

Wie viel Material noch zu erwarten war, wusste ich nicht. Dennoch beschloss ich irgendwann, mit meiner Arbeit daran zu beginnen; zumindest bei solchen Schauungen, die vollständig zu sein schienen. Das waren zum Glück viel mehr, als ich anfangs vermutet hatte.

Als Ferdinand Neumann dann starb, 87jährig, am 22. Februar 1999, was ich immer noch bedaure, da fiel die Last der Verantwortung für die Schauungen Thereses unvermittelt auf die Schultern seiner Tochter Marie-Theres Neumann.

In den folgenden Jahren hat sie sich – neben ihren familiären und beruflichen Pflichten her – redlich darum bemüht. Aber es war schwierig für sie, Personen zu finden, die willens und fähig waren, die Arbeit ihres Vaters abzuschließen.

Erschwerend kam hinzu, dass das restliche Material schlecht erhalten war und dadurch nur bruchstückhaft übersetzt und abgeschrieben werden konnte. Dennoch ist etliches davon da und dort in meine Arbeit eingeflossen.

Hinzu kam vor allem, dass ich dieses Buch ohne meine Studien zur Sprache Jesu – dem Aramäischen – und zu seiner Poesie nicht hätte schreiben können.

Günther Schwarz

EINFÜHRUNG

Warum gibt es die Schauungen Therese Neumanns überhaupt? Warum konnte es sie nicht irgendwann vor oder irgendwann nach uns geben? Warum gibt es sie ausgerechnet in *unserer* Zeit? – Zufall? – Wir wissen es nicht.

Sicher ist zumindest: Diese Schauungen konnten der Christenheit nur deswegen vermittelt werden, weil zu der Zeit, in der sie vermittelt wurden, alle dafür erforderlichen Voraussetzungen erfüllt waren:

· erstens, weil es zu der Zeit eine Frau gab, die sich vorher dazu bereit erklärt hatte, Leiden auf sich zu nehmen (die für sie mit dem Empfang jener Schauungen verbunden sein würden) – wohlgemerkt: ohne vorher zu wissen, dass sie je Schauungen empfangen werde (Therese Neumann);

· zweitens, weil es zu der Zeit Menschen gab, die auf ihre Weise dazu beitrugen, dass die Vermittlung jener Schauungen möglich war (Thereses Eltern);

· drittens, weil es zu der Zeit Menschen gab, die den hohen Wert ihrer Schauungen erkannten und anerkannten (Pfarrer Naber, Professor Wutz und andere);

· viertens: weil es zu der Zeit Menschen gab, die den Empfang und den Inhalt ihrer Schauungen öffentlich bekannt machten (Freiherr von Aretin, Doktor Gerlich und andere);

· fünftens, weil es zu der Zeit Menschen gab, die dafür sorgten, dass die Nacherzählungen ihrer Schauungen auf Tonträger aufgenommen wurden (Bischof Buchberger und Ferdinand Neumann, ihr Bruder und zugleich der verdienstvolle Übersetzer ihrer Schauungen ins Hochdeutsche).

Doch dies ist nur der diesseitige Aspekt der Tatsache, dass es die Schauungen Therese Neumanns gibt. Ihm entspricht – wie oben, so unten – als Grundvoraussetzung ein jenseitiger Aspekt; nämlich (so nach der glaubhaften Bezeugung Therese Neumanns): ein unmittelbares, unwiderstehliches, naturwissenschaftlich unerklärbares Hereinwirken 'des Heilands' (so nannte sie Jesus immer) in die diesseitige Welt, der die Vermittlung jener Schauungen nicht nur beabsichtigt habe, sondern auch – allen Widerständen zum Trotz – bewirkt und durchgesetzt habe.

Angenommen, es wäre wirklich so gewesen, dass sich in der Vermittlung jener Schauungen durch Therese Neumann der Wille Jesu verwirklicht habe, sollte es dann nicht erlaubt sein, nach ihrem Zweck zu fragen? Und: könnte die Antwort dann nicht *vielleicht* so lauten?: Weil es an der Zeit war, die knappen, auf das Wesentliche zielenden Darstellungen der vier Evangelien durch eine Darstellung zu ergänzen, die eine an etlichen Stellen – in Details – deutlichere Vorstellung vermitteln kann.

Und wenn es sich – auch nur wahrscheinlich – so verhalten haben sollte, hätten wir dann nicht gute Gründe, dafür dankbar zu sein, dass uns jene Schauungen durch Therese Neumann vermittelt werden konnten?

Denn ohne ihre Vermittlung wüssten wir nur das über Jesu Leben und Leiden, was in den Evangelien steht. Kann es falsch sein, wenn jemand mehr als das zu erfahren wünscht? – Wenn nicht, dann empfiehlt sich für sie / ihn die Lektüre ihrer Schauungen.

Bedauerlicherweise war es diese strenge Beschränkung auf das Wesentlichste, das bei der bibelwissenschaftlichen Beurteilung der Evangelien nachweislich zu Fehlschlüssen geführt hat – wie der Lektüre der Schauungen Thereses zu entnehmen ist.

DIE QUELLEN

Die Schauungen Therese Neumanns liegen der Christenheit teils in Druckwerken, teils auf Tonträgern vor. Anfangs, in den Druckwerken, wurden ihre Wiedergaben sprachlich mehr oder weniger bearbeitet: so von Pfarrer Witt, Pfarrer Naber, Doktor Gerlich, Doktor Steiner und anderen (seit 1927). Später, auf den Tonträgern, sind sie im Originalton erhalten, aufgenommen von Ferdinand Neumann (seit 1938 auf Wachsplatten, ca. 1967 überspielt auf Tonbänder, danach und bis heute je nach Bedarf kopiert auf Tonbandkassetten).

Darüber, wie es dazu kam, die Schauungen seiner Schwester auf Tonträger aufzunehmen (und Fotos und Filmaufnahmen zu machen), schrieb mir Ferdinand Neumann:

Im Jahr 1932 waren meine Schwester Resl, Pfarrer Naber, Professor Wutz und ich bei Bischof Buchberger in Regensburg. Bischof Buchberger nahm mich irgendwann zur Seite und erklärte ungefähr folgendes:

„Du bist also Student und hast eine Vorstellung davon, daß man und wie man wichtige Vorgänge für die Zukunft dokumentieren muß. Sicher wirst Du in Eichstätt Freunde finden, die Dir bei den Bildaufnahmen behilflich sein werden.

Wichtig ist aber vor allem, auch das aufzuzeichnen, was Deine Schwester über die Vorgänge bei ihren Visionen erzählt. Du trägst damit eine Verantwortung. Später wird man dieses Material von Dir erwarten."

Verlässlichkeit

Was die Verlässlichkeit der Schauungen Therese Neumanns betrifft, so wird sie jemand meines Erachtens umso weniger bezweifeln, je genauer er die Evangelien kennt und je besser er über die Umwelt Jesu und über die Zeitgeschichte des

Jahrhunderts zwischen 30 v. Chr. und 70 n. Chr. informiert ist.

Denn die Detailtreue dessen, was Therese erzählte und beschrieb, ist derart groß, dass es möglich sein müsste, zum Beispiel die Kreuzigung Jesu (die Fertigung seines Kreuzes, seine Annagelung an das Kreuz und dessen Aufrichtung) in allen Einzelheiten nachzuvollziehen.

Es stimmt einfach alles, einschließlich der Beschreibung rein handwerklicher Tätigkeiten und technischer Vorgänge. Um das an einem wichtigen Punkt zu testen, habe ich nach Thereses Angaben das Kreuz Jesu in Originalgröße nachgebaut, mich daraufgelegt und festgestellt, dass es eine weitgehend entspannte Körperhaltung ermöglicht haben muss (siehe Seite 246).

Und nicht nur das! – Es machte mir keine Mühe, den linken und den rechten Fuß übereinander zu legen, wie aufgrund der Nägelmale an den Füßen des Gekreuzigten vorauszusetzen ist. Das aber ist etwas, das kein Bildhauer oder Holzschnitzer jemals überzeugend darzustellen vermochte – weil es so, wie sie es dargestellt haben, anatomisch unmöglich ist.

Das von Therese beschriebene Kreuz (und mein Nachbau) dagegen machten es möglich! Spielend leicht sogar. Wie ist das anders zu erklären als so, dass sie in ihren Passionsschauungen tatsächlich wieder und wieder Augenzeugin der Kreuzigung Jesu war und dass sie das, was sie schaute und sich einprägte, zuverlässig beschrieb?

Bedeutsamkeit

Nicht die Stigmen, nicht die Nahrungslosigkeit und nichts von all dem, was sonst noch bemerkenswert war an Therese Neumann, kann nach meinem Urteil bedeutsamer sein für unsere Zeit und für die Zukunft, als die Summe ihrer Schauungen.

Erwein Freiherr von Aretin hat dies als erster klar erkannt, treffend beschrieben und zutreffend bewertet – keiner so klar und so zutreffend wie er (siehe *Die Einkehr,* Unterhaltungsbeilage der „Münchner Neuesten Nachrichten" Nr. 57, vom 3. August 1927, Seite 227):

Soweit es möglich ist, aus allen diesen Angaben … Schlüsse zu ziehen, steht es fest, daß die Ekstasen Kenntnisse vermitteln, die weder bei der Trägerin, noch bei irgendeinem Zeugen vorhanden sind. Die Resl erscheint hier ganz als Objekt einer äußeren, den Sinnen nicht erfaßbaren Macht.

Dem entspricht auch der Anblick dieser Ekstasen. Mit einer Brutalität ohnegleichen, oft mitten im Wort, ja mitunter mitten in Funktionen, die die Gedankenwelt der Resl weitab von allem Geistigen ziehen, brechen diese Ekstasen wie urweltliche Gewitter herein, reißen sie aus den Kissen oft in Stellungen, die physikalisch nach den Gravitationsgesetzen unmöglich sind, ziehen ihre gespannten Arme nach vorne und lassen nur mehr aus ihrem Minenspiel, das unerhört lebhaft und deutlich wird, erkennen, was sie erlebt.

Die mündliche Erzählung des Erlebten und damit die Deutung des Minenspiels kann erst danach erfolgen …

In unaufhaltsamer Steigerung rollt sich genau in der durch die Evangelien bekannten Folge das größte und folgenschwerste Geschehen der Menscheitsgeschichte … unmittelbar vor uns ab.

Ergreifender Gedanke, in diese blutigen Augen zu blicken, die den Heiland sehen, diese Ohren zu betrachten, die Worte und Töne hören, die in fernem Lande vor zwei Jahrtausenden verhallten …

Mit unheimlicher Regelmäßigkeit, die jeder natürlichen, ach so eifrig versuchten Erklärung spottet, wiederholen sich diese Vorgänge jeden Freitag auf die Minute, so daß mein Führer [Professor Wutz] *mit der größten Präzision alles Kommende bis auf die kleinste Geste voraussagen kann.*

Also: Nicht ihre Stigmen sind es, weswegen Therese Neumann einzigartig ist, auch ihre Nahrungslosigkeit ist es nicht, obgleich ihr vor allem ungebührlich viel Aufmerksamkeit geschenkt wurde. Nein! Allein ihre Schauungen sind es, weswegen sie einzigartig ist – so, wie sie sind: so schlicht, so klar, so wahr, so echt, nachvollziehbar bis ins Detail –, ohne je durch Nebensächlichkeiten aufgebauscht oder zerredet zu sein.

Und wir? – Wir sollten uns fragen lassen, warum und wozu uns die Schauungen Thereses im zwanzigsten Jahrhundert geschenkt wurden; warum weder vorher noch nachher!

Fest steht: Es wäre nicht geschehen, wenn die Umstände und die Zeit dafür nicht reif gewesen wären. Waren sie aber reif, dann sollte klar sein, dass ihr Vorhandensein uns in Pflicht nimmt und dass wir uns schuldig machen, wenn wir es versäumen, sie so wertzuschätzen, wie sie es verdienen: als ein Geschenk dessen, den Therese Neumann nie anders nannte als „der Heiland".

Form und Inhalt

Es liegt mir viel daran, von vornherein festzustellen, dass die in diesem Buch abgedruckten Nacherzählungen von Schauungen Therese Neumanns keine Wort-für-Wort-Wiedergaben sein können, dass sie aber, weil sie es um der Wahrhaftigkeit willen sein müssen, wort- und sinngetreue Wiedergaben sind.

Dass sie keine Wort-für-Wort-Wiedergaben sein können, ist bedingt nicht nur durch die dialektgefärbte Erzählweise Thereses, sondern auch dadurch, dass sie, während sie erzählte, häufig unterbrochen wurde: meistens durch Fragen Pfarrer Nabers, des Geistlichen von Konnersreuth, aber auch durch Fragen ihres Bruders Ferdinand, zuweilen auch durch Fragen anderer.

Die Wirkungen jener Fragen waren teils negativ, teils positiv. Negativ war jede Frage insofern, als sie den Erzählfaden zerriss und dadurch die zeitliche Reihenfolge dessen, was Therese erzählen wollte, häufig durcheinanderbrachte.

Positiv waren Fragen immer dann, wenn Therese durch sie genötigt wurde, sich an bestimmte Einzelheiten zu erinnern, die sie sonst – sehr wahrscheinlich – nicht erwähnt hätte, weil sie ihr zu unwichtig oder gar zu neugierig erschienen.

Hinzu kam noch, dass sich durch Fragen und Zwischenfragen jeglicher Art unweigerlich Wiederholungen des schon Erzählten einstellten.

In der Regel nahm Therese irgendwann danach ihren ursprünglichen Erzählfaden wieder auf. Manchmal aber, besonders dann, wenn ihr körperlich unwohl war, kam es durch Fragen und Zwischenfragen zu Auslassungen; gelegentlich aber auch zu wertvollen Ergänzungen.

Alles, was sie erzählte (ob durch Fragen unterbrochen oder nicht) einfach Wort-für-Wort abzuschreiben, ging daher nicht an. Schon deswegen nicht, weil alle Fragen, auch solche, die das Erzählte verständlicher gemacht hätten, draußen zu bleiben hatten. Denn sie gehörten ja nicht zum Inhalt ihrer Schauungen.

Überdies wäre das Ergebnis eines bloßen Abschreibens des von Therese Erzählten für die LeserInnen dieses Buches eher unbefriedigend und unverständlich gewesen; hauptsächlich deswegen, weil die zeitliche Reihenfolge des Erzählten – eine Folge ihres Temperaments – manchmal wie umgepflügt erscheint.

Den ursprünglichen Hergang des Geschehens zu erkennen und dadurch die zeitliche Reihenfolge des Geschauten wiederherzustellen, war daher unerlässlich; und zwar als Grundvoraussetzung für die Bearbeitung der Schauungen Thereses, weil nur so Klarheit über den Hergang des Geschauten zu gewinnen war. [Ohne gründliche Kenntnis der vier Evangelien wäre dieser Arbeitsgang unmöglich gewesen.]

Erst wenn das geschehen war, wenn die grobe Arbeit getan war, erst dann war daran zu denken, die endgültige sprachliche Form zu erarbeiten; und zwar ohne den Inhalt des Erzählten zu verfälschen. Bei diesem Arbeitsgang hatte es um die wort- und sinngetreue Wiedergabe der Schauungen Thereses zu gehen.

Dabei war vor allem zu bedenken, wie es zu schaffen sei, eine Brücke zu schlagen zwischen dem stiftländischen Dialekt Thereses und der hochdeutschen Sprache unserer Zeit. – Dieses Problem war vorrangig ein grammatisches Problem.

Dazu ist anzumerken: Während ich die maschinegeschriebenen Texte las, die Ferdinand Neumann mir geschickt hatte, fiel mir immer wieder auf, dass seine Schwester über das, was sie geschaut hatte, überwiegend im Perfekt erzählte. Dialektbedingt. Es folgen zwei einfache Beispiele:

Er hat … gehabt. / Sie sind … gewesen.

Im Hochdeutschen wirken solche Formulierungen, wenn sie gehäuft verkommen, schwerfällig. Daher habe ich mir erlaubt, sie durch imperfektische Formulierungen zu ersetzen, wie sie in der hochdeutschen Erzählweise üblich sind – um der Hochdeutsch sprechenden LeserInnen willen. Es folgen dieselben Beispiele:

Er hatte … / Sie waren …

Abgesehen von solchen Änderungen des sprachlichen Ausdrucks, habe ich mich konsequent an die Erzählweise Thereses gehalten. Warum auch nicht? – Denn ihre Art zu erzählen ist nach meinem Empfinden so lebendig, dass sie weithin geradezu spannend ist.

Wiederholungen genau derselben Sätze oder einzelner Wörter (oft nach Unterbrechungen durch Fragen) habe ich natürlich weggelassen. Ebenso auch allzu persönliche Äußerungen zu Pfarrer Naber oder zu ihrem Bruder Ferdinand.

Da und dort habe ich auch in Klammern erklärende Bemerkungen eingefügt, damit zu erkennen ist, von wem oder wovon die Rede ist; denn das ergab sich oft erst aus dem Gesamtzusammenhang.

Vieles, denke ich, wird den LeserInnen dieses Buches genau so neu, interessant und spannend vorkommen wie mir; manches aber auch grausig und erschütternd; oder, wie Therese einmal sagte: „Gräßlich!“

Unbewusstheit

Was Therese Neumann schaute, empfand sie nicht als etwas, das sich vor neunzehn Jahrunderten und mehr ereignet hatte. Sondern sie empfand es als etwas, das geschah, kurz bevor sie anfing, davon zu erzählen. Ihre Erinnerung daran war also ganz frisch.

Und da sie das, was sie zwischen 1926 und 1962 schaute, wieder und wieder schaute, konnten sich ihrem aktiven Gedächtnis im Laufe der Zeit immer mehr Einzelheiten aus ihren Schauungen einprägen, über die sie, wenn sie darüber befragt wurde, Auskunft geben konnte.

Jedes Mal während einer Schauung aber – das gilt es festzuhalten – erschien ihr das, was sie schaute, so, als schaue sie es zum ersten Mal. Und jedes Mal, wenn sie kurz nach einer Schauung das Geschaute nacherzählte, erschien es ihr so, als habe sie das, was sie geschaut hatte, zum ersten Mal geschaut.

Dennoch erzählte Therese keineswegs 36 Jahre lang über das, was sie schaute, immer wieder dasselbe. Ein Grund dafür war offenbar der, dass sie nicht jedes Mal wieder derselben Einzelheit dieselbe Aufmerksamkeit schenkte, sondern dass sie mal diese, mal jene Einzelheit besonders intensiv in sich aufnahm.

Entscheidender aber als dieser Grund scheint der gewesen zu sein, dass Therese kaum je ungehindert erzählen konnte, sondern dass sie immer wieder durch Fragen unterbrochen wurde; und zwar jedes Mal an anderen Stellen ihrer Nacherzählungen und überdies auch noch durch andere Fragen. Solche Unterbrechungen hatten selbstverständlich Folgen, sowohl für den Fluss ihrer Erzählung als auch für das, was sie erzählte.

Die drei Zustände Thereses

Hierzu schrieb Freiherr von Aretin (a. a. O., Seite 226) aufgrund eigenen Erlebens:

Wir müssen bei Therese Neumann drei völlig verschiedene Zustände unterscheiden: die Ekstase, die allein ihr die Kenntnis und den Anblick der historischen Begebenheiten vermittelt, die sich um das Leben Christi spinnen, den Normalzustand an allen Tagen der Woche, mit Ausnahme der Freitage und endlich einen Zwischenzustand …

Im normalen Zustand erzählt sie von dem Inhalt ihrer Visionen, die sie kritisch durchdenkt, und von denen sie in einfachen Worten berichtet, als handle es sich um Begebenheiten, die sie tags vorher … gesehen hätte. Ihr unverbrauchtes, ausnehmend gutes Erinnerungsvermögen an die ihr natürlich unverständlichen aramäischen Worte kommt hiebei der Protokollaufstellung sehr zu gute.

Ganz anders stellt sich der Zwischenzustand dar. Hier ist ihr ganzes Gedächtnis für früher Geschehenes und Erlebtes völlig ausgelöscht. Sie kann nur den frischesten Eindruck der vorausgehenden Ekstasen wiedergeben, und ihr ganzer Intellekt ist etwa auf jenen eines Kindes reduziert, das wohl schauen und hören, aber nicht kombinieren kann.

Einfachste Begriffe, wie Bruder, Schule und ähnliches, sind ihr – hievon war ich Zeuge – vollkommen unfassbar. Nur ihre nächsten Bekannten, außer ihrer Mutter noch der Pfarrer und mein Führer, können sie zu Antworten veranlassen, die im unverfälschten oberpfälzischen Dialekt erfolgen. Auf die Frage nach der Beleuchtung im Garten Gethse-

mane antwortete sie z. B.: „Da is a großes Licht, und dann brennt oa Holzscheitl und no oa Holzscheitl." Es ist ihr nicht möglich, diese beiden Holzscheitl zu „zwei Holzscheitln" zu kombinieren …

Diese Erläuterungen erschienen mir notwendig; denn ohne sie hätten uninformierte LeserInnen sich zweifellos darüber gewundert, warum Therese Neumann in ihren Schauungen nicht „bis drei zählen kann".

Für die Begriffe Ekstase, Normalzustand und Zwischenzustand prägte Fritz Gerlich in seinem Buch *Die stigmatisierte Therese Neumann von Konnersreuth* (Band 1, Seiten 172–177) später andere, theoretische Begriffe. Doch wie er das tun musste, das war notgedrungen weit ausführlicher und weniger anschaulich, als die obige erzählende und daher vor mir bevorzugte Darstellung.

Die Auswahl der Schauungen

Es bestand ein stilles Einvernehmen zwischen Ferdinand Neumann und mir, für dieses Buch vor allem die Schauungen Thereses auszuwählen, die auf Tonträgern vorliegen und die er selbst ins Hochdeutsche übersetzt hatte – um größtmögliche Gewähr dafür bieten zu können, dass sie den Originalton ihrer Schauungen so wort- und sinngetreu wie möglich wiedergeben.

Aufgrund dieses Auswahlkriteriums mussten alle Wiedergaben von Schauungen Thereses unberücksichtigt bleiben, deren Wortlaut – wenn auch ihren Schauungen folgend – die Ausdrucksweise ihrer Verfasser widerspiegeln.

Dies betrifft zum Glück nur die Niederschriften von Pfarrer Naber und Doktor Steiner. Sie haben und behalten ihren Wert je für sich; doch ihre sprachliche Form ist so anders als Thereses Redeweise, dass es sich von selbst verbot, beide gleichgewichtig nebeneinander zu stellen.

Die in diesem Buch vorliegende Sammlung von Schauungen Thereses ist gleichwohl beeindruckend. Sie beginnt mit *Maria und Josef suchen eine Unterkunft – in Betlehem in Judäa,* und sie endet mit *Stephanus wird verhaftet, verurteilt und gesteinigt.*

Es kann keinen berechtigten Zweifel daran geben, dass diese Sammlung die bei weitem wichtigsten Schauungen Thereses enthält. Dabei ist zu berücksichtigen, dass deren Anzahl (65) aus vielen Einzelschauungen besteht, deren Anzahl ungewiss ist.

Hier sei nur daran erinnert, dass Bischof Kaspar (nach F. Ritter von Lama, *Konnersreuther Jahrbuch 1929 [1930],* Seiten 132–157) für die Passion Jesu zwischen Getsemani und dem Transport seines Leibes zur Grabstätte des Josef aus Arimathäa 40 Einzelschauungen zählte.

Von den im Folgenden dargebotenen 65 Schauungen Thereses entsprechen 61 exakt den eingangs erwähnten Auswahlkriterien (Tonaufnahme und hochdeutsche Übersetzung von Ferdinand Neumann), während *eine* ihnen zur Hälfte entspricht (nur Tonaufnahme von Ferdinand Neumann).

Die restlichen drei Schauungen kommen diesem Kriterium so nahe, dass es gerechtfertigt erschien, auch sie in diese Sammlung aufzunehmen:

1. Jesus zeigt sich drei Jüngern in seinem Lichtglanz: L. Witt, *Konnersreuth* (2. Aufl. 1927), Seiten 245.246, weil die Redeweise Thereses aus Witts Fassung sehr leicht zu rekonstruieren war.
2. Petrus und Johannes berichten über das leere Grab: F. Gerlich, Band 1 (1929), Seite 240, weil Gerlich den Hergang der Schauung Thereses in ihrem Dialekt wiedergab.
3. Der verklärte Jesus zeigt sich dem Thomas: J. Steiner, Band 1 (2. Auflage 1974), Seite 272; J. Parecattil, in: J. Steiner, *Theres Neumann* (7. Aufl. 1974), Seite 289, weil auch Steiners Fassung es gestattete, die Redeweise Thereses mühelos zu rekonstruieren.

Ausschlaggebend aber war für alle drei Schauungen, dass sie je an ihrer Stelle der Sammlung für deren Gesamtzusammenhang wertvoll und wichtig waren.

Und was die zur Hälfte den Auswahlkriterien entsprechende Schauung betrifft, so handelt es sich dabei um eine Tonaufnahme Ferdinand Neumanns von 19?? = Kassette 21, die nach seinem Tode dankenswerterweise von Frau Hermine Seitz ins Hochdeutsche übersetzt wurde.

Die Umschreibungen

Während sie ihre Schauungen nacherzählte, hatte Therese keinen Zugriff auf Personen- und Ortsnamen und auf Begriffe wie zum Beispiel Engel, Jünger, Schriftgelehrte undsoweiter. Dadurch war sie gezwungen, sich mit Umschreibungen zu behelfen, mit denen sie das Charakteristische zu beschreiben versuchte.

Es folgen ihre wichtigsten Umschreibungen, zugleich auch die, die am häufigsten vorkommen. Wen oder was sie bezeichnen, das wird in den folgenden Schauungen nicht immer erklärt, kann hier jedoch jederzeit ermittelt werden.

Die **Mutter** – Maria, die Mutter Jesu.

Der **gute Mann** – Josef, der Pflegevater Jesu.

Lichte Männer – Engel.

Männer, die im großen Haus Ordnung halten – Tempelwächter.

Gerade Männer – anfangs jüdische, später römische Soldaten.

Der **Mann** mit dem Viehgewand – Johannes der Täufer.

Die **Männer,** die immer beim Heiland gewesen sind – die Zwölf.

Die **Männer,** die nur manchmal beim Heiland gewesen sind – die Jünger des weiteren Jüngerkreises.
Der **Waschlschneider** – Petrus (Seite 97).
Der **Alte** – Andreas, sein älterer Bruder.
Der **junge Mann** – Johannes, der Jüngste der Zwölf.
Der immer so alles **gerichtet** hat – Jakobus, sein älterer Bruder.
Der **Lange** – Philippus Bar Tholomäus.
Der **dürre Lange** – Thomas.
Der **Netglaubenwollende** – Thomas.
Das **Mädchen** – Maria aus Magdala.
Die **lange Schwarze** – Marta ihre ältere Schwester.
Der **Lebendiggewordene** – Lazarus, der Bruder beider.
Der **Lange**, der nachts beim Heiland gewesen ist – Nikodemus.
Der **Kleinere** – Josef aus Arimathäa.
Gescheite – Sternkundige.
Gescheitseinwollende – Schriftgelehrte, Pharisäer, Oberpriester.
Der vom Pferd **heruntergesprungen** ist – der Centurio.
Der dem Heiland die Seite **durchstochen** hat – der Decurio.
Der **Itrauminet** – (Ich-trau-mich-nicht) Pontius Pilatus.
Der **Mann ohne Haar** – Pontius Pilatus.
Der **dürre Alte** – Hannas, der Althochpriester.
Der **Kittelzerschneider** – Kajaphas,
der amtierende Hochpriester (Seite 105).
Der **große Ort** – Jerusalem, die Hauptstadt Judäas.
Das **große Haus** – der Tempel in Jerusalem.
Der **große Berg** – der Ölberg (Berg der Olivenbäume).
Wasserhupferle – Fische.
Gewachsenes von den Bäumen – Früchte.

Halbe Kanapees – Speiseliegen.
Ein **Bretterkasten** – ein Fischerboot.

Immer dann, wenn die LeserInnen der nun folgenden Schauungen der Therese Neumann bei ihrer Lektüre auf scheinbare „Nebensächlichkeiten“ stoßen, wären sie gut beraten, gerade sie besonders sorgfältig zu bedenken. Denn gerade sie sind es, in denen sich die historische Zuverlässigkeit Thereses am eindeutigsten widerspiegelt.

Ein Beispiel möge genügen: In ihrer Schauung „Der Jesusknabe wird Gott geweiht – die Mutter kultisch gereinigt“ erwähnte sie beiläufig, der vierzig Tage alte Jesus sei anlässlich seiner Weihe in „etwas Bläuliches und etwas Weißliches“ eingewickelt gewesen. Zweifellos teilte sie diese Beobachtung nur darum mit, weil sie es visionär so gesehen hatte. Ohne zu wissen, warum es so war und was das bedeutete.

Seine Eltern wussten das, und die Priester im Jerusalemer Tempel, die die Weihehandlung an dem Jesusknaben vollzogen, wussten es auch. Denn: Da es zum jüdischen Grundwissen gehörte, dass blau und weiß die Stammesfarben Judas waren, konnten sie als Juden einen Knaben, der in „etwas Bläuliches und etwas Weißliches“ eingewickelt war, ohne Worte als einen Sprössling des Stammes Juda erkennen.

Dass Therese die Nebensächlichkeit „etwas Bläuliches und etwas Weißliches“ lediglich mitteilte, ohne auch nur zu ahnen, dass es sich bei blau und weiß um die Stammesfarben Judas handelte, das ist *ein* unwiderleglicher Beweis dafür, dass *diese* Schauung historisch zuverlässig ist. Doch von solchen und ähnlichen Beweisen gibt es, wie Therese sagen würde, „viele und viele“ in ihren Schauungen. Und jeder von ihnen macht die seine unwiderleglich.

DIE SCHAUUNGEN

Welche Bereicherung unseres Wissens
über den tatsächlichen Hergang
– zum Beispiel der Leidensgeschichte Jesu –
wir den Schauungen Therese Neumanns verdanken,
das werden alle empfinden, denke ich,
die sie mit wachen und unverbogenen Sinnen lesen
und ungefiltert auf sich wirken lassen.

Damit kein Missverständnis aufkomme:
Hier ist ein Zuwachs an Detailwissen gemeint,
nicht ein Mehr an Offenbarungsgehalt.

Die hochgestellten Ziffern verweisen auf die „Quellen und Bibelbelege“ (Seiten 337–345).

Die eingeklammerten Textteile enthalten inhaltliche oder sprachliche Erklärungen.

Maria und Josef suchen eine Unterkunft – in Betlehem in Judäa[1]

THERESE NEUMANN IST VISIONÄR IN DIE NÄHE BETLEHEMS VERSETZT. SIE ERZÄHLT:

Das war so: Da war der gute Mann (Josef), und da war die Mutter (Maria). Die Mutter saß auf einer Eselin. Sie hatte viel Gepäckzeug mit. Die Eselin hatte es schwer.

Es war kalt, nasskalt. Regnerisch war es. – Jetzt kamen sie zu dem Ort (Betlehem). Es war noch hell. Aber es ging auf den Abend zu. Die Mutter stieg ab. Dann gingen sie weiter, in den Ort hinein, schön langsam. Da gab es viele Leute. Fremde Leute, das konnte man sehen.

Jetzt redeten sie miteinander. Dann hielt die Mutter die Eselin am Zügel. Dann ging der gute Mann in ein Haus. Als er wieder herauskam, war es ihm hart. Dann sagte er etwas zur Mutter. Da tröstete sie ihn. Ja. Ihm war es härter als der Mutter.

Dann gingen sie weiter, immer weiter. Weit. Das ist ein langer Ort. Da geht ein langer Weg hindurch, eine Straße. Da ist ein holperiges Pflaster. Immer weiter gingen sie, einen Berg hinauf.

Dann ging der gute Mann in ein Haus auf dieser Seite. Dann ging er in ein anderes Haus auf der anderen Seite, in ein großes Haus (in ihm mussten sich beide in die Steuerlisten einschreiben lassen). Es dauerte eine Weile. Dann kam er wieder heraus.

Dann banden sie die Eselin an. Dann gingen beide in das Haus. Da mussten sie anstehen. Da kamen immer mehr Leute. Das dauerte lange. – Dann kamen sie wieder. Inzwischen war es dunkel geworden. Dann redeten sie miteinander, suchten die Eselin und banden sie los.

Dann gingen sie weiter. Dann kamen sie zu einem noch größeren Haus (zu einer Karawanserei?) auf der anderen Seite. Dann ging er hinein in das Haus, der gute Mann. Als er herauskam, war es ihm wieder hart. Dann gingen sie weiter, weiter. Redeten eine Weile, blieben dann stehen. Redeten wieder eine Weile, blieben dann wieder stehen.

Auf einmal stand da, auf dieser Seite, droben auf einer Stiege, ein Mann. Zu dem riefen sie etwas hinauf. Der war nicht übel. Der winkte mit der Hand, sagte etwas, zeigte mit der Hand zu dem Ort hinaus. Und das war dem guten Mann schon recht, das konnte man sehen.

Dann gingen sie weiter. Und als sie draußen waren, aus dem Tor hinaus, da brannten da draußen schon die Dinger. Zwei Meter hohe Stangen, an denen Töpfe hingen, in denen es kochte (Straßenlaternen). Das war nicht so, wie anderes Licht. Das war ein Feuer (brennender Asphalt). Und das machte hell.

Da machten sie halt. Da schauten sie eine Weile. Dann zündete der gute Mann ein Schnabellämpchen an. Das hatte er in einem Krug. Der war vorne offen. Und oben hatte er ein Dach und etwas zum Tragen. Dann gingen sie weiter. Auf einmal war da ein Stall. Ach! – Etwas ganz Armseliges! Und da gingen sie dann hinein.

Ach! – Das war ja nur ein Platz für Tiere. Ja. Da lagen Futtertröge herum, hölzerne. Und Heu und Stroh waren drinnen, auch grobes Stroh (Binsen). Ja. Und Pfähle waren drinnen, zum Anbinden der Tiere.

Und da war eine Schnur. Daran hängte der gute Mann sein Lämpchen. Und die Mutter setzte sich auf einen Futtertrog. Sie war müde. Und der gute Mann band die Eselin an einen der Pfähle und gab ihr Futter.

Dann räumte er auf in dem Stall. Ach! – Da musste er sich plagen, der gute Mann. Das ist halt so. Überall, wo Tiere gewesen sind. Ach! – Da ging ich dann weg.

(Ergänzungen: Seiten 207f.)

Jesus wird geboren – in einem Stall bei Betlehem[2]

THERESE NEUMANN IST VISIONÄR IN EINEN STALL BEI BETLEHEM VERSETZT. SIE ERZÄHLT:

Ich war wieder in dem Stall. Er war aus Holz. Er hatte ein halbschräges Dach, war an einen Berg angelehnt, an schwarzgraues Gestein. In dem Stall waren hinten und auf der Seite Pfähle eingerammt: einer und noch einer (so zählte Therese bis zehn), fast einen Meter hoch. Oben hatten sie einen Ring, zum Anbinden der Tiere.

Hinten links (von Thereses Standort aus gesehen) hatte der gute Mann die Eselin angebunden. Die Futtertröge hatte er aufgestellt (sie zählte bis vier). Aber einen und noch einen nicht, da lagen die Teile sauber nebeneinander auf der Erde.

Das waren nicht solche Krippen, aus denen man bei uns die Tiere füttert. Sie waren aus Holz. Sie standen auf gekreuzten Füßen, etwa drei viertel Meter hoch, mit einer Stange dazwischen. Die hintere Wand war zwei Handbreit höher. Sie war gerade (war senkrecht).

Ja. Als ich wiederkam, da war alles schön aufgeräumt. Auch das Weizenstroh und das dunkle starke Stroh (die Binsen) an der Wand links. Ja. Der hat eben einen Geschmack für das Saubere, der gute Mann.

Eine Krippe stand etwas mehr in der Mitte von dem Stall. Fast genau gegenüber der Tür. Etwas nach der rechten Seite zu, etwas schräg in den Stall hinein. Etwa eineinhalb Meter weg von der Wand.

In der Krippe war Zeug unten drin. Da werden sie halt Stroh hineingetan haben. Und dann hatten sie Decken mit, wollene. Die hatten sie darüber gelegt, über das Stroh. Und in der Krippe lag der kleine Heiland, mit dem Kopf zur hinteren Wand, eingewickelt in eine schöne wollgelbe Decke.

Die Mutter stand rechts vom kleinen Heiland und streichelte seine Hände. Ich habe sie gesehen, die Hände. Sie waren ganz klein. Und seine Augen waren dunkelblau. Er hatte sie viel zu, der kleine Heiland. Und gekräuselte helle Haare hatte er.

Und der gute Mann stand links vom kleinen Heiland. Er hatte die Hände gefaltet. Und er sagte etwas Lautes (ein Gotteslob aus den Psalmen?). Aber das habe ich nicht verstanden.

Und die Mutter hatte eine Freude! – Die dachte nicht mehr daran, dass es kalt war, dass es regnerisch war. Ihr war doch jetzt der kleine Heiland alles. Ich sah, wie sie ihn anschaute. Und dann war alles weg.

(Ergänzung: Seite 208)

Ein Erzengel verkündet Hirten die Geburt Jesu[3]

Therese Neumann ist visionär zuerst vor und dann in eine Hütte bei Betlehem versetzt. Sie erzählt:

Da war ein viel kleinerer Stall. Außen herum waren Zäune, wo man die Tiere einsperrt. Darin waren viele Tiere, viele. Und weil die Sterne am Himmel waren, darum konnte ich sie sehen.

In dem Stall waren Männer (Hirten): einer und noch einer und noch einer. Ein alter und einer und noch ein junger.

Da muss ich noch einmal hindenken. Da muss ich mir die Gesichter anschauen. Einer und noch einer (so zählte sie bis acht). Einer, der alte Mann, hatte einen langen Bart. Und einer war nur ein Bub. Lauter einfache Leute. Die lagen da, in einem Stall, einem Schuppen. Sie waren in Häute gewickelt. Sie schliefen.

Und wie sie so dalagen. Ach! – Mit einem Schlag wurde es da hell. Der Himmel und alles war da hell. Mächtig! Nicht eine Helligkeit von der Welt. Nicht eine Helligkeit von der Sonne. Ein Licht vom Himmel. Alles am Himmel war Licht!

Das Licht war auf einmal da. Man kann nicht sagen: Das kam. Nein! Das war auf einmal da. Auch der lichte Mann (ein Erzengel) war auf einmal da. Er hatte keine Flügel. Mächtig war der. Wie der (Gabriel), der einmal zur Mutter kam, der zu ihr sagte: *schelam lich mariam* (Umschrift: š^{e}lam lî$\underline{k}$ mārjam „Heil dir, Maria!“, wobei das š wie sch klingt und das $\underline{k}$ wie ch), so war er. Wie ein junger Mann, aber aus Licht. Mächtig!

Da waren die Männer gleich hoch. Schnell waren die wach. Sie wussten nicht, was das ist, hatten nicht einmal Zeit zum Aufstehen. Sie saßen da, schauten einfach. Und sie dachten wohl: Was ist das?

Da! – Auf einmal fing der lichte Mann zu reden an. Eine Hand hatte er hochgehoben. Mit der anderen zeigte er, wies er die Richtung, wie der Mann auf der Stiege (Seite 32).

Und auf einmal. Uh! Da waren viele und viele und viele lichte Männer (Engel) da, nicht zu zählen. Sie waren dem anderen lichten Mann nicht gleich an Licht, an lebendigem Licht. Sie waren nicht so mächtig wie er.

Dann fingen sie an zu singen. Schön sangen sie. Ich habe noch nicht auf der Welt so singen hören. Wörter sangen sie, Wörter. Was sie sangen, weiß ich nicht. Aber ihre Sprache weiß ich schon. Es war die Sprache, die sie in dem großen Haus (im Tempel) sprechen. Und die der Heiland sprach, wenn er aus den Rollen heraus etwas gesagt hat (Hebräisch). So!

Wenn er zu den Männern sprach, die immer bei ihm gewesen sind (zu den Zwölf), mit der Mutter und so, dann sprach er anders (Aramäisch). So sangen die lichten Männer nicht, so nicht. Das kann man unterscheiden. Ja.

Schön haben sie gesungen, die lichten Männer. Ja. – Und es war gerade so, wie wenn etwas Musik mittun würde. Und auf einmal war alles verschwunden. Alles.

Und die Männer saßen da, schauten einander an, sagten lange nichts, hatten auch zu dem lichten Mann nichts gesagt. Sie schauten einander nur an, werden sich wohl gefragt haben: Was war das? – Ist das wahr?

(Ergänzung: Seite 209)

Die Hirten gehen nach Betlehem – zum Jesusknaben[4]

THERESE NEUMANN IST WIEDER VISIONÄR VOR DIE HÜTTE BEI BETHLEHEM VERSETZT. SIE ERZÄHLT:

Mitten in der Nacht gingen die Männer fort. Erst redeten sie untereinander. Dann gingen sie fort. Einige Schäfchen liefen ihnen nach. Und die Hunde, die auch. Sie hatten es ja nicht weit. Nein, nicht weit. Ach! – Die Gegend kenne ich gut.

Die Männer dachten nicht: Ach! – Da gehen wir morgen früh hin. Jetzt schlafen wir erst einmal aus. Morgen früh gehen wir hin. Das dachten sie nicht. Sie gingen sofort los.

Und dann, als sie bei dem Stall ankamen, da klopften sie an die Tür, immer wieder. – Die Tür konnte man verschieben. Gewalt musste man da ansetzen, dann konnte man sie verschieben.

Aber der gute Mann machte nicht gleich auf. Er wollte sie nicht hereinlassen. Er dachte wohl, die könnten dem kleinen Heiland etwas antun. Oder sie könnten ihn stehlen. Oder sonst etwas. Na ja. Der war ja dafür da, dass er sorgte, dass dem kleinen Heiland nichts passiert.

Als sie nicht aufhörten zu klopfen, schob der gute Mann die Tür etwas auf. Er sorgte sich schon, das konnte man sehen. Dann verhandelten sie eine Weile miteinander. Dabei zeigten die Männer immer wieder nach oben und redeten und redeten. – Ich meine, sie redeten über das, was sie erlebt hatten und warum sie gekommen waren.

Dann endlich ließ er die Männer herein, der gute Mann. Er konnte doch nicht grob sein. Von den Tieren, die ihnen nachgelaufen waren, kamen auch einige mit hinein. Aber nicht alle, und nur vorne.

Drinnen redeten die Männer mit der Mutter. Erst fürchtete sie sich. Dann horchte sie auf, hörte genau zu. Dann fielen (warfen sich) die Männer nieder, auf den Boden. Zuerst auf die Knie, die Hände aufgestützt, dann mit der Stirn, bis auf das Stroh. So fielen sie nieder vor dem kleinen Heiland. Weil sie wussten, wer das ist. Ach! – Da hatte die Mutter eine Freude. Und die Männer waren auch froh. Und der gute Mann auch.

Dann setzten sie sich hin, die Männer, fingen wieder an zu reden, zeigten wieder und wieder nach oben und hatten wieder ihre Freude. – Ich glaube, sie waren lange dort.

Dann standen sie auf. Dann schenkten sie der Mutter ein Schäfchen. Kein großes, wie die alten sind. So eines nicht. Aber ein ganz kleines auch nicht, ein mittelgroßes. Sie meinten es doch gut mit der Mutter. Und dann gingen sie wieder. Und die Tiere und die Hunde liefen ihnen nach.

(Ergänzung: Seiten 209f.)

Der Jesusknabe wird beschnitten – im Stall bei Betlehem[5]

THERESE NEUMANN IST WIEDER VISIONÄR IN DEN STALL BEI BETLEHEM VERSETZT. SIE ERZÄHLT:

Jetzt bin ich in dem Ort (in Betlehem) gewesen. Ich habe den kleinen Heiland im Stall gesehen. Er war dasselbe wie in der Weihnacht. Aber er war schon etwas größer. Der gute Mann und die Mutter waren auch da. Und der kleine Heiland lag in der Krippe. Ich konnte seine Händchen sehen. Sie waren weiß. Die Füßchen waren mit eingebunden.

Es war ein bisschen kalt in dem Stall, nasskalt. Ach! – Da kamen Männer: einer und noch einer und noch einer. Einer von ihnen, der war ein Höherer (ein Priester, der „Beschneider"). Und einer und noch einer (Leviten?), die mussten ihm helfen.

Der gute Mann hatte schon alles schön hergerichtet. Vor dem Fenster, in der rechten Ecke hinten, stand ein Tischchen, länglich, wie eine kleine Bank. Mit gekreuzten Füßen und einer Stange hindurch.

Auf dem Tischchen standen zwei Körbchen, aus Gras vom Teich (Binsen). Der gute Mann konnte so etwas flechten. Auch kleine Stühle konnte er flechten. Und in den Körbchen war allerhand gewachsenes Zeug, zum Essen. Etwas Großes, Rundes, kleiner als ein Kürbis (Melonen?). Und dann noch etwas, wie Weintrauben (Datteln?). Schönes Zeug.

Und dann war da ein Liegestuhl. Darauf konnte man sich hinsetzen. Und dann war da eine Frau, eine fremde Frau (eine Hebamme?). Die war schon da und ist noch dageblieben.

Der gute Mann hatte schon gewartet. Er wusste, dass die Männer kommen würden. Und als sie kamen, machte er eine Verbeugung.

Dann sagte der Höhere etwas zur Mutter und zu dem guten Mann. Aber die Hand gab er ihm nicht. Dann half der gute Mann dem Höheren aus dem Mantel und legte ihn auf das Stroh. – Da war doch vorne links in dem Stall ein Strohhaufen. Da legte er den Mantel hin.

Dann redete der gute Mann mit den Männern. Die Mutter sagte nur wenig. Der war es ein bisschen hart.

Dann richteten die Männer sich her, drinnen, in dem Stall. Der Höhere zog sich schön an. Ein schönes Gewand, mit Ärmeln daran. Ein bisschen scheckig, weit und weiß. Es wurde durch einen Gürtel (gemeint ist ein Gürteltuch) zusammengehalten. Und zuletzt wickelte er sich ein Tuch um den Kopf herum (einen Turban). Das hing links ein wenig herunter, aber nicht weit. Und es war weiß und golden. Daran erkannte man, dass er ein Höherer war. Die anderen zogen sich nicht so schön an. Ihr Gewand war dunkel, rotbraun und ein Kittel.

Die Männer hatten allerhand eingepackt. Das hatten sie sich umgehängt. Auch Rollen (Schriftrollen) hatten sie mit, auch etwas wie Leinwand (Papyrus). Darauf waren Krakeln (hebräische, gemeint sind aramäische Buchstaben) geschrieben. Und die werden von hinten her (von rechts nach links) gelesen.

Und ein schönes Kästchen hatten sie mit. Das war funkelnd. Das stellten sie, nachdem der gute Mann es abgeräumt hatte, auf das Tischchen. Und in dem Kästchen hatten sie ein Messer. Ein gelbliches, mit einer krummen Spitze. Das war auch funkelnd. Und wo sie die Salben drin hatten (Salbenbüchsen), die waren auch funkelnd. Und Tüchlein hatten sie mit.

Dann zog die Mutter dem kleinen Heiland sein langes Hemdchen aus. Dann wickelte sie ihn in eine Windel, bis unter die Arme. Dann gab sie ihn der fremden Frau hin. Und die trug ihn dann zu dem Tisch.

Dann nahm einer der Männer eine Rolle und rollte sie etwas auf. Dann gab er das Aufgerollte dem anderen Mann in die Hand. Und der Höhere las dann daraus vor. Dabei rollten die Männer immer wieder ein Stückchen ab und wieder auf. Als sie damit fertig waren, legte der eine Mann die Rolle wieder weg.

Und dann sangen sie (der Priester und die Leviten?), schauten zum Himmel auf und beteten. Der Höhere sang vor, die anderen sangen nach. Der Höhere betete vor, die anderen beteten nach.

Und dann. – Dann ging der gute Mann zur Mutter hin. Und dann. – Die Mutter schaute nicht hin. Sie schaute zum Himmel auf und weinte.

Dann wickelte der Höhere den kleinen Heiland aus. Dann legte er ihn mit dem Oberkörper auf das Kästchen. Das war mit einem Tuch bedeckt. Und es stand auf dem Tischchen, beim Fenster. Und dann. – Die beiden Männer, einer kniete rechts, einer links neben dem Höheren. Und dann nahm jeder der beiden Männer ein Füßchen und ein Ärmchen des kleinen Heilands und hielt sie fest. Und dann nahm der (der Beschneider) das Messer und schnitt ihm ein Stückchen Haut ab.

Da schrie er. Da blutete er. – Dann legte er (der Beschneider) ihm so etwas wie gelbe Schafwolle auf. Und dann legte er das Stückchen Haut auf eine längliche kleine Schale, bräunlich, wie Kupfer. Den kleinen Heiland ließ er liegen, bis es nicht mehr so arg blutete. Die fremde Frau passte auf. Dann wischte er das Blut mit einem Tüchlein ab.

Dann war da auf dem Tischchen noch etwas. Eine kleine Büchse, so hoch (sie zeigte mit den Händen etwa 10 cm). Darin war Salbe. Davon tat er dann mit einem Tüchlein etwas hin (an die Wunde).

Und das Tüchlein mit dem Blut, das gab er dann der Mutter. Und die bewahrte es auf. Und die fremde Frau, die wickelte den kleinen Heiland schön warm ein und gab ihn der Mutter.

Und dann lasen sie wieder etwas (aus den Schriftrollen), die Männer (der Priester und die Leviten?): einmal und noch einmal und noch einmal. Und dann wischten sie mit Wolle das Blut von dem Tischchen.

Dann beteten sie. Dann sangen sie etwas Langes miteinander. Und dann, als sie alles wieder in das Kästchen gelegt hatten, dann legten sie ein Deckchen darüber. Und dann musste die Mutter hin, mit dem kleinen Heiland. Dann legten sie ihn auf das Kästchen. Und dann musste die Mutter wieder weg.

Dann musste der gute Mann hin. Dann sagte der Höhere etwas zu ihm. Und dann sagte der gute Mann zu ihm: *jeschua, jeschua* (Umschrift: ješûʿa, wobei das š wie sch klingt). Und dann, jedes Mal, wenn er (der Priester) etwas gesungen hatte, dann betete er etwas. Und dabei sagte er immer zuerst *jeschua*.

Dann musste die Mutter wieder hin. Und dann legten die Mutter und der Höhere die Hände ineinander. Dann hielten sie die Hände über den kleinen Heiland, schauten zum Himmel auf und beteten. Ja. Und dann ging die Mutter wieder zurück. Und er (der Priester) betete weiter. Und sie (die Leviten?) sangen weiter.

Dann ging die Frau mit dem kleinen Heiland nach hinten. Dann gab sie ihn dem guten Mann. Und der gab ihn der Mutter. Ja. Und die legte ihn in die Krippe und packte ihn schön warm ein, weil es hübsch kalt war.

Dann half der gute Mann den Männern noch in die Mäntel und gab ihnen noch etwas mit. Aus den Körbchen, die auf dem Tischchen gestanden hatten. Und dann gingen sie fort, die Männer. Die Frau nicht. Die blieb noch da und redete mit der Mutter. Und der gute Mann räumte hübsch auf. Ach! – Und ein Schäfchen und noch ein Schäfchen waren drin, in dem Stall. Und die Eselin war brav.

(Ergänzungen: Seiten 210f.)

Der Jesusknabe wird Gott geweiht – die Mutter kultisch gereinigt[6]

THERESE NEUMANN IST VISIONÄR ERST NACH JERUSALEM UND DANN IN DEN TEMPEL VERSETZT. SIE ERZÄHLT:

Da hat mich der Heiland fortgepackt. Zuerst in den großen Ort (nach Jerusalem), in das Haus von den alten Leuten (vermutlich Verwandten Josefs). Da war ich schon einmal.

Da war der gute Mann. Und da war die Mutter. Und da war der Heiland. Der war noch klein. Den hatte die Mutter eingewickelt in etwas Bläuliches und etwas Weißliches (die Farben des Stammes Juda). Und da war die Eselin.

Und dann gingen sie (mit der Eselin) unter Bäumen zum unteren Tor hinaus. Und dann, von den alten Leuten her, auf das große Haus zu. Und da war schon jemand, der dem guten Mann die Eselin abnahm.

Und dann gingen der gute Mann und die Mutter hinein in das große Haus mit den vielen Säulen drinnen und draußen. Die Mutter hatte den kleinen Heiland im Arm, eingewickelt und ihren Mantel darüber. Die im großen Haus wussten anscheinend schon, dass sie kommen würden (sie waren also angemeldet).

Bevor sie da hinaufkamen, musste der gute Mann da unten etwas bezahlen (für die Auslösung des Erstgeborenen, der nach dem Gesetz Gott gehörte, und den Preis für die Tauben, die er für die Reinigung Marias opfern lassen musste). Das Geld hatte er angeschnürt (an seinem Gürtel oder Gürteltuch?).

Als er dann heraufkam von da unten, da brachte der gute Mann einen Käfig mit Täubchen mit: eines und noch eines. Und etwas Gewachsenes von den Bäumen (Früchte).

Und damit ging der gute Mann dann dorthin, wo die Männer sind (in den Israelitenvorhof, unmittelbar vor dem Priestervorhof). Wo sie ein Feuer geschürt hatten, ganz da vorne. Da hat man hinschauen können. Da hat es geraucht und gestunken.

Nicht schön! – Davor war eine Steinmauer (der so genannte *Chel,* eine brusthohe steinerne Schranke mit Gitterwerk und Warntafeln. Sie umgab den inneren Tempelbereich. Und sie verwehrte den Nichtjuden den Zutritt bei Todesstrafe).

Ja. Und dann war es so: Zur Mutter kamen eine alte Frau und noch eine alte Frau (Tempelwitwen?). Die führten sie erst einen großen Gang hinauf. Ach! – Einen finsteren Gang. Und dann führten sie sie einen kleinen Seitengang hinunter auf einen großen Platz. Da gingen an der Seite Stufen hinauf. Darauf konnte man sich hinsetzen, ganz herum.

Und dann war da in dem großen Haus ein großer Kasten. Da brannten an den Ecken Lichter. Und dann war da ein Tisch. Auf dem waren Körbchen, funkelnde. Und ein Schiffchen war da, aus Gras vom Teich (Binsen; im Gedenken an das Binsenschiffchen Moses?).

Und dann waren da Männer (Priester) in dem großen Haus. Die holten aus dem großen Kasten schönes Zeug heraus. Und dann zogen sie es an. Und dann hingen da Rollen. Die nahmen sie herunter. Aus denen sangen sie dann. Lange.

Die Mutter durfte nicht mit dahin. Sie musste hinter einem Gitter stehen. Sie musste den kleinen Heiland hergeben und warten. Er wurde dann in das Schiffchen gelegt, das auf dem Tisch stand. Dann wurden daneben (in einem Käfig) Täubchen hingestellt. Und etwas Gewachsenes, das wächst an Bäumen. Keine Äpfel, etwas Ähnliches (Granatäpfel?). [Auch dies alles muss Josef bezahlt haben, für die Weihe des kleinen Heilands.]

Derweil sangen die Männer, immer wieder, aus den Rollen heraus. Dabei nahm einer von ihnen den kleinen Heiland hoch. Ein ganz alter (Simeon?). Dann schaute er zum Himmel auf und hob ihn nach allen Seiten hoch.

Dann holte einer von den Männern die Mutter von hinter dem Gitter her. Und vor dem Gitter war noch ein Gitter. Und da musste die Mutter den kleinen Heiland hochheben. Auch so, wie es der schön angezogene Mann (der Priester) getan hatte. – Dabei war es der Mutter etwas hart, das konnte man sehen. Danach musste sie den kleinen Heiland wieder hergeben.

Und dann musste sie noch einmal nach hinten, hinter das Gitter. Und dann fingen die Männer noch einmal zu singen an. – Die haben es mit dem Singen, immer aus den Rollen heraus, von hinten her (von rechts nach links).

Ja. Und dann gab der Mann den kleinen Heiland der Mutter wieder. Und die Mutter nahm ihn und tat ihn unter ihren Mantel. Und dann da unten, da wartete der gute Mann schon auf sie und auf den kleinen Heiland.

(Ergänzungen: Seiten 211 f.)

Sternkundige aus dem Osten suchen den Jesusknaben[7]

Therese Neumann ist visionär in ein weites Land versetzt. Sie erzählt:

Da hat mich der Heiland fortgepackt, einfach fortgepackt. In ein weites Land, wo Leute mit schwarzer Haut sind (Nubier?). Oh! Und mit weißen Zähnen und einem großen Mund.

Ja. Da waren viele gerade Männer (Soldaten). Die hatten kleine Pferde. Ja. Aber befehlen, das konnten die nicht. Dazu hatten sie Braune (Araber?). Die Braunen konnten sich damit eher helfen. Ja. Die Braunen konnten sich mit allem helfen.

Uh! Da waren mächtige Leute. Ui! Die hatten riesige Tiere, mit einer langen Nase (Elefanten). Oh! Da konnte man aufpacken. Fürchterlich. Oh, oh! Fürchterlich. Wenn man sich auf ihre lange Nase (auf den Rüssel) setzte, die könnten einen auf ein Dach hinaufheben. Wenn man wollte. – Die mussten viel leisten. Sehr viel mussten die leisten.

Dann hatten sie auch Tiere mit krummen Buckeln (Dromedare, einhöckerige Kamele). Da taten sie Kisten hinauf und feine Decken. Und dann setzten sie sich selber hinauf.

Einer war ein Besserer, ein Höherer. Und recht Gescheite (Sternkundige) waren auch dabei. Allerhand Zeug hatten sie mit. Einige ritten voraus und einige hinterdrein. Sie schauten alleweil zum Himmel. Sie ritten nur bei Nacht, nie bei Tage. Und wohin ritten sie? – Weit und weit und weit.

Und eine Hitze war da. Oh, oh! Eine fürchterliche. Ja. Und dann kamen sie anderswo hin. Da waren auch wieder viele Leute. Aber lauter Braune. Da kamen sie zu einem älteren Mann. Zu einem hübsch alten. Der war der Älteste von allen.

Der hatte einen Haufen Tiere und viele Pferde. Und er hatte noch mehr gerade Männer. Das war der Höchste, der Mächtigste. Den ehrten sie besonders. Von dem hing alles ab. Vor dem beugten sie die Knie und machten Verbeugungen. Der hatte es mit den geraden Männern. Von dem waren einige gerade Männer bei den Schwarzen als Vorgesetzte. Die waren dafür besser geeignet, besser ausgebildet.

Jetzt redeten die miteinander, die Braunen und die Schwarzen. Aber die Schwarzen verstanden die Sprache der Braunen nicht, nicht alle. Aber die beiden Höheren, die konnten sich verständigen. Es waren auch Frauen dabei, die auch. Vor allem die Gescheiten, das konnte man sehen.

Und dann diskutierten sie miteinander. Über den Himmel. Und über den Stern, der so einen Schweif hat (Therese zeigte es mit den Händen), einen langen Schweif (demnach war jener Stern ein Komet). Ja. Mit dem hatten sie es. Über den verstanden sie sich gut, das konnte man sehen. Ja. Ich habe den Stern auch immer wieder gesehen.

Und dann sind sie weiter. Am nächsten Tag (Therese blieb offenbar bei den Schwarzen). Die Braunen nicht, die blieben noch dort, denen pressierte es nicht. Zuerst kamen sie durch schönes Land, dann durch ein ödes Land, da war lauter Sand. Nicht gerade schön. Da war es heiß. Oh! Da zitterte die Luft.

Jetzt kamen sie wieder in ein anderes Land. Da sind sie durch ein Wasser (durch einen Fluss) gewatet. Da kamen sie dann zu Leuten, das waren Gelbe, mehr Gelbbraune (Meder?). Die warteten schon. Die (die Schwarzen) hatten sich schon mit ihnen verständigt. Die hatten schon jemanden geschickt: Richtet euch zusammen (bereitet euch vor)! Wir kommen.

Da war wieder ein Höherer. Der war nicht so weiß wie wir und nicht so braun wie die Braunen. Mehr gelbbraun. Die hatten dort einen Turm (eine Sternwarte). Außen am Turm gingen Stufen hinauf. Da konnte man hinaufgehen.

Daran waren Stangen (ein Geländer). Daran konnte man sich festhalten. Dann konnte man ganz hoch hinaufgehen. Oben hatten dann mehrere Leute Platz. Dort hatten sie etwas aufgestellt (ein Fernrohr?). Damit konnte man den Himmel anschauen.

Dann kamen sie zu Leuten, die führten einen Mann von dem Turm herunter. Der war droben gewesen, auf dem Turm. Das war ein recht Gescheiter. Den hatten die, die zu ihm gekommen waren (die Schwarzen), herunterholen lassen. Das war ein hoher Turm. Das dauerte lange, bis die mit ihm herunterkamen. Und dann redeten sie miteinander, die Schwarzen und er. Lange redeten sie.

Sie (die Sternkundigen) hatten Rollen (Sternkarten und Berechnungen?) dabei. Mit denen legten sie alles aus. Erklärten sie alles, was das jetzt auf sich hatte. Mit dem Stern am Himmel und mit dem langen, ein wenig krummen Schweif.

Dort (bei dem hohen Turm) blieben sie eine längere Zeit. Alle zusammen: die Schwarzen, die Braunen und die Gelbbraunen. Bis sie dann endgültig fortzogen. Nicht alle auf einmal. Die einen sind voraus, die anderen hinterher. Aber jeder hatte seine geraden Männer bei sich.

Der Gelbbraune hatte auch welche. Aber nicht so viele wie der Braune. Die Schwarzen hatten braune gerade Männer als Führer. Die Gelbbraunen nicht, die führten ihre Leute selber. Und die packten dann Kisten und viel Zeug auf die Tiere. Da kam schon eine ganze Herde zusammen.

Ja. Und dann ritten sie hinunterwärts, wieder über ein Wasser (über einen Fluss). Da gingen Brücken hinüber. Die waren aus Holzbalken gemacht. Da war ein guter Boden. Kein so dürrer, wie bei den Braunen.

Und dann ritten sie weiter und weiter. Aber sie blieben nicht immer beisammen. Und warum blieben sie nicht beisammen? Ja. Da waren einige extra (Sternkundige), die ritten immer bei Nacht. Die interessierten sich für etwas am Himmel. Für einen Stern, für den mit dem langen Schweif. Ja. Mit dem hatten sie es. Die verstanden etwas davon.

Und dann mussten sie lange und lange durch Sand. Oh! Jetzt verstehe ich erst, dass man diese Tiere (die Dromedare) dort so gut gebrauchen kann. Die kamen mit dem Sand leichter zurecht.

Oh! Da war es heiß! Die mussten viel Wasser mithaben. In Tierhäuten (in Wasserschläuchen aus Ziegenbälgen) hatten sie es mit. Da gab es ja kein Wasser, nur Sand. Und zu essen hatten sie mit. Viel und viel. Darum hatten sie ja so viel Gepäckzeug mit.

Aber dann – das dauerte lange, da waren sie eine lange Zeit unterwegs –, aber dann sind sie da hinauf, zu dem großen Ort.

Und dann, als sie dort waren, dann ist einer, der Braune, der Höchste, zu dem hinauf, der einmal befohlen hatte, dass die kleinen Kinder umgebracht werden (zum König Herodes).

Ja. Der Braune ist zu dem hinauf. Der hatte halt viel zu sagen. Und einige von den Gescheiten sind auch mit hinauf. Aber der Schwarze ist nicht mit hinauf, der Gelbbraune auch nicht. Nein, die nicht.

Und dann redeten sie miteinander, der Braune und der da oben (Herodes). Sie redeten wie die, die einmal *zosin, zosin* „Sie leben!" geschrien haben (Griechisch). Aber dem da oben war das gar nicht recht. Der war erschrocken.

Der ließ dann welche kommen, die schöne Gewänder anhaben und aus den Rollen lesen (Oberpriester), und Gescheitseinwollende (Schriftgelehrte).

Jetzt lasen sie in den Rollen. Dann dachten sie nach, grübelten. Das hing mit dem zusammen, was der Fremde gesagt hatte, der Braune. Dann sagten sie etwas zu dem da oben (zu Herodes). Dann sagte der etwas zu dem Fremden. Aber das war gar nicht aufrichtig, das konnte man sehen.

Dann ging der Fremde, der Braune, wieder fort zu den anderen. Zu dem Schwarzen und dem Gelbbraunen. Und dann zogen die Männer fort, raus aus dem großen Ort.

Und dann schauten sie aus nach dem Stern mit dem langen Schweif. Sahen ihn aber nicht, sahen überhaupt keine Sterne, weil der Himmel bedeckt war. Dann wurden sie unruhig und dann uneins. Eine Gruppe redete so, und die andere Gruppe redete so.

Dann hielten sie an und warteten. Dann stiegen sie ab. Dann schauten sie in ihre Rollen (in Sternkarten und Berechnungen?).

Darin hatten sie etwas aufgeschrieben. Aber irgendetwas stimmte jetzt nicht.

Dann waren sie recht traurig, weil kein Stern am Himmel zu sehen war. Dann redeten sie mit Fremden. Und dann waren sie eine längere Zeit unterwegs (nach Betlehem im Gebiet des Stammes Sebulon).

Dann sind sie wieder zurück (nach Jerusalem). Und dann ist der Braune wieder zu dem hinauf (zu Herodes). Aber der sagte nur kurz etwas und machte Bewegungen mit der Hand.

Dann ist der (der Braune, der Höchste) wieder zurück zu den anderen. Und dann sind sie fort, alle zusammen. Und dann, als sie fort waren, auf einmal, bei Nacht, da konnte man die Sterne wieder sehen. Auch den schönen Stern mit dem langen Schweif.

Und dann sind sie da hinauf. Auf den Ort zu, wo die Mutter einmal durchgegangen ist. Mit dem guten Mann und mit der Eselin und wo niemand sie hineingelassen hat (auf Betlehem im Gebiet des Stammes Juda zu).

Durch diesen Ort sind sie hindurch. Sind nicht in dem Ort geblieben, sind einfach hindurch. Auch nicht auf den Stall zu. Weiter hinunter, immer weiter.

Dann, als es Tag wurde, hielten sie an, rasteten den Tag über. Und in der nächsten Nacht zogen sie weiter. Und in der nächsten wieder. Und in der nächsten wieder. Wie lange, weiß ich nicht.

Aber dann! – Auf einmal, es war schon grau (Morgengrauen), da ging ein Licht nieder, über einem gemauerten Häuschen. Nicht über einem aus Brettern, sondern über einem aus Lehm. – War das mächtig!

Da spürte man: Das ist etwas Mächtiges vom Vater. Da wurde es ganz hell. Da sah man gar nichts mehr als lauter Licht. Da brüllten und schrien die Tiere. Dann wurde das Licht größer als das Häuschen. Dann stand das ganze Häuschen im Licht.

Da waren die Leute erschrocken, sehr erschrocken. Aber dann verging das Licht. Und die Leute stiegen ab. Schauten hinüber zu dem Häuschen. Etwas enttäuscht. – Ja.

Dann taten sich alle, die etwas davon verstanden, zusammen. Dann berieten sie eine Weile. Und dann gingen die Höheren hin zu dem Häuschen und klopften an die Tür. Inzwischen war es hell geworden.

Nach einer Weile kam der gute Mann heraus. Schaute erstaunt, als er die vielen Leute und die vielen Tiere sah. Dann redete der Braune mit dem guten Mann. Dabei zeigte er immer wieder zum Himmel hinauf. Aber der gute Mann verstand ihn nicht gleich. Doch dann ließ er die Männer herein.

Die Mutter saß drinnen auf etwas Hölzernem. Sie hatte den kleinen Heiland gerade auf dem Schoß. Er war schon recht groß.Vielleicht zwei Jahre alt. Und er hatte ein Röcklein an.

Zuerst hatte die Mutter etwas Angst, schaute erstaunt. Aber dann unterhielt sie sich mit dem Braunen. Der konnte so sprechen, wie man in dem großen Haus spricht (Hebräisch).

Dann schauten die Männer den kleinen Heiland eine Weile an: der Schwarze, der Braune und der Gelbbraune. Und dann schaute der kleine Heiland sie an, einen nach dem anderen.

Und dann sind sie mit der Stirn auf die Erde nieder: einmal und noch einmal und noch einmal. Dabei schlugen ihre Halsketten klirrend auf den Boden. Und so blieben sie dann eine zeitlang.

Dann richtete der Braune sich etwas auf. Dann stieg ihm das Wasser in die Augen. Dann ist er wieder ganz zur Erde nieder. Und dann standen sie auf, die Männer. Und dann sagte der Braune etwas zu dem guten Mann. Der nickte nur.

Dann gingen sie hinaus. Dann suchten sie etwas in ihrem Gepäckzeug. Als sie wieder hereinkamen, brachte jeder etwas mit. Der Schwarze hatte etwas Funkelndes (Gold). Der Braune hatte etwas Duftendes (Weihrauch). Und der Gelbbraune hatte etwas schön Eingepacktes (Myrrhe). Das gaben sie der Mutter. Und der kleine Heiland lächelte. – Das war schön!

Ja. Und dann gab die Mutter ihnen den kleinen Heiland. Jedem von ihnen. Und sie nahmen ihn auf den Arm und hatten eine große Freude. Dann hatten sie ihn gern (küssten sie ihn), jeder von ihnen. Und dann gaben sie ihn der Mutter wieder. Und die fürchtete sich nicht mehr.

Dann sagten sie etwas zur Mutter. Ernst. Und dann sagte die Mutter etwas zu ihnen. Auch ernst. Und dann hatten sie eine Freude, eine richtige Freude. Und dann baten sie die Mutter für die Leute draußen, weil die ja nicht alle hereinkommen konnten in das Häuschen.

Das waren viele und viele Leute. Ernste Leute. Gescheite Leute. Und brave Leute, das konnte man spüren. Ja. Und dann führte die Mutter den kleinen Heiland zu ihnen hinaus, an der Hand. – Er konnte schon laufen.

Ach hatten die eine Freude, die Leute. Viele und viele Leute. Da wollten sie alle etwas hergeben für den kleinen Heiland. Auch die geraden Männer und die einfachen Leute und die Viehtreiber.

Und die Mutter führte dann den kleinen Heiland hindurch durch die Leute. Und sie nahm die Geschenke an, allerlei. Auch Gewachsenes (Früchte), wie Äpfel und so etwas. Das wurde dann alles zu dem Häuschen gebracht.

Ein gesundes kräftiges Kind war der kleine Heiland. Ja. Und gescheit schaute es drein. Da leuchtete schon etwas durch. Das erkannten die Leute gleich. Und sie hatten eine Freude daran.

(Ergänzungen: Seiten 212–214)

König Herodes will den Jesusknaben töten lassen[8]

THERESE NEUMANN IST VISIONÄR IN DEN HERODESPALAST IN JERUSALEM VERSETZT. SIE ERZÄHLT:

Der Heiland hat mich fortgepackt. In den großen Ort, in ein großes Haus. Es war hübsch lang gebaut. Lauter Säulen waren rundum. Und eine Treppe ging hoch hinauf.

Da waren ein Mann (Herodes) und viele andere Männer. In demselben Saal, in dem er (der Heiland, während seiner Passion) verspottet und in die Ecken gestoßen und ausgelacht wurde. Und in dem sie (entweder Soldaten oder Höflinge) ihm einen weißen Kittel anzogen (einen langen Sack?).

Es war aber nicht derselbe Mann (der Landesfürst Herodes Antipas). Der da (der König Herodes) war viel älter (nämlich dessen Vater). Aber er war ungefähr ebenso angezogen.

Er saß oben (auf seinem Thronsessel). Um den Kopf herum hatte er etwas Funkelndes (das goldene Königsdiadem). Auch sein Mantel funkelte. Er hatte ein recht rotes Gesicht. Er war nicht groß. Aber er war ziemlich dick. Bös und zornig schaute er drein.Bei ihm oben saßen andere Männer, ältere. Zu denen redete er. An den Seiten standen Männer, auch unten.

Die geraden Männer unten hatten Eisen (eiserne Helme) auf dem Kopf. In den Händen hatten sie etwas Langes. Es war etwas Rundes, lange Spieße. Einige (die Vorgesetzten) hatten keine Spieße. Denen sagte er etwas. Und dann gab er ihnen etwas Aufgekrageltes mit (einen schriftlichen Befehl).

Und dann gingen viele gerade Männer fort. Die einen hatten Eisen mit, wie Messer (Kurzschwerter), so groß (sie zeigte mit den Händen eine Länge von etwa 30 bis 40 cm). Die anderen, das waren Jüngere (Rekruten), die hatten keine Messer.

Jetzt kamen sie da in den Ort (Betlehem). So schräg auf den Berg hinauf. Wo sie einmal die Mutter und den guten Mann nicht hineingelassen haben. – Bin ich froh, dass die Mutter nicht mehr da war.

Nicht weit weg von dem langen Haus, in das der gute Mann hineingegangen war (in dem Josef und Maria sich in die Steuerlisten einschreiben lassen mussten), da gaben sie einem etwas (den schriftlichen Befehl des Herodes). Der war der Höchste von der Ortschaft.

Dann waren da die jüngeren geraden Männer, die keine Messer hatten. Die gingen zu den Häusern hinunter. Und dann hinein zu den Frauen (und ihren Kindern) und holten sie.

Zuerst hatten die Frauen eine Freude. – Als sie die geraden Männer sahen, da richteten sie sich schön zusammen (machten sie sich zurecht) und kamen gern mit ihren Kindern. Einige brachten gleich zwei mit. Ganz kleine waren dabei. Und andere konnten schon laufen.

Dann! – Auf einem großen Platz, als die geraden Männer die Frauen und ihre Kinder gebracht hatten, dann las einer der Männer etwas vor. Und dann! – Auf einmal packten die anderen die Kinder bei einem Ärmchen oder bei den Beinchen, wie sie sie gerade erwischten, stießen ihnen die Messer durch die Brust und warfen sie alle zusammen auf einen Haufen. Furchtbar! Furchtbar! – Buben waren es. Lauter Buben. Manche waren nicht gleich tot.

Mei! Haben die Frauen geschrien! – *ma hada ma hada* (Umschrift: l^{e}māh hādā' „Warum dies?") schrien sie und weinten. Aber die (die Soldaten) hatten gar kein Gefühl. Kein Erbarmen hatten sie. Die stachen hinein (in die Kinder) wie die Metzger. – Es war eine ganze Schlächterei.

Einige Frauen liefen davon. Sie jammerten und schrien

furchtbar und holten ihre Männer. Die taten wild, schimpften und drohten. Aber sie konnten auch nicht helfen.

Und wenn die Frauen weinten und schrien, dann schrien auch die Männer. Und dann sind die Frauen hin und nahmen ihre toten Kinder wieder. Und die Männer gingen mit. Sie ließen ihre Frauen nicht allein.

Viele (Frauen) waren da und sind gleich wieder weg. Als sie sahen, was los war, kamen sie nicht (mit ihren Kindern). Dann sind sie (die Soldaten) – mit den Müttern von toten Kindern – da hin, wo noch lebendige waren. Und dann packten sie sie, stachen hinein und warfen sie hin.

Aber dies ist jetzt gut ausgegangen: Bei dem Stall, wo ich an Weihnachten schon einmal war, da ist ein Hügel. Und über ihm, in der Höhe, da schwebten die umgebrachten Kinder.

Sie hatten ein lichtes Gewand an. Es war weiß. Sie schwebten und schwebten, ganz licht. Und über dem Stall, wo der Heiland auf die Welt gekommen ist, hielten sie an.

Und dann schwebten sie weiter, so schräg in die Höhe hinauf. Gesungen haben sie auch, ganz fein. Aber das habe ich nicht verstanden.

Das sollte man jetzt den Frauen sagen können, dass sie auch eine Freude hätten. Denen hätte ich's gegönnt.

Und der alte Fuchs meinte, er habe den Heiland jetzt erwischt.

(Ergänzung: Seite 214)

Der Tempel und der dreizehnjährige Jesus als Pilger[9]

THERESE NEUMANN IST VISIONÄR IN DEN TEMPEL UND AUF DEN WEG ZUM TEMPEL VERSETZT. SIE ERZÄHLT:

Um das ganze große Haus herum war eine Mauer, eine große Mauer. Um alles herum, was dazugehörte. Das war wie eine kleine Ortschaft.

Außen herum waren offene Hallen. Da konnten alle Leute hinein. Aber die Leute, die nicht wie die waren, die in dem großen Haus waren (die Nichtjuden), die durften da (in den inneren Tempelbereich) nicht hinein. Die mussten draußen bleiben.

Bei dem einen Tor saß einmal der, der nicht gehen konnte. Der Bettler (ein Gelähmter), der seinen Hut wegwarf (Seite 196f.). Zu dem gingen eine und noch eine (so zählte Therese bis sechs) halbrunde Stufen hinauf.

Dann kam das Tor. Groß, schön gemacht. An dem waren Platten, die funkelten. In die waren Nägel hineingeschlagen. Die funkelten auch. Mächtig! – Groß, groß, groß und schön. Und mächtig. (Dieses Tor, das „Schöne Tor“, war wahrscheinlich das östliche der beiden Huldatore in der 280 m langen Südmauer des Tempelbezirks.)

Wenn man durch dieses Tor ging, kam man da hinein, wo alle Leute hinein durften (in den Vorhof der Nichtjuden). Aber da, wo die Tiere geschlachtet wurden (in den Vorhof der Priester und in den der Israeliten), da kamen die Leute (die Nichtjuden) nicht hinein. Da sah man nur von außen das Feuer brennen.

Hinwärts zu dem großen Haus (von Nazaret nach Jerusalem hinauf) ging der kleine Heiland meistens mit dem guten Mann und mit der Mutter. Manchmal auch mit anderen Kindern. An den Füßen hatte er nichts. Seine Sohlen (seine Sandalen) hatte der gute Mann zusammengeriemelt über eine Schulter gehängt.

Er hatte auch einen Ranzen, der gute Mann. Darin war alles, was sie (die Mutter, der kleine Heiland und er) für ihre Reise brauchten. Und einen Stecken hatte er. Der war länger als er selber, oben gebogen. Da hängten sie, wenn es ihnen beim Wandern zu heiß wurde, ihren Rock hinauf.

Auch der kleine Heiland hatte ein Ränzel, mit etwas zum Essen darin. Und so einen Stecken hatte er auch. Länger als er und oben gebogen. Ich glaube, die Stecken waren nicht schwer. So leicht gingen sie damit.

Unterwegs, wenn sie gingen, hatten sie ihre Röcke hinaufgesteckt. In den Gürtel gesteckt (gemeint ist ein Gürteltuch!), damit sie besser gehen konnten. Der große Ort war ja weit weg von dem Ort, wo sie daheim waren (von Nazaret). – Ich weiß doch, wie weit das weg ist. Viel weiter droben.

(Ergänzung: Seite 215)

Der dreizehnjährige Jesus mitten unter Schriftgelehrten[10]

THERESE NEUMANN IST VISIONÄR VOR DEN TEMPEL VERSETZT. SIE ERZÄHLT:

Da war die Mutter. Und da war der gute Mann. Sie standen vor dem großen Haus. Sie (die Mutter) redete mit einem Mann, mit einem, der in dem großen Haus Ordnung hält (mit einem Tempelwächter).

Der ging dann mit ihnen hinein und führte sie dort hin, wo die Stühle (der Schriftgelehrten) standen, große Stühle. Die waren befestigt, die konnte man nicht verrücken. Auf denen saßen Männer, Gescheitseinwollende. Viele.

Einen und noch einen kannte ich: einen ganz alten Mann, der einmal nicht mehr sprechen konnte (Zacharias, der Vater Johannes des Täufers), und der, der einmal nachts beim Heiland gewesen ist (Nikodemus).

Und da, mitten unter ihnen, saß der kleine Heiland (er hockte auf dem Boden, zu den Füßen der Schriftgelehrten, wie das damals üblich war). Und er redete mit den Männern. Und die staunten, staunten wirklich, das konnte man sehen.

Und dann führte der (der Tempelwächter) die Mutter und den guten Mann zu ihm hin. Und dann redete die Mutter zu dem kleinen Heiland. Wenig, aber hart. Der gute Mann sagte kein Wort. Und er, der kleine Heiland, antwortete ihr – erstaunt. Und dann folgte er ihnen.

Jesus auf einer Hochzeit in Kana in Galiläa[11]

THERESE NEUMANN IST VISIONÄR IN EIN HOCHZEITSHAUS IN KANA VERSETZT. SIE ERZÄHLT:

Da war ein Fest (eine Hochzeit). Und die Mutter half mit. Auch der Heiland war da. Und Männer, die immer beim Heiland gewesen sind (von den Zwölf), die waren auch da. Einige, nicht alle. Den jungen Mann (Johannes) kannte ich schon.

Die Frauen waren extra. Und die Männer waren extra. Viele waren es. Ganze Reihen waren es. Reihen! Dazwischen war etwas gespannt, wie eine Leinwand. Etwas Gesticktes war darauf. Das war so Brauch. Das war so in den Häusern. Man konnte hinüberschauen. Aber zusammen kamen sie nicht.

Sie unterhielten sich. Sie aßen und sie tranken. Und der Heiland redete, immer wieder. Ja. Und die Mutter ging umher und half. Sie hatte ein graubraunes, blaugraues besticktes Kleid an.

Ach! – Und was nun kommt, das war an einem anderen Tag. Da ging die Mutter zum Heiland und sagte etwas zu ihm. Dann sagte der Heiland etwas zu ihr. Da ging die Mutter in einen Gang. Da waren doch große Gänge. Und Krüge waren da. Große. Die waren schwer. Die hingen in einem Gestell. Die konnte man kippen. Sonst hätte man sie schlecht heben können. Die waren aus etwas Dickem, Hartem (aus gebranntem Ton). Wie unsere Vasen. Schön gemacht waren sie. Eine schöne Form hatten sie. Und sie waren gefüllt mit Wasser.

Und dann sagte sie (die Mutter) etwas zu den Männern (die bei Tisch bedienten).

Jetzt kam der Heiland. Er ging hinaus in den Gang, das war etwas später, und dann sagte er etwas zu den Männern. Zu denen, die halfen, die auftrugen.

Dann ging der Heiland hin und hielt die Hände darüber, über die Krüge. Und dann schaute er zum Himmel auf. Und dann sagte er etwas. Und dann sagte er etwas zu den Männern. Und dann ging er wieder.

Die (Männer) schöpften dann etwas aus den Krügen und trugen es hinein. Und einer war da, der war ein Höherer (der Tafelmeister?). Der probierte es dann. Und dann tat er ganz arg, ganz arg. – Der wusste ja nicht, was passiert war.

Und dann ging der, der Probierer, zu dem, um den es sich drehte (zu dem Bräutigam). Und dann sagte er etwas zu ihm. Und der war froh, das konnte man sehen. Und die Mutter, die war auch froh.

Ja. Und dann gab's ein Durcheinander. Alle hatten herausbekommen, woher der Wein war (den sie jetzt tranken). Das wurde gleich bekannt, das konnte man sehen.

Ach! – Der Heiland. Das war ja wieder ein Beweis dafür, dass es der Heiland gut mit den Menschen meint.

(Ergänzungen: Seite 215f.)

Jesu wunderbare Speisung am See Gennesaret[12]

Therese Neumann ist visionär in die Nähe des Sees Gennesaret versetzt. Sie erzählt:

Auf einmal hat mich der Heiland fortgepackt. Ach! – Da waren eine Menge Leute. Und der Heiland redete zu ihnen. Aber müde war er. Es war zu Abend.

In den Bergen war es. Auf den Ort zu, wo der Heiland oft war (Kafarnaum). Das Wasser (der See Gennesaret) war weiter weg. Da konnte man hinschauen. Ah! Und der Berg war (zum See hin) abgestuft.

Der Heiland saß hoch droben, beim Reden. Nicht ganz oben. Es ging noch weiter hinaus. Von da, wo er saß, hallte es weit hinab. Weit! Da konnten die Leute schön sitzen. Uh! Da reute mich das Gras. Fettes, laubiges Gras, lauter Blätter.

Ach! – Ich meine, die Leute waren von weit her, mit Tieren mit komischen Buckeln (mit Dromedaren). Die Leute hatten Pfähle in die Erde gerammt. Daran hatten sie sie angebunden.

Die Tiere hätten die Pfähle ja leicht umrennen können. Aber anscheinend wussten sie, wenn sie angebunden waren, dann durften sie nicht weiter.

Es wurde schon dunkel. Die Leute, meine ich, waren schon länger beim Heiland. Sie waren hübsch müde, das sah man ihnen an. Männer, Frauen und Kinder waren es. Eine Menge, mehr Männer als Frauen. Die Frauen mit den Kindern waren weiter unten am Berg. Und die Männer waren weiter oben am Berg.

Dann redeten sie durcheinander, der Heiland und die Männer, die immer bei ihm gewesen sind. Dann sagte er etwas zu dem jungen Mann. Und dann redete der Alte (Andreas) mit dem Heiland. Der, der zu dem Waschlschneider (zu Petrus) gehörte (er war sein Bruder). Na! Der Heiland wusste schon, was er vorhatte. Aber er tat es nicht gleich.

Ja. Und dann brachten sie Wasserhupferle (Fische). Die waren schon gebraten: eines und noch eines. So lang wie ein Arm, länger noch. Auf grünen Blättern hatten sie sie. Schon fertig gebraten. Da waren ein Brett und noch eines. Und auf jedem Brett waren Blätter, gewachsene Blätter. Das sah schön aus. Und auf den gewachsenen Blättern lagen die Fische. Jeder extra. – Ich meine, die hatte jemand spendiert. Und daneben lag ein Beinmesser (ein Messer aus Elfenbein?).

Und dann hatten sie da noch etwas, in Batzen. Das war noch in Löchern drin (Honig in Brocken von Honigwaben). Das aßen sie immer, wenn sie Fische gegessen hatten.

Ja. Und dann waren da noch Brote. Die waren eingeritzt, geriffelt. Die waren auf einer Platte. Über Kreuz: eines und noch eines (so zählte sie bis fünf). Nicht hoch, nicht recht aufgegangen (Fladenbrote).

Und dann war da eine Steinbank. Die war ein wenig zugewachsen, die Steinbank. Jetzt legten sie alles darauf. Dann schaute der Heiland zum Himmel auf. Und dann hielt er die Hände über das Brot und über die Fische und über die Batzen (von den Honigwaben). Und dann betete er.

Und dann mussten die Männer, die immer beim Heiland gewesen sind, die Leute ordnen. Und die mussten sich zusammensetzen, an Ansätzen von Steinen. Das war eine schöne Ordnung. Die Mutter war auch da. Mit den Frauen (Marta, Maria aus Magdala und anderen).

Dann, als die Leute sich gesetzt hatten, zerteilte der Heiland das Brot und die Fische und die Batzen (von den Honigwaben). Und die Männer, die immer beim Heiland gewesen sind, und einige von den Männern, die nicht immer beim Heiland gewesen sind (die Jünger des weiteren Jüngerkreises), die mussten dann alles an die Leute verteilen.

Sie hatten Körbe, die Männer. Die hatten sie gerne umhängen, wenn sie etwas zu tragen hatten. Mit denen verteilten sie dann alles an die Leute.

Und der Heiland teilte immer herunter, immer herunter, immer herunter. Und es wurde einfach nicht alle. Da wurde nichts Neues geholt. Es wurde einfach nicht alle.

Ja. Und dann trugen die Männer auch etwas zu den Frauen hinunter und zu den Kindern. Ja. Die hatten Hunger, die Leute, das konnte man sehen. Und als sie fertig gegessen hatten, die Leute, da ließen sie sogar noch etwas übrig. Das klaubten sie dann zusammen, die Männer, ganze Körbe voll.

Derweilen war es tiefe Nacht geworden. Einige Leute waren schon schläfrig geworden. Und dann! – Auf einmal fingen die Leute an zu schreien: *malka malka malka* (Umschrift: malkā' „Der König!"). Fest schrien sie. Immer wieder, immer wieder. Und auf einmal, als sie so brüllten und ihm nachliefen, auf einmal war der Heiland verschwunden.

Und dann. – Die Männer vom Heiland, die luden dann das Übrige von dem Brot und den Fischen und den Batzen (von den Honigwaben) in einen Bretterkasten (in ein Fischerboot). Und dann fuhren sie über das Wasser. Da sind Örtchen. Da werden sie hin sein und werden das Zeug an die Armen verteilt haben. Ganz sicher.

(Ergänzung: Seiten 216f.)

Jesus lehrt in der Synagoge in Nazaret[13]

THERESE NEUMANN IST VISIONÄR NACH NAZARET VERSETZT. SIE ERZÄHLT:

Der Heiland war nicht in dem großen Ort, in dem wir vorher gewesen sind. Er war in dem Ort da unten (in Nazaret), wo er als Kind gewesen ist.

Das Haus (die Synagoge), in dem die Leute zusammengekommen sind, war groß. Nicht so groß, wie das (wie der Tempel) in dem großen Ort, aber klein kann man auch nicht sagen.

In dem Haus konnten die Leute sitzen, konnten auch stehen, wie sie mochten. Es war schön eingerichtet. Da waren Rollen aufgestellt (Schriftrollen hebräischer Bücher der Bibel, aufbewahrt in einem Toraschrein). Die waren nicht aus Papier. Wie aus Leinwand (aus Papyrus) waren sie. Die konnte man aufrollen. Einige lasen daraus vor. Dazu stiegen sie ein wenig hinauf.

Der Heiland wollte auch hinaufsteigen. Aber da waren Gescheitseinwollende (hier der Synagogenvorsteher und andere, vermutlich Pharisäer). Die wollten ihn zuerst nicht vorlesen lassen. Dann ließen sie ihn aber doch. Dann las er vor. Und dann redete er, hübsch entschieden redete er.

Aber dann, als der Heiland ausgeredet hatte, dann redeten sie dagegen. Dann redete der Heiland dagegen, etwas Entschiedenes. Dann sagten die wieder etwas. Und dann der Heiland wieder.

Dabei hörte ich: *eliam* (Umschrift: 'elijjāh „Elija") mit angehängtem *-m*. Und *gamal* (Umschrift: gāmêl „erweisend", ein Wort, das häufig mit dem Wort ḥisdā' „Gnade" verbunden ist). Und *salem* (Umschrift: mašlam „es ist erfüllt", wobei das š wie sch klingt und ma- ausgelassen ist).

Der Heiland redete ganz entschieden. Das ließen sie sich nicht gefallen. Dann redeten sie länger miteinander. Dann hatten sie eine rechte Wut auf den Heiland.

Ja. Und dann, als es Abend geworden war, finster noch nicht, da ging der Heiland hinunter, über ein paar Staffeln (Stufen). Dann wollten sie ihn nicht gehen lassen. Dann ging der Heiland trotzdem. Und er fürchtete sich nicht.

Dann wollten sie draußen vor der Tür: eine Handvoll, noch eine Handvoll, noch eine Handvoll und noch eine Handvoll (also zwanzig), so viele werden es wohl gewesen sein – es können auch ein paar weniger gewesen sein, es können auch ein paar mehr gewesen sein –, dann wollten sie dort den Heiland aufhalten. Aber der Heiland ließ sich nicht aufhalten. Was er da wohl hatte, der Heiland? Da war er sehr . . .

Dann liefen sie ihm nach. Das waren viele Leute. Derweil packten sie den Heiland und stießen ihn (den Berg) hinauf. – Warum das? Dann ging der Heiland selbst hinauf. Und dann packten sie ihn und stießen ihn vor sich her. Dann drängten sie ihn auf eine Höhe hinauf. Dann redete der Heiland wieder zu ihnen. Und dann redeten die wieder dagegen. Und dann redete der Heiland wieder dagegen.

Und dann packten sie ihn und stießen auf ihn ein. Aus Wut. Die hatten eine Wut auf den Heiland. Eine Wut! Und spöttisch redeten sie. Und dann drängten sie ihn an den Rand eines hohen Felsens, von dem aus man tief hinunterschauen konnte. Und dann! – Dann stießen sie ihn darüber hinaus.

Aber den Heiland beeindruckte das gar nicht. Er drehte sich draußen in der Luft um – mächtig, mächtig – und schwebte wieder herein.

Da war der Heiland mächtig. Da stand er da. Ganz ruhig. Da schauten sie aber und gingen auseinander und ließen ihn durch.

Die weiter hinten waren, die das nicht gesehen hatten, wollten wieder mit dem Heiland hecheln. Dann redete er noch ein wenig mit ihnen. Aber dann, weil er damit nichts ausrichten konnte, dann war er auf einmal verschwunden. Ja. Jetzt konnten sie tun, was sie mochten.

(Ergänzungen: Seiten 217f.)

Jesus zeigt sich drei Jüngern in seinem Lichtglanz[14]

Therese Neumann ist visionär auf einen der Berge des Hermongebirges versetzt. Sie erzählt:

Es war Abend. Eben ging die Sonne unter. Der Berg war (an der Stelle) flach, aber auch felsig. Da saß der Heiland. Er hatte seinen rotbraunen Rock an. Über eine Schulter her hatte er ein Tuch hängen, wie einen Überwurf.

Und bei ihm saßen Männer: einer und noch einer und noch einer (Petrus, Jakobus und Johannes, seine drei Vertrauten – als drei Zeugen, wie sie vor dem Gesetz für eine vollgültige Beglaubigung erforderlich waren).

An der rechten Seite vom Heiland saß einer (Petrus), der hatte kurze Haare und einen Bart. Er war älter als die anderen. Auf der linken Seite saß der, der später unter dem Kreuz stand (Johannes). Er hatte keinen Bart. Vorne saß einer (sein Bruder Jakobus), der war älter als er.

Dann legten die Männer sich hin und schliefen ein. Und dann stand der Heiland auf und betete. Im Stehen. Auf einmal hob er sich vom Boden ab, etwa einen halben Meter. Die ganze Kleidung wurde weiß. Ganz eigen, wie Schnee.

Dann wurde sein Gesicht licht, wie das der lichten Männer. Nicht wie die Sonne. Dies Leuchten blendete nicht. Die Augen und alles im Gesicht vom Heiland konnte ich sehen.

Unter seinen Füßen war eine dichte Wolke (häufig in der Bibel ein Hinweis darauf, dass eine jenseitig-geistige Energie wirksam ist). Der Heiland schaute nach droben, in die Höhe.

An seiner rechten Seite stand ein Mann mit einem langen Bart (Mose). Er stand auf einer eigenen Wolke. Sein Gewand war faltig. Es sah aus wie ein Mantel.

An der linken Seite stand auch einer. Sein Bart war weniger lang (Elija). Auch er stand auf einer eigenen Wolke. Er hatte keinen Mantel an. Sein Gewand wurde in der Mitte zusammengehalten. Aber er hatte einen Überwurf. Die beiden Männer redeten mit dem Heiland. Sie waren auch wie aus Licht, aber nicht dem Heiland gleich. Anders.

Plötzlich schreckten die Männer aus ihrem Schlaf auf. Man könnte meinen, sie kannten sich nicht recht aus, sie erkannten nur den Heiland.

Und dann. – Als sie den Heiland so sahen und die beiden Männer bei ihm, da sagte einer von ihnen etwas. Der, der vorher an der rechten Seite vom Heiland gesessen hatte (Petrus).

Und auf einmal wurden die kleinen Wolken zu einer großen Wolke. Und dann. – Dann redete etwas aus der Wolke (eine Himmelsstimme; das heißt eine besondere und unmittelbare Art göttlicher Kundgebung). Es war eine helle, feste, kräftige Stimme. Was sie sprach, verstand ich nicht.

Dann war es, wie wenn die Männer sich gefürchtet hätten. Sie fielen (warfen sich) vorwärts auf ihr Gesicht. Und dann sah ich nichts mehr von ihnen (von Mose und Elija).

Und auf einmal stand der Heiland da wie vorher. Dann ging er zu den Männern hin. Dann nahm er den (Petrus), der an seiner rechten Seite gesessen hatte, beim rechten Arm. Dann sagte er etwas zu ihnen. Und dann gingen sie den Berg hinunter. Und plötzlich war alles wieder weg.

(Ergänzungen: Seiten 218f.)

Jesus wird von Maria gesalbt – in Betanien[15]

Therese Neumann ist visionär in die Nähe Betaniens versetzt. Sie erzählt:

Bei dem Ort (Betanien), wo der Lebendiggewordene (Lazarus) ist, da herum, hinter den Berg herum, wo es unten hinausgeht, und dann ist man dort – da ist es schön.

Da hinten, am Hang, in der Sonne, da liegt das Haus des Lebendiggewordenen. Da war der Heiland. Und da waren auch die Männer. Nicht allein die Männer, die immer beim Heiland gewesen sind. Da waren auch die Männer, die nur manchmal bei ihm gewesen sind.

Fast würde ich meinen, die wären noch ehrfürchtiger zum Heiland. Weil sie nicht so oft bei ihm sind, haben sie eher eine Freude daran. Die anderen meinten wohl, das muss so sein.

Und dann waren da noch viele Leute. Viele Fremde gab es da. Da muss eine Festzeit sein (das Paschafest). Da wimmelte es von Fremden. Und – dann war das ja auch noch gar nicht lange her, dass der (Lazarus) lebendig geworden ist.

Und dann stürmten sie das Haus, die Leute. Die wollten da hineinschauen. Aber da waren Mauern herum, hübsch hoch. Nicht gerade. Aus Steinen, wie die Steine so sind.

Und da sind sie dann hinaufgekraxelt, die Leute. Uh! Da waren viele Leute auf der Mauer. Neugierige, die wollten hineinschauen in das Haus, aus Neugier. Die wollten wohl den Lebendiggewordenen sehen. Wie der jetzt ist, nachdem er lebendig geworden ist.

Am Ende wussten sie auch, dass der Heiland da drinnen ist. Und dann kam der Heiland heraus aus dem Haus. Dann redete er zu den Leuten. Zuerst redete er gut zu ihnen. Vom Vater redete er. Das konnte man sehen, weil er dabei zum Himmel hinaufzeigte. Und dann redete er recht ernst zu ihnen.

Auch die Mutter war da. Auch das Mädchen (Maria aus Magdala). Nun ja. Die war da ja sowieso daheim. Und dann die anderen Frauen (Marta und ihre Schwester, die geistig verwirrte Anna). Auch die, die dem Heiland später (auf dem Kreuzweg) das Tuch gegeben hat. Und Bekannte, die man oft beim Heiland sehen konnte.

Und dann war da noch der Lebendiggewordene. Na! Der hatte eine Freude. Man sah es ihm noch an, dass er schwer krank gewesen ist und dass er tot gewesen ist. Das sah man ihm schon noch an. Sagt man: Wie aus dem Grab.

Auf einmal, das haben die anscheinend schon gewusst, auf einmal war da ein Mann. Der muss eine Krankheit gehabt haben. Der hatte lauter Löcher (im Gesicht), die von außen her geheilt waren (vermutlich ein Mann, den Jesus geheilt hatte).

Oh! Der war schön angezogen. Der hatte einen schönen, langen Mantel an. Der war bestickt mit lauter Blümchen. Und einen bestickten Gürtel hatte der um (gemeint ist ein Gürteltuch!). Und dann hatte er etwas lang herunterhängen. Am Arm hatte er es herunterhängen. Etwas, das funkelte. Ja.

Und dann hatte er einen mit, der war nicht so schön angezogen. Der hatte nur einfache Kleidung an. Und an den Armen nichts. Da war er nackt. So hatten es die Leute überhaupt gern. Da war es ja heiß.

Und als der kam (der schön Gekleidete), da machte er vor dem Heiland einen tiefen Buckel (eine Verbeugung). Ganz tief nieder mit dem Kopf. Und dann muss er den Heiland um etwas gebeten haben, das konnte man sehen.

Darum ging er mit, der Heiland. Und die Männer gingen auch mit. Nicht nur die, die immer bei ihm gewesen sind. Alle andern auch. Und die Frauen auch.

Und dann gingen sie hinaus aus dem Haus. Nicht da hinaus, wo man hineingeht, sondern hinten hinaus. Und hinten am Berghang herum. Und dann zu dem Mann, hinein in sein Haus. – Ich meine, sie wollten den Leuten auf der Mauer und vor dem Haus (des Lazarus) aus dem Weg gehen. Darum sind sie hinten herum gegangen.

Der Heiland und der Mann gingen voran. Ja. Hin zu seinem Haus. Uh! Da war ein großer offener Saal. Da war außen keine Mauer. Der war ganz offen. Bloß oben, auf Säulen, da war ein Dach. Und auf dem Dach, in der Mitte, da war eine schöne Kuppel. Die war offen. – Ich meine, die konnte man zumachen, wenn es regnete.

Und dann. – Neben dem Saal, da war viel gewachsenes Zeug (Weinreben?). Auf einer Seite und weiter draußen. Und da ging der Mann dann hinein, mit dem Heiland. Und dann gingen die andern auch hinein.

Dann wurde Licht gemacht. In Öllämpchen mit Schnäbelchen. Die waren an den Säulen festgemacht. Das waren schöne Säulen. Immer eine Säule und ein Bogen und wieder eine Säule.

Und dann waren da lange Tische und halbe Kanapees (Speiseliegen). Auf der einen Seite legte sich der Heiland hin. Und gegenüber legte sich der Mann hin (der Gastgeber). Und dann legten sich die anderen hin.

Und dann. – Auch in einem offenen Raum, da konnte man hinüberschauen, da waren die Frauen. Für die war auch alles schön hergerichtet. Und die Frauen konnten herüberschauen (zu den Männern).

Und dann brachten sie ein Schaf herein. Ein gebratenes, auf einer Platte. Und der Mann (in der einfachen Kleidung), das war der Anschaffer (hier: der Koch) in dem Haus, der stellte das Schaf vor dem Heiland hin.

Und der Heiland, der zerschnitt es dann, der Länge nach. Und dann verteilte er eine Hälfte an seine Männer. Und dann reichte er die andere Hälfte dem Mann (dem Gastgeber) hin, mit der Platte. Und der verteilte sie an die anderen Leute (an fremde Gäste). Und dann bekamen die Frauen auch etwas zu essen.

Ja. Und dann, während des Essens, als sie den ärgsten Hunger gestillt hatten, da stand der Heiland auf und redete. – Dabei hatte er seinen weißen Rock an (einen Rock, den er nur bei festlichen Anlässen trug).

Und jetzt. – Da waren viele Leute, Gescheitseinwollende (hier mit Sicherheit: Pharisäer, wie der Gastgeber), die waren schon vor dem Heiland in dem Haus. Die gehörten zu dem Mann. Die waren auch schön angezogen.

Und jetzt. – Derweil hatte sich der Heiland wieder hingelegt und hatte im Liegen weitergeredet, auf seinem halben Kanapee, wo nur auf der einen Seite ein Polster ist. Er hatte Sohlen (Sandalen) an den Füßen, der Heiland. Ein Fuß lag auf dem halben Kanapee und ein Fuß hing etwas herunter.

Auf einmal kam, von den Frauen drüben, das Mädchen (Maria aus Magdala) hereingeschlichen. Das Mädchen, das den Heiland so gern hatte. Es hatte einen hellen Mantel an, unter dem es etwas versteckt hatte. Und dann war ihm hart, dem Mädchen. Da weinte es immerzu, immerzu. Und dann kam es von hinten, vom Rücken her, zu ihm.

Und die Männer? Die schauten albern (komisch) zum Heiland hin. Hm! – Denen war es nicht recht, dass das Mädchen hereinkam. Da hätte der Heiland sich anscheinend rühren sollen.

Aber der ließ seinen Fuß weiter herunterhängen: so, dass das Mädchen das Riemchen der Sohle aufmachen konnte. Da fiel sie herunter, die Sohle, auf den Boden, das konnte man hören.

Und dann. – Das Mädchen weinte immer noch. Dann kniete es nieder, auf den Boden. Und dann. – Dann zog der Heiland den anderen Fuß herüber, das konnte man sehen.

Und dann weinte das Mädchen die Füße des Heilands an. Und dann nahm es seine langen Haare, mitsamt dem Schleier. – Mit den Händen angerührt hat es seine Füße nicht! – Dann nahm es sie und wischte damit ihre Tränen ab von seinen Füßen.

Und dann. – Dann hatte das Mädchen da etwas Gutes (eine wertvolle dickflüssige Salbe), das hatte es unter seinem Mantel versteckt. Das holte es jetzt hervor und rieb damit die Füße des Heilands ein.

Und dann! – Den Männern, die mit dem Heiland gingen, und den Gescheitseinwollenden, denen allen war das nicht recht. Die brummten und murrten gegen den Heiland.

Und dann. – Dann stand der Heiland auf, sagte etwas zu dem Mädchen. Da meinte man wohl, es würde jetzt gehen. Aber es ging nicht. Es hatte wohl im Sinn, zu gehen, aber weil der Heiland etwas zu ihm gesagt hatte, ganz leise, darum ging es nicht.

Jetzt. – Da hatte der Heiland sich schon wieder hingelegt. Jetzt zog das Mädchen noch etwas unter seinem Mantel hervor. Das war so weiß wie Milch. Wie Perlmutter schimmerte es (ein Parfümfläschchen). Das zerdrückte es jetzt (dem brach es den Hals ab) über dem Kopf des Heilands. Und was herauskam (Nardenöl), das war wie Wasser (flüssig), nicht wie Salbe.

Ach! – Hat das gut geduftet. Ich kann gar nicht sagen, wie gut das geduftet hat. Das war kein künstlicher Duft. Das war ein lebendiger Duft. Uh! Das, meine ich, würde nur da wachsen, wo es ganz viel Sonne gibt. Oh! Das hat gut geduftet.

Und die Frauen, die waren aufgestanden. Die schauten alle herüber. Alle hatten gesehen und gehört und gerochen, was bei den Männern los war. Ach! – Und die Mutter hat geweint.

Und dann. – Als das Mädchen gehen wollte, da streckte einer der Männer (Judas?) seinen Arm aus und ließ es nicht vorbei. Dann sagte er etwas zu ihm. Da fing es wieder zu weinen an. Und die Männer, die anderen, die schauten auch falsch drein. Und der, der dem Heiland gegenübersaß (der Gastgeber), der schaute auch recht albern (komisch). Dem war das auch nicht recht.

Aber jetzt! – Jetzt stand der Heiland noch einmal auf. Er blieb nicht liegen. Und dann sagte er etwas Ernstes, etwas sehr Ernstes. Da war es ihm hart, da sprach er vom Sterben. Ja. Das habe ich gespürt.

Oh, oh! Dann ist das Mädchen fort. Dann ließ er es vorbei, der Mann. Dann fürchtete es sich, ging schnell hinüber zu den Frauen. Und dann setzte der Heiland sich zu seiner Mutter. Aber eine Spannung blieb, das konnte man merken.

Was der Heiland gesagt hatte, das, meine ich, haben die Männer nicht recht begriffen. Und dann, das dauerte gar nicht lange, da stand einer auf (Judas?), schaute den Heiland bös an und ging einfach fort.

Die anderen schauten ihm nach. Und dem Heiland wurde weh, das konnte man sehen. Und dem Lebendiggewordenen, dem war es auch recht hart.

Dem, meine ich, hatte der Heiland schon mehr gesagt. Der kam mir verständiger vor als die Männer, die immer beim Heiland gewesen sind. Na ja, der war ja auch schon älter.

Als alles vorbei war, da war es schon Nacht.

(Ergänzungen: Seiten 219f.)

Jesus lässt ein Reittier holen – aus der Nähe von Betfage[16]

Therese Neumann ist visionär in die Nähe von Betfage versetzt. Sie erzählt:

Vor dem großen Ort, wo der große Berg ist (der Ölberg), dann von der Seite abwärts, da waren viele Leute. Fremde, das konnte man sehen. Die waren da, weil eine Festzeit war (das Paschafest). Und zu denen hatte der Heiland geredet.

Und dann. – Dann sagte er etwas zu einem und noch einem. Nicht von den Männern, die immer bei ihm gewesen sind, sondern von denen, die nur manchmal bei ihm sind.

Und dann gingen die Männer fort, hinabwärts, den Hang hinunter. Nicht zu dem Ort, wo der Lebendiggewordene daheim ist, sondern zu dem kleinen Örtchen daneben (Betfage). Das liegt unten im Tal. Ach! – Da ist es schön grün. Da ist schönes Gras.

Da waren viele Zelte. Viele. Und viele fremde Leute, die von weit her gekommen waren, das konnte man sehen. Die hatten so große Tiere (Dromedare). Die hatten sie an Pfähle angebunden. Die durften nicht hinein in den Ort, glaube ich. Und dann gab es da Leute, die auf sie aufpassten.

Und dann waren da auch noch Pfarln (hier: Esel und Maulesel). Und eines davon (einen Mauleselhengst) wollten die Männer einfach mitnehmen. Aber die Leute wollten zuerst nicht, dass sie es mitnehmen.

Dann werden die Männer wohl zu ihnen gesagt haben, dass der Heiland es braucht und dass sie es wiederkriegen. Und dann waren die Leute zufrieden und ließen sie gehen.

[Es ist nicht auszuschließen, dass einige darunter waren, die im Jahr zuvor bei der wunderbaren Speisung dabei waren.]

Inzwischen redete der Heiland (oben am Hang) zu den Leuten. Mächtig redete er. Dabei hatte er nicht seinen weißen Rock an, sondern seinen rotbraunen.

Dann kamen immer mehr Leute zusammen. Und dann kam der Heiland mit den Leuten (den Hang hinab) zu dem Örtchen (Betfage) hin. Da waren auch schon viele Leute. Auch Kranke waren da, die wussten, dass der Heiland in der Nähe ist. Und einigen von ihnen konnte er helfen. Und den anderen, denen redete er gut zu.

Ja. Und inzwischen, während der Heiland zu den Leuten redete und den Kranken half, kamen die Männer mit den Pfarln (mit dem Mauleselhengst und einer Eselin, seiner Mutter). Eines (den Mauleselhengst) führten sie. Und das andere (die Eselin) kam hinterher. – Es war nicht ausgerissen, die gehörten zusammen.

Und dann. – Dann legten einige der Männer (von den Zwölf) dem Heiland einen schönen Kittel an. Lang war der und wollgelb. Nicht den weißen Rock, den er sonst anhatte beim Reden. Sondern der, an dem unten die Dinger sind (so genannte ṣîṣ^{e}jaṯā' „Schaufädenquasten").

Und dann legten sie ihm einen breiten Gürtel um (ein Gürteltuch). Auf dem war etwas eingestickt, wie aufgekrakelt (das heißt in aramäischen Buchstaben, zu Unrecht hebräische Buchstaben genannt). Das funkelte in der Sonne.

Und dann packten sie den Heiland und setzten ihn hinauf auf den Mauleselhengst. Einer von hüben, der packte ihn. Und der andere von drüben, der half mit. Und der Heiland ließ es sich ganz willig gefallen.

(Ergänzungen: Seiten 220–222)

Jesus reitet in Jerusalem ein – von Betfage aus[17]

THERESE NEUMANN IST WIEDER VISIONÄR IN DIE NÄHE VON BETFAGE VERSETZT. SIE ERZÄHLT:

Da waren viele Leute, auch viele fremde Leute. Und dann waren da Bäume (Palmen), die hatten keine schöne Rinde. Viele waren da, den Hang hinauf, die hatten Wedel.

Von denen hatten die Leute aus dem kleinen Örtchen (Betfage) ganze Arme voll abgeschnitten. Und die warfen sie jetzt einfach hin. Auf den Weg, der da (den Ölberg) hinaufging.

Und dann waren da Leute, die warfen Tücher auf den Weg, ihre Mäntel. – Da habe ich gerade die Frau gesehen, die dem Heiland (auf dem Kreuzweg) das Tuch gegeben hat. Die hat einfach ihren Mantel gepackt und hingeworfen. Und dann hat sie geschwind einem ihrer Mädchen den Mantel ausgezogen und hat auch den hingeworfen. Den ihrer Kleinen hat sie nicht genommen und hingeworfen.

Ja. Und dann gingen die Männer los mit dem Pfarl (dem Mauleselhengst), auf dem der Heiland saß. Auf jeder Seite ging einer der Männer vom Heiland. Sie mussten ihn (den Mauleselhengst) führen (weil ja noch keiner auf ihm gesessen hatte).

Und dann gingen sie alle los, schön der Reihe nach. Zuerst die Männer, die immer beim Heiland gewesen sind. Dann die Mutter. Neben ihr auf der einen Seite die Schwarze (Marta, die Schwester des Lazarus), auf der anderen Seite das Mädchen (Maria aus Magdala, ihre Schwester). Dahinter die anderen Frauen. Dahinter die Männer, die nur manchmal beim Heiland sind. Und dahinter die anderen Leute. Viele und viele.

Ach! – Und viele Kinder waren da. Die haben gesungen. Und dann haben sie geschrien: *bardafidam bardafidam bardafi-*

dam (Umschrift: bar dāwîd „Sohn Davids“), mit angehängtem *-am.* Ja. Das war ein langer Zug. Lang und lang. Der kam nur langsam voran.

Aber das war nur am Anfang so, dass sie einen schönen Zug hatten. Dann, auf einmal, da haben sie sich nicht mehr halten lassen. Da sind sie nach vorne gestürmt, damit sie ihr Zeug auf den Boden werfen konnten. Sonst hätten ja die, die hinten waren, ihr Zeug nicht hinwerfen können.

Das war ein Jubel! Die haben sich doch nicht mehr halten lassen, da hinten. Und dann, zuletzt, da war der Heiland bald der Letzte. Er hatte aber nichts dagegen. Nein.

Aber. – Da waren auch andere, Neugierige. Die haben nichts getan. Die liefen bloß immer wieder nach vorne und schauten, was da los ist.

Derweil waren wir höher hinaufgezogen auf den Berg. Und dann waren da Kinder, die haben auch geschrien. Aber nicht so, wie die anderen Kinder. Die haben halt bloß geplärrt. Aber dann sind sie vorausgelaufen, in den großen Ort hinein. Die werden wohl gedacht haben: Was wird da jetzt werden? Auch Fremde sind vorausgerannt.

Aber jetzt. – Als man schon hinabschauen konnte auf den großen Ort. Da, wo es tief abwärts geht, wo man dann durch das Tal (des Kidron) hindurch muss, da sagte der Heiland etwas. Und dann hielten sie an.

Dann stieg der Heiland ab. Dann setzte er sich nieder. Und die Leute setzten sich dann auch. Und dann. – Nach einer Weile, da stand der Heiland auf, ging weg und setzte sich auf einen Stein. Da musste er weinen.

Dann gingen einige von den Männern (von den Zwölf) zu ihm hin. Und dann sagten sie etwas zu ihm. Aber der Heiland weinte weiter. Und dann. – Dann sagte er etwas zu den Männern. Etwas Ernstes. Und dann ist es auch denen hart geworden. Der junge Mann musste dann auch weinen. Und dem Langen (Philippus Bar-Tholomäus) wurde es auch hart. Und der dürre Lange (Thomas), der musste dann auch weinen.

Und dann. – Als sie eine Weile gesessen hatten, als die Leute sich wieder ein wenig gesammelt hatten, da ließen die Männer den Heiland wieder aufsitzen. Da legten sie dem Mauleselhengst zuerst eine schöne Decke auf, wie man sie in dem großen Haus macht. Und dann packten sie den Heiland. Und dann setzten sie ihn hinauf auf den Mauleselhengst.

Ach! – Und dann gingen wir in den großen Ort hinein, durch ein großes Tor hindurch, neben einem Turm. Und dann hinauf auf einen Berg. – Das große Haus steht doch auf einem Berg.

Ach! – Und als wir jetzt in die Nähe von dem großen Haus kamen, da schien die Sonne dahin, auf den Platz. – Da ist doch ein großer Platz. Und da an dem Haus, da sind lauter Klappen, funkelnde Klappen, ganz herum. Oh! Das Haus ist ja groß. Da ist ja eine Mauer herum. Es gehört ja viel dazu.

Ach! – Und da (auf dem Platz), da waren kleine schöne Schäfchen (Paschalämmer). Ah! Die waren schön hergerichtet. Mit Bändchen und mit grünem Zeug. Oh! Da hat eines dem anderen das heruntergefressen.

Ach! – Schöne junge Tiere waren das. Viele. Die waren eingesperrt, in der Nähe von dem großen Haus. Nicht oben, wo man hineingeht durch das schöne Tor. Sondern weiter unten. Da, wo wir jetzt waren.

Und von dort gingen wir dann hinauf, zu der Mauer von dem großen Haus. Und da, in der Nähe (der Mauer), da gingen Gescheitseinwollende (hier: Pharisäer) umher. Die kritisierten die Leute, weil sie so laut vor dem Heiland herschrien.

Aber dann hielten die Männer den Mauleselhengst an. Und dann sagte der Heiland etwas Ernstes (zu den Pharisäern), etwas sehr Ernstes. Und dann, vor dem Heiland fürchteten sie sich, dann waren sie sofort ruhig.

(Ergänzung: Seite 223)

Jesus vertreibt Händler und Wechsler aus dem Tempelvorhof[18]

THERESE NEUMANN IST VISIONÄR VOR DEN TEMPEL IN JERUSALEM VERSETZT. SIE ERZÄHLT:

Und dann ist der Heiland hineingegangen (in den Tempelvorhof). Durch das große Tor (das „Schöne Tor“, wahrscheinlich das östliche der beiden Huldatore in der 280 m langen Südmauer des Tempelbezirks).

Ach! – Da sind offene Hallen, wo auch die Leute hineindürfen, die von weiter her kommen (die Nichtjuden). Da hat es gewimmelt, glatt gewimmelt. Auch braune Leute (Araber) waren da.

In das große Haus (in den inneren Tempelbereich), über die Tafeln (die Warntafeln) hinaus, da dürfen die nicht hinein. Da sind welche (Tempelwächter), die geben Acht, die halten Ordnung, die lassen diese Leute nicht hinein.

Und da (in diesen Hallen) waren Leute, die hatten Tiere (Rinder) da und Tauben, Schäfchen auch, und handelten damit. Und dann waren da noch welche (Geldwechsler), die hatten etwas Angeschnürtes da, Geldzeug. Das hatten sie auf Brettergestellen (auf Wechseltischen) liegen. Und Haufen hatten sie, ich weiß nicht, was das war.

Und dann. – Da war der Heiland schon drinnen (in diesen Hallen). Da war er sehr ernst. Da war ihm nicht wohl dabei, als er das alles sah. Da wollte er nicht leiden, dass sie die Tiere und die Brettergestelle da drinnen hatten.

Und dann. – Da sagte der Heiland etwas zu den Leuten (zu den Händlern und den Geldwechslern). Etwas Ernstes, etwas sehr Ernstes.

Und dann. – Als die nicht gleich folgten, da wurde der Heiland energisch. Da ließ er die Tauben, die hatten sie in

Käfigen, einfach heraus. Und dann. – Dann stieß er mit dem Fuß die Brettergestelle um, auf denen sie (die Geldwechsler) ihr Geld liegen hatten und schüttete es einfach hinunter. Auch durchlöchertes, wo mittendrin ein Loch war.

Und dann. – Dann drehte er ein Ding (einen Strick) zusammen, redete noch ernster mit ihnen, und trieb sie einfach hinaus. Und die, die schauten dumm drein, zeterten fürchterlich und waren verschwunden.

Ach! – Und dann ging der Heiland da hinein, wo die vielen Säulen sind und wo die vielen Leute waren (in die Halle Salomos). Ach! – Die hatten schon auf den Heiland gewartet, seit heute früh schon. Und zu denen redete er dann.

Er wäre schon müde gewesen. Das war ja schon früh, heute Morgen, als er nach den Tieren (dem Mauleselhengst und der Eselin) geschickt hatte. Und jetzt ging schon die Sonne unter. Das war ja ein ganzer Tag.

Aber der Heiland musste trotzdem reden zu den Leuten. Da hinten, wo so ein schöner Gang ist (in der Halle Salomos).

(Ergänzung: Seite 223)

Jesus feiert das Pascha – mit den Zwölf[19]

Therese Neumann ist visionär auf den Weg zum Abendmahlssaal in Jerusalem versetzt. Sie erzählt:

Da, auf einer Straße (in Jerusalem), war der Heiland. Und da waren die Männer vom Heiland: einer und noch einer (so zählte Therese bis zehn). Der Waschlschneider und der junge Mann waren nicht dabei (Jesus hatte sie vorausgeschickt, um alles für das Paschamahl Erforderliche vorzubereiten).

In der Stube (im Abendmahlssal) brannte ein Feuer. Da waren auch Lichter (Tonlämpchen mit Öl und Docht): eines und noch eines und noch eines. Sie standen so (Therese zeigte ein Dreieck an). An jedem waren Schnäbelchen. Aus denen brannten kleine Flammen.

Jetzt war der Heiland in der Stube, in einer schönen großen Stube. Ein guter Mann (wahrscheinlich der Hausherr) hatte ihn hineingeführt. Drinnen war alles hergerichtet. Stühle hatten sie nicht. Halbe Kanapees waren da, viele (mit schräg ansteigenden Polstern).

Dann kam einer mit einer Spitzkappe (der Koch). Dann ging der Mann fort und der Heiland ging mit. Die Männer vom Heiland lagen da (auf ihren Speiseliegen) und redeten. Jetzt waren es mehr. Einer und noch einer (Petrus und Johannes) waren derweil dazugekommen. Auch der Heiland war wieder da.

Jetzt waren da eine Schale mit Blut (vom Paschalamm) und etwas Gewachsenes (ein Ysopbüschel). Damit schmierte der Heiland Blut an die Tür(pfosten und an den Türsturz). Den Rest schüttete er ins Feuer. Dann beteten sie (Jesus und die Männer, die dazu aufgestanden waren).

Dann legte der Heiland sich hin. Er hatte seinen weißen Rock an, nicht seinen braunen. Und dann legten sich auch die Männer wieder hin. An einem langen Tisch, etwas gebogen.

Und auf dem Tisch hatten sie schwarzbraune Teller, Brotteller, nicht recht rund, nicht recht aufgegangen (ungesäuerte Brotfladen). Und eine Tunke zum Eintunken hatten sie (eine rotbraune, aus süßen Früchten, mit Zimt versetzt). Gabeln, so wie wir, hatten sie nicht. Hakige Kratzerl hatten sie. Messer hatten sie auch. Vor dem Heiland lag ein großes.

Dann kam der Mann mit der Spitzkappe. Er brachte viel Grünzeug (Bitterkräuter, die an die Bitternisse der Israeliten während der Sklaverei in Ägypten erinnern sollten) und ein Lämmchen (das Paschalamm). Das hatte er an einem Steckerl (an einem Bratspieß). Das war schön hergerichtet. Das war schön gebraten. Das stellte er vor dem Heiland hin. Der stand dann auf, hielt die Hände darüber, schaute zum Himmel auf und betete.

Und dann zerteilte er das Lämmchen (zerlegte es mit dem großen Messer in Portionen und verteilte sie an die Zwölf und sich selbst). Und da, als er das Lämmchen zerlegte, da war es dem Heiland sehr hart (vermutlich: im Gedanken an seine eigene bevorstehende Opferung).

Und dann standen sie alle auf (von ihren Speiseliegen). Und dann zogen sie weiße Kittel an. Und dann steckten sie die Kittel hinauf in ihre Gürtel (gemeint sind Gürteltücher). Und dann nahmen sie Stecken in die Hand, länger als sie selber. Und dann aßen sie (ihren Anteil) von dem Lämmchen. Und dabei pressierte es ihnen. – Warum? (Bezogen auf den Auszug Israels aus Ägypten.)

Und warum standen sie beim Essen? – Da wäre schon etwas zum Sitzen da gewesen (die Speiseliegen). Für alle, ganz herum (um den Tisch). Aber sie standen beim Essen. – Warum? Ach! – Und genau waren sie. Nicht ein Faunzerl (ein bisschen) taten sie weg. Zuletzt verbrannten sie alles, die Gebeinchen sogar.

Und dann gingen sie im Saal herum. Der Heiland voraus, die Männer hinterdrein. Und dabei sangen sie (die Psalmen 113 und 114, den ersten Teil des großen Lobgesangs, der noch immer zur Paschaliturgie gehört). Der Heiland sang vor und die Männer fielen dann ein.

Dabei sangen sie *halleluja* (Umschrift: hal^{e}lûjāh „Lobt Jahwe!"), *eloim* (Umschrift: ’^{æ}lôah „Gott"), *adonai* (Umschrift: ’^{a}dônāj „mein Herr") und *Jerusalem* (Umschrift: j^{e}rûšālajim „Jerusalem", wobei das š wie sch klingt). – Auswendig konnten sie es, das konnte man merken. Aber der Heiland war trotzdem recht ernst. – Warum?

Dann legten sie sich wieder hin (auf ihre Speiseliegen). Ja. Dabei hatten sie ihre Stecken angelehnt (an den Tisch oder an die Liegen?). Losgelassen hatten sie sie nicht.

Und dann standen sie wieder auf, gingen wieder im Saal herum und sangen (die Psalmen 115 bis 118, den zweiten Teil des großen Lobgesangs, der ebenfalls noch immer zur Paschaliturgie gehört). – Das hat wohl so sein müssen; so, wie wenn es etwas bedeuten würde. Was, das kann ich ja nicht sagen.

(Ergänzung: Seite 224)

Jesus kündigt den Zwölf an, dass er übergeben werden muss[20]

Therese Neumann ist visionär in den Abendmahlssaal in Jerusalem versetzt. Sie erzählt:

Und dann. – Nachdem sie gesungen hatten (der Heiland und die Zwölf) und sich wieder hingelegt hatten (auf ihre Speiseliegen) und die Männer wieder miteinander redeten, da sagte der Heiland etwas Ernstes zu ihnen, etwas sehr Ernstes.

Da gab es dann ein Durcheinander, eine Fragerei untereinander, ein Durcheinanderreden, was das wohl bedeuten soll. Da waren sie sich nicht einig. Da haben sie wohl nicht recht verstanden, was der Heiland gemeint hat.

Dann fragten sie ihn etwas. Und dann, weil er nicht antwortete, gaben sie sich hinter seinem Rücken Zeichen.

Der Alte (Andreas), der zum Waschlschneider gehörte (sein Bruder), der regte sich sehr auf. Dem wurde ganz heiß. Dem ging das nicht ein. Dem Waschlschneider auch nicht. Und dem, der ihm gegenübersaß (Judas Jakobi), dem auch nicht. Und der Heiland war sehr ernst.

Und dann aßen sie wieder ein wenig. Dabei tunkten sie (Brotbissen) in eine rotbraune (Fruchtmus-)Tunke und aßen sie. Weil noch etwas zu essen da war. – Aber von dem Lämmchen (dem Paschalamm) hatten sich nichts mehr. Bloß Brot hatten sie noch und Tunke. Und davon aßen sie jetzt.

Und dann fragten und redeten sie noch eine Weile. Und dann gab der Waschlschneider, hinter dem Rücken vom Heiland herum, dem jungen Mann ein Zeichen. Und dann sagte der etwas zum Heiland. Und dann sagte der Heiland etwas zu ihm. Etwas sehr Ernstes.

Und dann. – Da lagen sie auf ihren halben Kanapees (der Heiland und Johannes). Sie hatten ihren Kopf aufgestützt (auf die linke Hand, die Füße vom Tisch abgewandt). Und dann lehnte der junge Mann sich zurück. An den Heiland, der neben ihm lag. Und dann sagte er etwas zu ihm. Und dann sagte der Heiland etwas zu ihm, zu dem jungen Mann.

Und dann. – Dann langte der Heiland (mit einem Brotbissen) von hier aus (in die Schüssel mit der Fruchtmustunke). Und dann langte der andere (Judas, mit einem Brotbissen) von da aus (in die Schüssel mit der Fruchtmustunke). Und dann. – Dann gab der Heiland ihm den Bissen (in den Mund). – Das muss etwas bedeutet haben. Weil sie alle bös hingeschaut haben auf den.

(Ergänzung: Seiten 225f.)

Jesus, ihr Herr und Meister, wäscht den Zwölf die Füße[21]

Therese Neumann ist visionär in den Abendmahlssaal in Jerusalem versetzt. Sie erzählt:

Dann, als ich wiederkam, da hatten sie umgeräumt (die Zwölf). Die Tische und die halben Kanapees, alles. Die halben Kanapees standen jetzt in einem Halbrund herum.

Der Heiland hatte seinen weißen Rock ausgezogen und etwas Weißes umgebunden. Ein großes weißes Tuch, das hing lang herunter. Wenn er sich bückte, dann trat er darauf.

Dann brachten sie eine große Waschschüssel. Wie aus Kupfer sah sie aus. Und dann etwas Gewachsenes, das man zusammendrücken konnte (einen Schwamm).

Und dann brachten sie Wasser. Das schütteten sie in die Schüssel (bei jedem der Jünger frisches). Und dann wusch der Heiland den Männern die Füße, einem nach dem anderen.

Die Männer stellten sie hinein in die Schüssel. Und der Heiland nahm den Schwamm (tauchte ihn in das Wasser) und rieb sie damit ab. Und dann trocknete er sie ab. Mit dem weißen Tuch, das er sich umgebunden hatte.

Und jedes Mal, wenn er einem der Männer die Füße gewaschen hatte, dann nahm er etwas, das aussah wie eine Muschel. Und damit goss er das Wasser (aus der Schüssel) in etwas (in einen Abfluss?) neben einem Stein.

Zuerst redete der Heiland nicht viel. Gar nicht viel, nein. Aber dann, als er zum Waschlschneider kam, da tat der arg (abwehrend). Jäh, wie er war. Ah! Das war ihm nicht recht.

Und dann sagte der Heiland etwas sehr Ernstes zu ihm. Oh! Und dann zeigte der (Petrus) auf seine struppigen Haare und auf seine Arme. Und dann streckte er seine Arme aus, zum Heiland hin. Aber der Heiland schüttelte den Kopf und zeigte auf seine Füße. Und dann wusch er sie ihm und trocknete sie ab.

Und dann. – Als der Heiland dem (Judas) die Füße wusch, da schaute er ihn gut an und redete gut zu ihm. Darüber waren die anderen verärgert. Die trauten ihm in letzter Zeit nicht mehr recht, das konnte man sehen. Da war so eine Spannung.

(Ergänzung: Seite 227)

Jesus fügt dem Paschamahl etwas hinzu – das Heilandsmahl[22]

THERESE NEUMANN IST VISIONÄR IN DEN ABENDMAHLSSAAL IN JERUSALEM VERSETZT. SIE ERZÄHLT:

Jetzt hatten sie (die Zwölf) ihren Tisch wieder drinnen und um den Tisch herum ihre halben Kanapees, ohne hintere Lehne. Und der Heiland redete wieder zu ihnen.

Dann brachten sie etwas zum Essen herein, weil der Heiland das befohlen hatte. Das waren Brote (ungesäuerte Brotfladen), eines und noch eines und noch eines. So lang (Therese zeigte etwa zwanzig cm), länglich oval und eingeritzt, geriffelt.

Und dann stellten sie jedem (der Zwölf) einen Becher hin und dem Heiland einen schönen großen Krug (mit Wein). – Der Heiland trank nichts. Sie stellten den Krug nur vor ihm hin.

Und dann redete der Heiland wieder zu ihnen. – Ich stand bei der Tür, als er anfing zu reden. Und da (hinter dem Tisch, in der Mitte), da war der Heiland. Und da, rechts neben ihm, war der Waschlschneider. Und da, rechts neben ihm, da war der Alte (Andreas, sein Bruder). Und da, rechts neben ihm, war noch einer (Thaddäus/Lebbäus). Und da, am rechten Ende, war noch einer (Simon Kananäus).

Auf der anderen Seite vom Heiland, links neben ihm, mit dem Kopf zum Heiland hin, war der junge Mann. Und der da, links neben ihm (sein Bruder Jakobus), der war dabei, als der Heiland so schön wurde (bei der Verklärung). Und da, links neben ihm, war noch einer (Matthäus/Levi). Und da, am linken Ende, war der Lange (Philippus Bar-Tholomäus).

Und dann (vor dem Tisch, gegenüber von Matthäus/Levi), da war noch einer (Judas Jakobi). Und da, gegenüber von dem jungen Mann, da war der (Judas). Und da, rechts neben ihm, da war der dürre Lange (Thomas). Und da, rechts neben ihm, war noch einer (Jakobus Alphäi).

[Zu den Apostellisten siehe Seite 266. – Zu bedenken ist bei der so beschriebenen Sitzordnung des Heilands und der Zwölf, dass Therese von ihrem Standort aus urteilte, also von der Tür aus, von wo aus sie den ganzen Tisch im Blick hatte. Daraus folgt: Was sie als rechts vom Heiland empfand, war eigentlich links von ihm; und was sie als links vom Heiland empfand, war eigentlich rechts von ihm.]

Auf einmal wurde der Heiland ganz energisch. Da redete er mächtig. – Ich weiß nicht. Waren die Männer müde? Ich meine, da kamen sie nicht mehr recht mit, die Männer.

Dann stellte der Heiland das Brot (die drei Brotfladen, auf einer Platte) mitten vor sich hin. Dann schaute er zum Himmel auf. Dann hielt er die Hände über das Brot. Dann betete er. Und dann sagte er etwas Mächtiges.

Dann standen die Männer auf. Dann nahm der Heiland das Brot. Dann brach er es (jeden Fladen) in (vier) Stücke. Und dann nahm er einige Stücke (sechs) und gab jedem eines in die Hand. – Beim Waschlschneider fing er an. Dann ging er zu dem Alten (Andreas), dann zu dem anderen (Thaddäus/Lebbäus), dann zu dem am rechten Ende (Simon Kananäus), dann zu dem (Jakobus Alphäi), dann zu dem (Thomas).

Und dann ging er zurück (an seinen Platz, nahm die übrigen sechs Stücke und gab auch sie jedem eines in die Hand). Jetzt fing er an bei dem jungen Mann, dann ging er zu dem anderen (Jakobus), dann zu dem anderen (Matthäus/Levi), dann zu dem am linken Ende (Philippus Bar-Tholomäus) und dann zu dem anderen (Judas Jakobi).

Und dann kam der Heiland zu dem (zu Judas) und gab auch ihm ein Stück Brot. Dann sagte er etwas zu allen. Und dann, als alle ihr Brot gegessen hatten, dann sagte er etwas

Kurzes zu ihm (zu Judas). Nur kurz, ganz kurz, etwas sehr Ernstes. Ja. Und dann wurde es dem Heiland hart.

Und dann drehte der (Judas) sich um, schaute entsetzt und ging schnell fort. Hinaus, schnell –, kaum, dass ein Mensch so schnell gehen kann.

Und dann. – Als der fort war, da musste der Heiland schwer seufzen. Und dann, bevor er mit dem Gelben (dem Wein) anfing, da schwitzte der Heiland, da musste er sich den Schweiß abwischen, weil ihm heiß geworden war.

Ja. Und dann stellte der Heiland den großen Krug mitten vor sich hin. Und dann schüttete er etwas Helles hinein (Wasser in den Wein). – Das tun sie immer, wenn sie so etwas Gelbes (Wein) trinken. – Warum?

Ja. Und dann schaute er wieder zum Himmel auf. Dann hielt er die Hände über den Krug. Dann betete er wieder. Und dann sagte er wieder etwas Mächtiges.

Und dann schüttete der Heiland jedem der Männer (der Elf) etwas in seinen Becher. Dabei kehrte er nicht wieder zurück (an seinen Platz), wie bei dem Brot. Jetzt ging er ganz herum. Und dann sagte er wieder etwas zu allen.

Ja. Und dann, als der Heiland fertig war, dann redete er wieder. Lange und lange. Und dann hielt er seine Hände über alle zusammen hin. Und dann schaute er wieder zum Himmel auf. Und dann betete er. Dann sagte er etwas Mächtiges (das so genannte „Hochpriesterliche Gebet", Johannes 17).

(Ergänzungen: Seiten 228–230)

Jesus lässt sich festnehmen – im Garten Getsemani[23]

THERESE NEUMANN IST VISIONÄR AUF DEN WEG VOM ABENDMAHLSSAAL NACH GETSEMANI VERSETZT. SIE ERZÄHLT:

Ja. Ich bin einfach dort gewesen. Wie der Blitz geht es einfach dorthin. – Da war der Heiland mit den Männern, mit allen zusammen. Nur einer fehlte (Judas). Mit allen anderen ging der Heiland von dem Hügel (dem Zionsberg) hinunter, aus dem großen Ort hinaus.

Schön langsam gingen sie. Der Heiland blieb immer wieder stehen, redete zu den Männern, immer wieder. Einmal sagte er etwas sehr Ernstes zum Waschlschneider. Ich verstand *tr nagola* (Umschrift: tarn^{e}gôlā' „der Hahn") und *satana* (Umschrift: sātānā' „der Satan"). Auf einen Berg gingen sie zu (über die Kidronbrücke auf den Ölberg zu), in einen Garten (Getsemani) hinein.

Ein schöner Garten war das. Da waren Häuser, größere und kleinere. Und schöne Bäume waren da (Feigenbäume und vor allem Ölbäume). Es war Nacht. Der Mond war hübsch hoch. Da hat noch ein wenig (am Vollmond) gefehlt. Es war eine schöne helle Nacht. Aber hübsch kalt war es.

Da sind wir dann hinaufgegangen. Und dann sagte der Heiland etwas zu den Männern, zu einigen (zu acht von ihnen). Die blieben dann da, gingen nicht mit. Nur der Waschlschneider und der junge Mann und der andere, einer von denen (den drei Vertrauten), die gerne beim Heiland waren (Jakobus), die gingen mit. – Da war der Garten recht wild.

Dann ging der Heiland allein noch ein Stück weiter. Da war der Garten noch wilder. Da war eine Höhle. Da gingen Felsen hinein und Sträucher. Da ging der Heiland dann hinein.

Und dann ist es ihm hart geworden. Der Mond schien so hell. Gruselig war es. Und dann kniete der Heiland sich hin, rang die Hände, schaute zum Himmel auf und betete.

Ach! – Da war es dem Heiland hart, sehr hart. Ach! – An was alles er da wohl gedacht haben wird. Ach, ach! – Da war es dem Heiland sehr hart.

Dann, als er eine Weile dort gekniet hatte, dann stand er auf und ging umher. Da war er ganz schlecht beisammen. Da war es dem Heiland so hart. Da schaute er immer wieder zum Himmel auf, streckt die Arme in die Höhe, zum Himmel hinauf.

Und dann kehrte er um und ging zu den Männern (den drei Vertrauten). Denen war es auch hart gewesen. Die hatten sich an Steine angelehnt und waren eingeschlafen.

Dann sagte der Heiland etwas zu ihnen. Da war es den Männern auch hart. So kannten sie ihn ja gar nicht. Dann standen sie auf, wollten mit ihm gehen. Aber er ließ sie nicht mitgehen.

Dann ging der Heiland wieder fort, langsam. Da war es ihm wieder hart. Es dauerte nicht lange, dann ließ er sich nieder. Wieder auf die Knie und betete wieder.

Dann hielt er sich die Hände vors Gesicht, ließ sich ganz zur Erde nieder und betete weiter. Ach! – Da war es dem Heiland hart. Da fing er an zu schwitzen, der Heiland.

Und dann drang Blut aus seiner Stirn, lief über die Nase und über den Mund hinunter. Auch aus seinen Händen drang Blut heraus. Ach! – Da war es ihm so hart. Da wischte er sich (das Blut) immer wieder ab. Aber das half nichts.

Dann stand er auf, schaute wieder zum Himmel auf, streckte wieder die Arme in die Höhe. Und dann lehnte er sich an einen Felsen, weil er so wankte, mit den Knien, weil er nicht recht stehen konnte. Da hatte es den Heiland arg matt gemacht. – Die Angst, die Angst war das; und: weil es ihm so hart war, das konnte man sehen.

Jetzt ging er wieder zurück zu den Männern (zu den drei Vertrauten), redete wieder mit ihnen. – Die waren halt wieder eingeschlafen, konnten es nicht mehr aushalten.

Dann wollte der junge Mann mit ihm gehen. Aber der Heiland ließ es wieder nicht zu.

Dann wankte er wieder fort, der Heiland. Ging fort konnte man nicht mehr sagen, so wankte er. Ui! Da wurde ihm gruselig, da musste er sich wieder an einen Felsen anlehnen.

Dann schaute er wieder zum Himmel auf. Dann kniete er wieder hin, wieder mit dem Kopf auf die Erde hin. Und wieder bluteten die Hände. Die Blutstropfen wurden direkt durch die Hände herausgepresst. Auch von der Stirn über die Augen, über das Gesicht lief das Blut hinunter.

Dann betete der Heiland wieder. Dabei sagte er *abba* und *tei sebudach* (Umschrift: 'abbā' und t^{e}hê ṣ^{e}ḇutāḵ „Vater!" und „Lass geschehen deinen Willen!", wobei das ṣ wie tz klingt, das ḇ wie w und das ḵ wie ch). [Bemerkenswert ist: Diese Gebetsanrede und diese Bitte entsprechen genau denen des Vaterunsers.]

Und dann. – Als es dem Heiland so ganz hart war, dass er nicht mehr konnte, auf einmal war ein lichter Mann da (Gabriel), der *schelam lich*-Engel (Umschrift: š^{e}lam lîḵ „Heil dir!", wobei das š wie sch klingt und das ḵ wie ch). Und der sagte dann etwas zum Heiland. Und da schnaufte er auf, der Heiland. Und dann war er wieder ganz ruhig.

Und dann ging er wieder zurück zu den Männern (zu den drei Vertrauten) und sagte wieder etwas zu ihnen, vorwurfvoll. Und dann sagte er noch etwas. Da wurde der Waschlschneider ganz lebendig, da war ihm gleich der Schlaf vergangen.

Derweil sah man von unten, aus dem großen Ort heraus, welche kommen (Judas, den Tempelhauptmann und Tempelwächter), mit brennenden Holzscheiteln (mit Fackeln). Und eine Stange hatten sie. Mit einem Topf daran (eine Laterne). Darin brannte ein Feuer, das stank wie Pech. Und als sie daherkamen, da zündeten sie noch mehr Holzscheiteln an. – Das hätten sie gar nicht gebraucht. Der Mond schien ja. [Offensichtlich hatten sie Angst.]

Und dann waren da noch welche: Gescheitseinwollende (Oberpriester / Schriftgelehrte / Pharisäer) und wilde Leute (farbige Tempelsklaven): einer und noch einer (so zählte Therese bis vier). Die waren wild, ganz wild.

Der Heiland wusste das schon (dass sie kommen würden). Er hatte schon (nach ihnen) ausgeschaut. Und dann. – Als er sie dann kommen sah, da zitterte er schon, der Heiland. Ja, das konnte man sehen.

Dann. – Als sie angekommen waren (Judas und das Verhaftungskommando), da sagte einer *machar* (Umschrift: m^{e}ḥar „morgen“, wobei das ḥ wie ch klingt). Und dann. – Als die (acht) Männer, die der Heiland nicht mitgehen ließ, den Lärm hörten, da waren sie gleich da, alle. Da schrien sie: *ma hada ma hada* (Umschrift: l^{e}māh hādā' „Warum dies?“). Immer wieder. Oh! Da schauten sie.

Und dann. – Als die Männer (alle Elf) den (Judas) da stehen sahen, da war einer, der immer so alles gerichtet hat (Jakobus), da sprang der hin, packte ihn da vorne (an der Brust) und schrie ihn an: *juda* (Umschrift: jûdāh „Judas“), *gannaba* (Umschrift: gannāḇā' „der Dieb, Täuscher“, wobei das ḇ wie w klingt), *magera* (Umschrift: '^{a}gîrā' „der Lohndiener, Mietling“) mit vorangestelltem *m-*. und *beizebuba* (Umschrift: bêz^{e}ḇûḇā' „der Fliegensohn“, ein nicht belegtes Schimpfwort, etwa: „der Satanssohn“, wobei das ḇ wie w klingt). Aber der Heiland winkte energisch ab. – Er wollte das nicht.

Dann ging der (Judas) hin zum Heiland und sagte: *schelam lach rabbuni* (Umschrift: š^{e}lam lāḵ rabbûnî „Heil dir, mein Gebieter!“, wobei das š wie sch klingt und das ḵ wie ch; und wobei rabbûnî ehrerbietiger ist als rabbî). Und dann küsste er den Heiland.

Aber dann. – Da war der Heiland stark. Dann ging er auf sie (auf die Tempelwächter und die anderen) zu und sagte etwas zu ihnen (und fragte sie; „Wen sucht ihr?"). Da sagten sie zu ihm: *jeschua nazarea* (Umschrift: ješûʻa naṣôrājā' „Jesus, [den] Nazoräer", wobei das š wie sch klingt und das ṣ wie tz).

Dann sagte der Heiland zu ihnen: *ana ana* (Umschrift: 'ᵃnā' 'ᵃnā' „Ich, ich = Ich bin es!"). Dann fielen einige hin. Die Gescheitseinwollenden fielen nicht hin. Und der (Judas) und die Wilden (die farbigen Tempelklaven) auch nicht. Aber solche, die in dem großen Haus Ordnung schaffen, die fielen hin. Zu denen sagte der Heiland dann: *kumu* (Umschrift: qûmû „Steht auf!").

Dann. – Als die aufgestanden waren, da ging der Waschlschneider hin, riss einem von ihnen (von den Tempelwächtern) ein Messer heraus (aus der Scheide), er selber hatte keins, riss das Messer heraus, schlug damit nach einem (nach dem Sklaven des Hochpriesters) und traf ihn am Ohrwaschl.

Jetzt lief dem das Blut herunter. Das Ohrwaschl hing aber noch dran. Da ging der Heiland hin zu ihm, langte hin, und gleich war es wieder richtig (war es heil).

Und dann sagte er etwas zum Waschlschneider. Und dann musste der es (das Messer) wieder in das Leder (die Scheide) stecken. Dorthin, wo sie (die Tempelwächter) es trugen.

Ja. Und der, dem der Heiland das Ohrwaschl wieder heil machte, der hatte sich (schon vorher) etwas gedrückt. Der wollte dem Heiland nichts tun, das konnte man sehen.

(Ergänzungen: Seiten 230–232)

Jesus wird Hannas vorgeführt, dem Althochpriester[24]

THERESE NEUMANN IST VISIONÄR IN DEN GARTEN GETSEMANI VERSETZT. SIE ERZÄHLT:

Derweil liefen die anderen (die Tempelsklaven) hin, packten den Heiland und banden ihn (mit Stricken oder Riemen) arg zusammen, ganz arg. Von den Ellbogen über den Rücken nach vorne. Und dann, um die Ellbogen herum, die Arme vorne zusammen, so dass sich der Heiland fast gar nicht mehr rühren konnte. – Und gerade das war schlimm für ihn. Wenn nur die Ellbogen frei gewesen wären.

Jetzt (nachdem die Elf verschwunden waren, noch während die Tempelsklaven ihn banden) stürzte der Heiland leicht. – Weil er sich nicht (auf den Beinen) halten konnte, als die Ellbogen hinten zusammengebunden wurden.

Ach! – Da hatten sie eine Wut, die Wilden (die Tempelsklaven) und die Gescheitseinwollenden und die, die in dem großen Haus Ordnung schaffen. Ja. Die auch, vor allem die.

Dann legten sie (die Tempelsklaven) dem Heiland einen Gürtel um (einen Fesselgürtel), einen ledernen. Daran waren (zwei) Eisendorne, an dem Gürtel drinnen. Ach! – Die taten ihm sehr weh, dem Heiland.

Und von dem Gürtel gingen Stricke aus: einer und noch einer (so zählte sie bis vier). Eher Riemen als Stricke. Und so packten sie dann den Heiland und zerrten ihn damit fort.

Dann gingen sie (das Verhaftungskommando) mit dem Heiland hinunter zu dem großen Ort. Weit gingen sie. Der Heiland schaute zum Himmel auf und betete. Immer wieder schaute er zum Himmel auf und betete. Matt war er, und durstig war er. Ja.

Und dann. – Jetzt war der junge Mann da. Und dann war auch der Waschlschneider da. Eine Weile gingen sie hinter uns her. Dann, auf einmal hatte sich der Waschlschneider verdrückt.

Die anderen Männer vom Heiland (neun von den Elf) habe ich überhaupt nicht mehr gesehen. Die haben sich nicht getraut.

Aber der junge Mann ging weiter hinterher. – Jetzt bemerkten sie ihn (die Tempelwächter). Jetzt packten sie ihn bei der Schulter. Aber er langte geschwind hin, riss die Spange ab, ließ den Mantel los und entkam.

Er wird zur Mutter gegangen sein. Sie war in dem großen Ort, in den Haus (mit dem Abendmahlssaal), bei den Frauen (Marta, Maria aus Magdala und den anderen). Da wird er hingegangen sein und wird der Mutter erzählt haben. Bestimmt.

Jetzt gingen wir da hinunter. An der Mauer, vom Berg hinunter, auf den Bach (Kidron) zu. Das war weit, bis man da hinunterkam. Da stolperte der Heiland immer wieder, weil er sich beim Gehen nicht halten konnte.

Aber was war das? – Als wir auf den großen Ort zugingen, da standen dort immer wieder Männer (Wachtposten). Nicht gerade Männer (römische Soldaten), sondern solche, die im großen Haus Ordnung schaffen. Die standen da, wie wenn sie auf etwas gewartet hätten.

Dann gingen wir (durch das Kidrontal von ihm getrennt) an dem großen Ort entlang, auf den Bach zu. Da, an der Brücke, da standen wieder welche (Wachtposten).

Die wussten also schon, dass die (das Verhaftungskommando mit dem Heiland) da herunterkommen würden. Die fürchteten wohl, dass die Leute (aus Ophel, dem Armenviertel Jerusalems) einen Aufstand machen würden.

Ach! – Jetzt stießen sie (die Tempelsklaven) den Heiland in den Bach. Es war nicht viel Wasser drin. Aber einfach hineinstoßen? Ach! – Das war so ein dreckiges Wasser. Und weil der Heiland arg Durst hatte (von dem Flüssigkeitsverlust durch Schwitzen und Bluten), darum trank er von dem Wasser.

Dann zogen sie ihn wieder heraus. Da war er ganz nass. Da tropfte er. Er allein hätte nicht herausgekonnt, weil die Arme fest an den Körper gebunden waren. Darum zogen sie ihn heraus.

Oh! Da jammerte der Heiland. Da rief er laut: *ach ach* (Umschrift: 'āḥ „Ach!", ein Ausruf der Klage und des Schmerzes, wobei das ḥ wie ch klingt). Da tat der Gürtel (der Fesselgürtel) ihm weh, der mit den Eisendornen. Und da. – Da bluteten ihm die Knie.

Danach tat sich der Heiland ganz schwer beim Gehen, weil sein nasser brauner Rock sich bei jedem Schritt um die Beine herumschlang.

Und dann. – Da wären schon schöne Wege gewesen. Aber diese Wilden (Tempelsklaven), die gingen nicht auf den Wegen. Die gingen durch die wilde Gegend. Da waren Steine, scharfkantige. Und der Heiland war barfuß.

Ach! – Da bluteten seine Füße bald. Ja. Da stolperte er immer wieder. Auch durch Dornenzeug gingen sie. Extra! – Diese Wilden gingen da einfach hindurch. Die spürten das nicht.

Dann gingen wir durch ein kleines Tor hinein (in die Stadt). Da war der Heiland oft. Da, bei den Leuten, das waren recht arme Leute. Das war ein ganzes Viertel von armen Leuten (Ophel, das Armenviertel der Stadt). Die hatten den Heiland gern. – Denen, meine ich, hat der Heiland oft geholfen.

Da hatten sie (die Oberpriester, zu ihnen gehörte auch der Tempelhauptmann, der den Heiland festgenommen hatte) viele Männer (Wachtposten) aufgestellt. Zum Warten, dass wir da vorbeikommen würden. Ja. Das wussten die schon. Aber sonst war es geheim.

Und doch hörten es die Leute. Und sie kamen und jammerten um den Heiland. Knieten sich hin auf die Straße. Rangen die Hände und jammerten den Heiland an.

Ach! – Die schaute der Heiland gut an. Das tat ihm gut, dass sie ein Erbarmen (mit ihm) hatten.

Sie weinten, diese Leute, und sie schrien. Immerzu schrien sie: *jeschua* (Umschrift: ješûʻa „Jesus"), *jeschua bardafidam* (Umschrift: ješûʻa bar dāwîd „Jesus, Sohn Davids") mit angehängtem *-am.*

Und *jeschua nazarea* schrien sie (Umschrift: ješûʻa naṣôrājā' „Jesus der Nazoräer", wobei das š wie sch klingt und das ṣ wie tz). Und *malka* (Umschrift: malkā' "der König"). Und *jeschua malka* (Umschrift: ješûʻa malkā' „Jesus, der König").

Ui! Hatten die anderen (das Verhaftungskommando) eine Wut. Die hatten vor allem auf diese Leute eine Wut. – Es waren ja auch viele Leute da. Und sie hielten hübsch zusammen.

Einige von ihnen gingen mit. Die (die Tempelwächter) wollten sie aufhalten. Die ließen sich aber nicht aufhalten. Nein. Die gingen weiter mit. Aber sie hörten auf zu schreien.

Dann gingen wir weiter. Dann ging es um eine Ecke, dann aufwärts. Und dann. – In dem großen Ort, da gingen wir noch ein Stückchen hinauf, zu einem großen Haus (zum Palast des Althochpriesters Hannas). Da waren viele Leute. Da gingen wir durch einen Hof.

Oh! Da brannten Feuer, überall Töpfe an Stangen (Straßenlaternen; siehe Seite 32). Oh! Und Fackeln prasselten und brannten da überall.

Und da. – Da brannte in der Mitte ein Feuer. Da waren Ecken an den Seiten, lang in die Höhe, wie Schlote. Darin stieg Rauch in die Höhe, sodass sie drinnen keinen Rauch hatten.

Da war es dem Heiland fürchterlich. Die hatten schon gewartet, dass er kommt.

(Ergänzung: Seiten 233f.)

Jesus wird von Hannas befragt und vor ihm geschlagen[25]

THERESE NEUMANN IST VISIONÄR IN DEN HANNASPALAST VERSETZT. SIE ERZÄHLT:

Da saßen, so halbrund hinauf, Männer (der Althochpriester Hannas und etliche Oberpriester; alles Mitglieder seiner Sippe, darunter zweifellos auch der Tempelhauptmann, sein Sohn).

Dann kamen noch allerhand Leute herein. So viele, wie Platz hatten, kamen da herein. Und mit den Leuten kamen auch der Waschlschneider und der junge Mann herein. – Das war ein Gedränge! Gute und Böse, alle kamen da herein.

Der da droben, ein ganz alter Dürrer (Hannas), redete dauernd. Lange redete der. Der Heiland war ganz ernst. Er sagte gar nichts. – Warum er zu dem nichts sagte, das hatte eine Bedeutung, das habe ich gespürt.

Auf einmal schlug einer von denen (die bei ihm standen) dem Heiland ins Gesicht. Der hatte Eisen an den Händen (einen eisernen Handschutz). Eisen! – Das war so ein gerader Mann (ein Tempelwächter). Nicht einer von den anderen geraden Männern (den römischen Soldaten).

So einer! – Dem Heiland einfach ins Gesicht schlagen. Und dabei war er noch spöttisch. – Der wollte dem da droben, dem Alten, bloß schöntun. Aber der Heiland reagierte nicht darauf.

Dann schrieb der Alte droben etwas in eine Rolle, in so etwas Gelbes (in eine Papyrusrolle). Die rollte er dann zusammen, tat sie dann in etwas hinein (in eine Umhüllung) und band sie dann an ein Stängelchen. Und das steckte er dem Heiland dann in den Gürtel (in den Fesselgürtel).

Und dann (außerhalb des Palastes), dann sagte der Heiland zu dem, der ihn geschlagen hatte, etwas Ernstes. Aber zu dem Alten da droben sagte er nichts, weil das kein Guter war. Ui! Mit dem wollte der Heiland nicht reden. Nein.

Jesus wird von Kajaphas befragt und vorverurteilt[26]

THERESE NEUMANN IST VISIONÄR IN DEN KAJAPHASPALAST VERSETZT. SIE ERZÄHLT:

Dann führten sie (Tempelwächter und Tempelsklaven) den Heiland zu einem anderen. Wieder durch den Hof, an dem Feuer vorbei. Zu einem Jüngeren führten sie ihn jetzt (zu Kajaphas, dem amtierenden Hochpriester, dem Schwiegersohn des Althochpriesters Hannas).

Ah! Da gingen die anderen alle mit (wohl alle, die im Hannaspalast dabei waren; auch die, die „so halbrund hinauf" gesessen hatten; also er selbst und mehrere Oberpriester, darunter zweifellos auch der Tempelhauptmann, sein Sohn). Auch der Waschlschneider und der junge Mann drückten sich mit hinein.

Da oben (ebenfalls „so halbrund hinauf"), da wartete schon einer (Kajaphas) auf einem schönen Sitz, droben. Ah! Einen feinen Kittel hatte er an (ein Obergewand aus violettem Purpur, aus einem Stück gefertigt, den so genannten Efodmantel, dessen unterer Saum mit Purpur-Granatäpfeln und goldenen Glöckchen verziert war).

Und auf dem Kopf hatte er (an der Vorderseite seines Turbans aus Byssus) etwas Funkelndes (eine goldene Rosette, das heilige Diadem, mit der Inschrift „Jahwe geheiligt").

Und vorne auf der Brust hatte er etwas: Eine Tafel (den Brustschild/die Brusttasche, in der die Orakel[steine?] Urim und Tummim lagen) in allerhand Farben (besetzt mit zwölf verschiedenfarbigen Edelsteinen).

[Steiner, a. a. O., Seite 204: „Theres fährt mit der Hand in Strichen nach unten und quer über die Brust".]

Und Männer saßen da (wahrscheinlich dieselben, die vorher mit dem Althochpriester Hannas „so halbrund herauf" gesessen hatten; und wohl auch etliche Ratsmitglieder; aber kaum der gesamte Hohe Rat, der einschließlich Hochpriester 71 Mitglieder zählte; denn dann hätte Therese es sicherlich nicht unterlassen, zu erwähnen, dass es „viele und viele Männer“ waren). Auf den Stufen saßen sie. Wie auf Stufen war das, so abgesetzt war es.

Jetzt führten sie (einige Tempelwächter) den Heiland herein. Dann nahmen sie ihm die Fesseln ab (auch den Fesselgürtel). Er musste stehen bleiben.

Dann wollten sie (Kajaphas und andere) den Heiland wieder ausfragen (wie vorher Hannas). Da redeten einige dagegen (also für den Heiland; wahrscheinlich Nikodemus und Josef aus Arimathäa). Ein Durcheinander war das.

Und dann redete der Heiland. Oh! – Entschieden und mächtig redete er. Da fuhren welche auf. Da wurde der da droben (Kajaphas) wild. Und als der Heiland weiter redete, da stand der da droben auf, nahm sein Messer, schnitt damit in seinen Kittel (in den Efodmantel) und riss ihn ganz auf. Und dann schrie er etwas (die Vorverurteilung des Heilands zum Tode). Ah! Ah!

Dann setzte er sich wieder hin. Die andern setzten sich auch wieder hin. Welche von ihnen schrien (gegen den Heiland). Die waren halt so angerichtet (beeinflusst). Einige redeten dagegen (also für den Heiland). Aber das half nichts.

Jetzt führten sie (einige Tempelwächter) den Heiland da heraus (aus dem Kajaphaspalast) auf einen Platz. Da war alles frei.

Jetzt zogen sie ihm seinen braunen Rock aus. Dann zogen sie ihm einen Mantel an, einen Fetzen. Rotbraun war der (der sollte den Königsmantel darstellen). Dann gaben sie ihm einen Stecken in die Hand, so ein Rohr (das sollte sein Herrscherzepter darstellen) Dann setzten sie ihm einen Kranz auf, aus Stroh. Und darauf eine Spitzkappe, auch aus Stroh (sie sollten den königlichen Turban mit dem Königsdiadem darstellen).

Und dann spien sie den Heiland an. Und dann schrien sie ihn an: *malka malka* (Umschrift: malkā' „Der König"). Und dann: *schelam* … *malka* (Umschrift: š^{e}lam … malkā' „Heil! … Der König!"). Und dann stießen sie ihn hin. Und dann spien sie ihn wieder an.

Ach! – Schrecklich machten sie es da dem Heiland. Ach! Ach! – Schrecklich! Ach! Ach!

Aber dann. – Da war der Lange, der einmal nachts beim Heiland war (Nikodemus). Der protestierte, dass der Heiland so misshandelt wurde. Der ließ das nicht gelten. Sie hätten nachts nicht fertig werden dürfen mit ihm. Der verlangte, sie müssten noch einmal zusammenkommen, in der Frühe (und zwar alle, der gesamte Hohe Rat). – Ich habe gespürt, dass der das wollte. Ja.

(Ergänzung: Seiten 234f.)

Petrus verleugnet Jesus – im Hof des Kajaphaspalastes[27]

THERESE NEUMANN IST VISIONÄR IN DEN HOF DES KAJAPHASPALASTES VERSETZT. SIE ERZÄHLT:

Da war es kalt. Da war der Waschlschneider herausgekommen (aus dem Palast in den Palasthof). Und der junge Mann war auch herausgekommen. Da waren viele Leute weggegangen, als der (Kajaphas) seinen Kittel (den Efodmantel) zerschnitten hatte.

Der junge Mann ging zur Mutter und zu den Frauen (Marta, Maria aus Magdala und den anderen, in das Haus mit dem Abendmahlssaal). Er erzählte ihnen, wie es dem Heiland ergangen ist. Da war es der Mutter hart und den Frauen auch.

Dann kleideten sie die Mutter an, die Frauen. Und dann führten sie sie in die Nähe (des Kajaphaspalastes). Die Mutter ging aber wieder fort. – Die hat es nicht bei dem Haus gelitten.

Der Waschlschneider war nicht mit ihm (mit Johannes zur Mutter und zu den anderen Frauen) gegangen. Nein. Wie er halt ist. Der musste ja dableiben, weil er wissen wollte, was da jetzt vor sich geht.

Ihn fror, als er da wartete, denn es war kalt. Ja. – Darum ging er weg von dort (aus der Nähe des Palastes) und stellte sich an ein Feuer (in der Mitte des Hofes, um sich zu wärmen). Da waren Weiberleut. Einige waren recht frech, die erkannten ihn bald.

Dann redete eine der Weiberleut den Waschlschneider an. Aber er wehrte ab und schüttelte den Kopf. Er leugnete, dass er den Heiland kennt, das konnte man sehen.

Ah! Und dann, nach einer Weile, da redete ihn wieder

eine der Weiberleut an. Da wehrte er wieder ab, leugnete wieder, dass er den Heiland kennt.

Und dann, das war aber viel später, dann sagte ein Mann etwas zu ihm. Das war schon ein älterer Mann (einer der Sklaven des Hochpriesters Kajaphas, ein Verwandter dessen, den er im Garten Getsemani bei der Festnahme des Heilands am Ohr verletzt hatte; vgl. Johannes 18,26). Da wehrte er noch einmal ab, leugnete noch einmal, dass er den Heiland kennt.

Und dann, da schien der Mond nur noch ein wenig, da war der Waschlschneider gerade da, wo sie (einige Tempelwächter) den Heiland (auf dem Wege in den Kerker) vorbeiführen mussten, vor dem Feuer, bei dem er stand.

Und da! – Da schaute der Heiland ihn (im Vorübergehen) an: weh, aber gut. Und da! – Eben als der Heiland ihn angeschaut hatte, da krähte der Hahn.

Und dann! – Dann fing er an zu weinen, der Waschlschneider. Da war es ihm hart. Ganz außer sich war er, ganz außer sich.

Die Mutter habe ich jetzt nicht mehr gesehen. Die hatte der junge Mann hinuntergeführt in den Ort (Jerusalem).

(Ergänzung: Seite 236)

Jesus wird für den Rest der Nacht in einen Kerker gesperrt[28]

Therese Neumann ist visionär auf den Weg in einen Kerker versetzt. Sie erzählt:

Jetzt führten sie (einige Tempelwächter) den Heiland heraus (aus dem Kajaphaspalast), mit dem Mantel (dem rotbraunen Fetzen). Um den Hals hatten sie ihm eine Kette gehängt. Die hing vorne herunter. Die schlug ihm beim Gehen auf die Knie.

Und dann, da schien der Mond nur noch ein wenig, da führten sie den Heiland (über den Hof des Kajaphaspalastes) gerade da vorbei, wo der Waschlschneider war, vor dem Feuer, bei dem er stand (und sich wärmte).

Und dann war da ein Haus (der Kerker). In dem waren Löcher (Kerkerzellen). In so ein Loch führten sie den Heiland jetzt hinein. Das hatte der da droben (Kajaphas) so angeordnet.

Ja. In ein finsteres schmales Loch sperrten sie ihn ein. Kaum, dass zwei Männer darin nebeneinander stehen konnten. Kalt war es darin. Ein niedriger schmaler Gang führte hinein. Nur gebückt konnte man da hinein.

Da konnte der Heiland sich nicht anlehnen. Da konnte er sich nicht hinsetzen. Da banden sie dem Heiland die Hände wieder zusammen. Und dann. – Dann banden sie ihn um den Hals herum an eine Säule. Mit der Kette, die er hergetragen hatte.

Ein paar (Tempelwächter) blieben da. Warum? – Er wäre ihnen ja doch nicht ausgerissen. Ah! Da habe ich den Heiland nachts einige Male besucht. Da hat mich der Heiland gereut.

Als es dann Morgen wurde, führten sie (die Tempelwächter und Tempelsklaven) den Heiland wieder heraus (aus dem

Kerker). Jetzt hatte er seinen eigenen braunen Rock wieder an. Auch den Gürtel (mit den Eisendornen) hatten sie ihm wieder umgelegt.

(Ergänzung: Seiten 236f.)

Jesus wird Pilatus übergeben, um ihn kreuzigen zu lassen[29]

THERESE NEUMANN IST VISIONÄR IN DEN KAJAPHASPALAST VERSETZT. SIE ERZÄHLT:

Gegen Morgen (um 6 Uhr etwa) waren sie (Hannas, Kajaphas und andere) wieder beisammen. Jetzt führten sie (einige Tempelwächter) den Heiland wieder herein (in den Palast). Jetzt hatte er seinen braunen Rock wieder an, nicht mehr den rotbraunen Fetzen, den er beim Kittelzerschneider (bei Kajaphas) anhatte.

Der da droben (Kajaphas) redete wieder, ganz spöttisch. Ah! Jetzt verhandelten sie aber nicht mehr so lange. Jetzt krakelte (schrieb) er bald etwas auf. Das gab er ihnen (den Tempelwächtern) dann mit. Und dann führten sie (und die Tempelsklaven) den Heiland fort.

Ach! – Auch die sind dann mit fort. Eben der (Kajaphas) und der dürre Alte. Sie setzten sich auf Pferde und sind dann mit ihm (mit dem Heiland und seinen Bewachern) fort.

Das war hübsch weit jetzt, auf den Berg hinauf (zum Prätorium, dem Amtssitz des römischen Präfekten Pontius Pilatus; das heißt zum ehemaligen Königspalast der Hasmonäer, am Rande des westlichen Altstadthügels Jerusalems, gegenüber der Südwestmauer, der so genannten „Klagemauer" des Tempelplatzes).

Zu dem Jungen, zu dem Itrauminet (Pilatus) gingen sie jetzt. Da waren viele mit. Auch ein Haufen von Gescheitseinwollenden war mit. Das war jetzt ein Mordszug von Leuten geworden, ein langer Zug.

Ach! – Und der dürre Alte war auch mit. Der hätte aber auch daheim bleiben können! Ach! – Und dann der Heiland (mit den Tempelwächtern und den Tempelsklaven, die ihn an den Riemen des Fesselgürtels führten).

Ach! – Und jetzt ging es zu dem hin (zu Pilatus, dem „Mann ohne Haar“). Sie gingen nicht ganz (zum Prätorium) hinauf. Da war eine Stufe (im Straßenpflaster). Da blieben sie stehen (Hannas, Kajaphas und andere, um sich nicht kultisch zu verunreinigen). Den Heiland ließen sie (von den Tempelklaven) etwas weiter hinaufführen. Aber auch jetzt noch nicht ganz hinauf.

Da war (vor dem Prätorium) ein großer freier Platz (er war mit Kalkstein- oder Marmorplatten gepflastert, aramäisch: **gubbᵉthā**,' „die Anhöhe“).

Da lag der (Pilatus) auf einem halben Kanapee (einer steinernen Liege). Dem war es nicht recht, dass sie den Heiland zu ihm brachten. – Am Ende hatte er schon etwas über ihn gehört.

Auf einmal fingen die (Hannas, Kajaphas und andere) an zu schreien, wie wenn sie eine Mordswut (auf den Heiland) hätten.

Dann sagte er (Pilatus) etwas zum Heiland. Und dann sagte der Heiland etwas zu ihm. Entschieden redete er zu ihm. Er war der einzige, mit dem der Heiland ruhig redete.

Und dann sagte der wieder etwas zum Heiland. Auch ruhig. Ja. Er war der einzige, der nicht gehässig war zum Heiland, der keinen Hass auf ihn hatte.

Er fürchtete sich bloß vor denen (vor Hannas, Kajaphas und den anderen). Es schien so, wie wenn er in einer Klemme gewesen wäre, das konnte man sehen.

Jetzt riefen die (Hannas, Kajaphas und andere) etwas zu ihm (zu Pilatus) hinauf. Dem war das gar nicht recht. Dann rief er etwas zu ihnen hinunter. Das war halt nur eine Rederei, ein Hin und Wider, ein Durcheinander.

Und der Heiland stand dort. Oh mei! – Da hat der Heiland zum Erbarmen dreingeschaut.

(Ergänzung: Seiten 237f.)

Jesus wird zu Herodes Antipas geführt, seinem Landesherrn[30]

THERESE NEUMANN IST VISIONÄR VOR DAS PRÄTORIUM DES PILATUS VERSETZT. SIE ERZÄHLT:

Und dann (während ihrer Auseinandersetzung mit Pilatus) sagten sie (Hannas, Kajaphas und andere) wieder etwas zu ihm. Und dann sagte er (Pilatus) wieder etwas zu ihnen.

Aber dann! – Auf einmal (als Pilatus erfuhr, dass der Heiland ein Galiläer sei) ließ er ihn zu einem anderen führen, zu einem älteren Mann (zu Herodes Antipas, dem Landesfürsten von Galiläa und Peräa).

Und dann, als sie sahen, was der (Pilatus) anordnete, da gingen die (Hannas, Kajaphas und andere enttäuscht und verärgert) auch mit zu dem (zu Antipas). Auch viele Gassenschreier und Neugierige gingen mit.

Und der (Antipas), der saß schon da droben (auf seinem Thronsessel), als sie (Tempelwächter und Tempelsklaven) den Heiland zu ihm führten. Mächtig saß er da. Ein rotes Gesicht hatte er. Einen roten Bart hatte er. Recht protzig saß er da.

Als der Heiland vor ihm stand, voller Blut im Gesicht, zerschlagen und überall bespuckt, da tat er so, als ob er sich vor ihm ekelte. Da ließ er den Heiland hinausführen und abwaschen, von ganz wilden Leuten.

Dann, als die den Heiland wieder hineingeführt hatten, dann sagte der (Antipas) etwas zu ihm, einmal und noch einmal. Aber dann! – Als der Heiland ihm keine Antwort gab, da brüllte er ihn an, da schrien auch die (Hannas, Kajaphas und die anderen) dazwischen.

Und dann. – Als der Heiland immer nur vor sich niederschaute, nicht reagierte, nicht redete, das ärgerte ihn (Antipas) so, dass er den Heiland misshandeln ließ, arg und arg. Dabei stießen sie ihn nur so herum, die wilden Leute. Immer wieder.

Das dauerte lange und lange. – Und dann legten sie dem Heiland zum Spott einen weißen Kittel um (einen langen Sack?). Und dann setzten sie ihm etwas auf den Kopf. Und dann stießen sie ihn. Immer wieder, immer wieder.

Aber der Heiland sagte kein einziges Wörtchen zu dem da droben (zu Antipas). – Ich meine, mit dem wollte der Heiland nicht reden. Ich meine, den Eindruck hatte ich, dass der Heiland den verachtete, das konnte man sehen.

Ja. Da schauten sie alle albern (komisch), als der (Antipas) so spöttisch redete und schrie und als der Heiland nichts sagte. Ach! – Der wurde mit dem Heiland auch nicht fertig.

Und jetzt! – Da hatte der Itrauminet einen geraden Mann zu ihm (zu Antipas) geschickt und ließ ihm etwas sagen. Und dann schickte der auch einen geraden Mann voraus und ließ ihm (Pilatus) etwas sagen.

Ja. Und dann führten sie (Tempelwächter und Tempelsklaven) den Heiland wieder fort, zurück zu dem Itrauminet. Gefesselt, wie wenn er sonst ausgerissen wäre. Und er war doch so müde.

Die Frau des Pilatus bittet ihren Mann, Jesus freizulassen[31]

THERESE NEUMANN IST VISIONÄR VOR DAS PRÄTORIUM DES PILATUS VERSETZT. SIE ERZÄHLT:

Ach! – Und was war inzwischen? – Der Itrauminet hat eine Frau, die ist nicht übel. Als der Heiland fort war (bei Herodes Antipas), da ging sie zu ihm (zu Pilatus, ihrem Mann).

Da wird sie ihm viel erzählt haben vom Heiland, das konnte man sehen (nach Matthäus 27,19 handelte es sich dabei um einen Traum, in dem sie in der vergangenen Nacht um „jenes Gerechten" willen viel gelitten habe).

Und er (Pilatus). – Weil sie so ernst mit ihm redete, darum wurde er unruhig. Und dann, das konnte man sehen, dann bat sie ihn um etwas. Für den Heiland (nämlich darum, ebenfalls nach Matthäus 27,19, nichts gegen ihn zu unternehmen).

Jetzt sagte er etwas zu seiner Frau. Und dann gab er ihr etwas (als Pfand): einen schönen großen funkelnden Ring. Ah! – Das sollte etwas bedeuten, das konnte man sehen.

Und dann. – Als sie das Funkelnde hatte (den Ring, als Pfand dafür, dass ihr Mann den Heiland freilassen werde), da war sie froh und ging wieder fort.

(Ergänzung: Seite 238)

Pilatus ist bereit und entschlossen, Jesus freizulassen[32]

Therese Neumann ist visionär Prätorium des Pilatus versetzt. Sie erzählt:

Dann, als sie (Tempelwächter und Tempelsklaven) den Heiland zurückbrachten, da war es dem Itrauminet zuwider, das konnte man sehen.

Und dann, als sie den Heiland wieder (zum Prätorium) hinaufführten, da blieben sie (Hannas, Kajaphas und andere) wieder da unten stehen.

Da war, das habe ich erst dann gesehen, im Pflaster etwas angemerkt (ein Zeichen, zur Warnung vor kultischer Verunreinigung). Von da ab durften sie nicht höher hinauf.

Da (vor dem Prätorium) war ein freier Platz (er war mit Kalkstein- oder Marmorplatten gepflastert, aramäisch: gubbethā', „die Anhöhe"). Ein Hügel war das. Von da aus konnte man weit schauen.

Oh! Jetzt war es schon heller Tag. Da waren viele Leute zusammengekommen. Oi! Einige wären wohl für den Heiland gewesen. Aber viele, die meisten, waren gegen ihn.

Oh! Jetzt schrien sie (Hannas, Kajaphas und andere) etwas zu dem (zu Pilatus) hinauf. Logen etwas hinauf, das konnte man sehen. Dem war nicht wohl dabei. Dem war es nicht recht, dass sie den Heiland zurückgebracht hatten, das konnte man sehen.

Und dann! – Ach! – Dann rief er (Pilatus) etwas zu ihnen hinunter. Und dann brüllten die wieder etwas zu ihm hinauf. Ach, war das ein Durcheinander.

Und dann. – Das war jetzt aber drinnen in dem Haus (im Prätorium), da redeten sie (Pilatus und der Heiland) recht ernst miteinander. Erst sagte der (Pilatus) etwas Ernstes zum Heiland. Und dann sagte der Heiland etwas Ernstes zu ihm. – Ja. Bei dem war der Heiland am längsten.

Und dann. – Da hatte er den Heiland schon wieder herausführen lassen (vor das Prätorium). Und dann. – Dann schrie er etwas zu den Leuten hinunter. Und da! – Da brüllten sie wie die Wilden: *salabu salabu* (Umschrift: ṣ^{e}laḇû „Kreuzigt!“, wobei das ṣ wie tz klingt und das ḇ wie w). Immer wieder. – Denen hatte es schon zu lange gedauert.

Ja. Da schaute der Heiland aber weh drein, als er die vielen Leute sah. Das tat dem Heiland weh.

Der junge Mann und die Frauen (Marta, Maria aus Magdala und die anderen) waren mit der Mutter in der Nähe. Sie hörten das Geschrei. Oh! Oh! Da mussten sie sie stützen.

Ach! – Dann ließ der Itrauminet einen herbeiführen. Das war ein ganz Wilder, das konnte man sehen. Ein ganz Wilder. Den und den Heiland, die ließ er nebeneinander aufstellen (Pilatus wollte, dass die Leute, die vor dem Prätorium standen, wählten, wen von beiden er freilassen solle).

Da schrien die Leute noch wilder: *barabban barabban* (Umschrift: l^{e}bar rabban „Den Sohn unseres Meisters!“ auch „unseres Lehrers!“). Immer wieder. Immer wieder.

(Ergänzung: Seite 239)

Pilatus lässt Jesus geißeln – mit dreierlei Geißeln[33]

Therese Neumann ist visionär in den Innenhof des Prätoriums versetzt. Sie erzählt:

Dann sagte der (Pilatus) etwas. Und dann ordnete er etwas an. (die Geißelung des Heilands, weil er hoffte, seine Todfeinde würden sich erbarmen lassen und ihn freigeben). Ach! – Und dann führten sie (die Tempelsklaven) ihn hinunter.

Da waren große Höfe (im Prätorium), kein Dach oben drüber, unten gepflastert. Und Säulen waren da, mehrere Säulen, ein Säulengang mit runden Bögen.

Dann, da musste er selber mithelfen, dann zogen sie den Heiland ganz aus, alles herunter, auch den Fesselgürtel. Oh! Dann stand er völlig nackt da. Oh! Da zitterten ihm die Knie. Da schaute er (wegen der Schändung) betrübt umher.

Sein unteres Gewand, das hatten sie (die Wilden) ihm schon beim Kittelzerschneider ausgezogen, das hatten sie ihm ja gar nicht erst wieder angezogen, das ließen sie ihm dann später wiederbringen.

Und dann banden sie dem Heiland die Hände wieder zusammen. Und dann banden sie ihn an eine Säule, mit dem Gesicht zur Säule hin. Sie war ziemlich hoch.

Da war oben an der Säule ein Ring. Durch den zogen sie einen Strick. Den hatten sie vorher an die Handfesseln vom Heiland angebunden. Und mit dem zogen sie dann seine Arme so hinauf, dass die Haut gespannt war, bis er nur noch auf den Zehen stand.

Und dann! – Dann waren da ganz wilde Männer (farbige Sklaven). Denen hatten die Gescheitseinwollenden (die

Oberpriester) etwas zum Trinken gekauft, dass sie recht betrunken waren.

Ach! – Und die stellten sich dann auf (einer zur Linken und einer zur Rechten des Heilands). Ach! – Und die mussten den Heiland dann schlagen.

Und einer war da, der ordnete an. Die Männer durften nicht öfter zuschlagen, als der anordnete (und nur dort, wo das Leben des Heilands nicht unmittelbar bedroht war).

Zuerst schlugen sie den Heiland mit Besen aus Reisig, aus langen Zweigen, die waren zusammengebunden. Dann, als sie damit fertig waren, dann nahmen sie (zwei andere Geißler) etwas, das bog sich, daran waren Dornen. Damit schlugen sie den Heiland so, dass die Haut aufriss.

Und dann hatten sie (wieder andere Geißler) etwas, daran war hinten ein Ring. Und daran waren Kettchen. Und daran waren Batzen (Bleikugeln). Damit schlugen sie drauflos, dass die Haut zerfetzte.

Und dann, als sie damit fertig waren, dann drehten sie den Heiland um. Dann zogen sie einen Strick um ihn herum und um die Säule, um die Knie auch. Dann banden sie dem Heiland die Arme nach rückwärts an die Säule und zogen fest an. Sonst wäre er zusammengesunken, weil er nicht mehr stehen konnte.

Und dann schlugen sie wieder zu. Von oben her, von den Armen, bis unten hin, bis zu den Füßen. Die Füße unten schlugen sie nicht. Dann, als sie damit fertig waren und die Stricke aufmachten, da sank der Heiland zusammen, wie wenn ihm schlecht geworden wäre.

Dann! – Als sie ihn mit einigen Eimern Wasser wieder zu sich gebracht hatten und er mühsam aufgestanden war, da wollte er sich bücken, langsam, weil er sich kaum noch bücken konnte, da wollte er nach seinem Zeug hinlangen. Aber da! – Da sprang einer hin, so ein Lauser (ein Lausbub), und stieß es mit den Füßen einfach weg. – Extra!

Die Mutter war mit den Frauen nicht weit weg. Ja. Die

war nie weit weg. Aber nicht dort, so dass man sie nicht sah. Zugesehen hat sie nicht, weil sie weiter weg war, aber gehört hat sie alles. Oh! Da war es ihr hart, der Mutter. Der junge Mann, der war auch bei der Mutter. Er musste sie stützen.

(Ergänzung: Seiten 239f.)

Jesus wird mit einer Dornenhaube gekrönt und verspottet[34]

THERESE NEUMANN IST VISIONÄR IN DEN INNENHOF DES PRÄTORIUMS VERSETZT. SIE ERZÄHLT:

Da war ein Säulengang mit runden Bögen. An der Seite war er offen wie eine Halle. Draußen, vor dem Säulengang, da war der freie Himmel zu sehen.

In diesem Säulengang brachten sie (römische Soldaten) jetzt den Heiland daher, von der Geißelung. Seine eigene Kleidung hatten sie ihm noch nicht wiedergegeben.

Und dann. – Da war ein behauener Säulenstumpf. Da stellten sie den Heiland hinauf. Dann hängten sie ihm einen Fetzen von einem Mantel um. Einen roten Fetzen, ohne Ärmel (als Spott-„Krönungsmantel").

Dann banden sie ihm die Hände zusammen. Dann gaben sie ihm einen langen gewachsenen Stängel in die Hände, mit einem Kolben daran (als Spott-„Zepter").

Und dann musste der Heiland sich hinsetzen, an der Wand, auf den Säulenstumpf (als Spott-„Thron"). Ach! – Da war er recht matt, der Heiland.

Dann setzten sie ihm eine Dornenkrone (als Spott-„Krone") auf den Kopf, mit vielen langen spitzen Dornen. Die war schon fertig. Die lag schon bereit.

Die fassten sie nicht an. Nein, die drückten sie ihm mit langen Stecken auf den Kopf. Das war eine ganze Haube aus Dornen, nur oben ein bisschen offen.

Ach! – Auch in die Stirn wurden die Dornen hineingedrückt. Ein Dorn stand sogar beim Auge heraus. Da lief ihm das Blut über das ganze Gesicht herunter. Das tat dem Heiland sehr weh.

Und dann schrien sie und machten spöttische Knixerl

vor ihm (als Spott-„Huldigung“). Immer wieder. Und dann spuckten sie ihm ins Gesicht.

Oh! – Da waren viele Leute dabei. Da schrien sie: *schela lach* (Umschrift: š^{e}lam lāḵ „Heil dir!“, wobei das –m ausgelassen ist, das š wie sch klingt und das ḵ wie ch). Und *malka de judae* (Umschrift: malkā’ dîhûḏā’ê „der König der Juden“). Und *schela lach rabudach* (Umschrift: š^{e}lam lāḵ r^{e}ḇûtā’ „Heil dir, Hoheit!“, wobei das -m ausgelassen ist und das ḇ wie w klingt). Und *sabodach meschechie* (Umschrift: z^{e}ḇûḏāḵ m^{e}šîāḥ „Dein Geschenk, Messias!“, wobei das ḇ wie w klingt und das ḵ wie ch, das š wie sch und das ḥ wie ch).

Immer wieder schrien sie so. Oh! – Und der Heiland zitterte. Seine Hände waren zusammengebunden. Und sie zitterten, wie wenn ihn fror.

Und Durst hatte er. Da machte er immer wieder den Mund auf, der Heiland. Und da! – Da spuckte ihm einer direkt in den Mund. Das tat ihm sehr weh. – Da sah ich, dass der Heiland auch innerlich traurig war.

(Ergänzungen: Seiten 241f.)

Pilatus verurteilt Jesus zur Kreuzigung[35]

THERESE NEUMANN IST VISIONÄR VOR DAS PRÄTORIUM DES PILATUS VERSETZT. SIE ERZÄHLT:

Jetzt führte er (Pilatus) den Heiland allein heraus (aus dem Prätorium), damit alle Leute ihn sehen konnten. Mit den Dornen auf dem Kopf. Mit dem langen gewachsenen Stängel in den zusammengebundenen Händen. Mit dem lumpigen roten Fetzen von einem Mantel, den er anhatte.

Da ging der Heiland ganz krumm, ganz gebückt (um seine Blöße zu bedecken). Und er zitterte (sehr wahrscheinlich, weil er Wundfieber hatte).

Und da, als der Heiland jetzt dastand, da schickte die Frau (des Pilatus) einen geraden Mann zu ihm. Mit einem Täfelchen und mit dem Funkelnden (dem Ring, den er ihr als Pfand dafür gegeben hatte, dass er den Heiland freilassen werde). Da wurde er ganz aufgeregt, ganz unruhig.

Und dann! – Dann rief er (Pilatus) wieder etwas hinunter zu denen da unten (zu Hannas, Kajaphas und anderen). Ach! – Aber die hatten kein Erbarmen mit dem Heiland. Als sie ihn so dastehen sahen, da schrien sie wieder ganz wild.

Ach! – Dass die immer noch da waren, der Alte (Hannas) und der Kittelzerschneider. Dass denen die Zeit nicht zu lang wurde.

Und dann führte er (Pilatus) den Heiland wieder zurück (ins Prätorium). Da redete er wieder mit dem Heiland. Allein. Und da gab er (der Heiland) ihm ganz mächtig Antwort. Und dann sagte er noch etwas zu ihm. Das passte dem (Pilatus) nicht. Nein.

Dann ging er wieder hinaus (aus dem Prätorium). Dann ließ er (Ruhe gebietend die Tuba) blasen. Und dann rief er etwas zu den Leuten hinunter. Und dann! – Dann schrien die *salabu salabu* (Umschrift: ṣ^{e}labû „Kreuzigt!", wobei das ṣ wie tz klingt und das ḇ wie w). Immer wieder.

Arg schrien sie, arg! Sie hatten schon vorher arg geschrien. Aber jetzt, jetzt schrien sie noch ärger. Ach! Ach!

Dann, nachdem der (Pilatus) wieder etwas zu denen (Hannas, Kajaphas und anderen) gesagt hatte, dann ließ er sich etwas bringen (eine Schüssel). Und dann hielt er die Hände darüber. Und dann schütteten sie ihm Wasser über die Hände hinunter.

Und dann! – Dann ließ er wieder (die Tuba) blasen. Und dann rief er wieder etwas zu den Leuten hinunter. Und dann! – Dann schrien sie noch närrischer: *salabu salabu* (Umschrift: ṣ^{e}laḇû „Kreuzigt!", wobei das ṣ wie tz klingt und das ḇ wie w). Immer wieder.

Ach! – Dann saß er (Pilatus) eine Weile drinnen (im Prätorium). Allein. Und der Heiland stand da, an der Seite. In dem Gang, wo man zu dem (Pilatus) hineingeht. Vor solchen, die ihn (an dem Fesselgürtel) gehalten hatten. Vor Wilden (Tempelsklaven).

Und dann! – Die da unten (Hannas, Kajaphas und andere) gaben immer noch keine Ruhe. Dann ließ er sich einen Mantel bringen, der Itrauminet. Und dann setzte er sich etwas Funkelndes (einen goldenen Stirnreif) auf den Kopf. Und dann rief er etwas zu den Leuten hinunter (das Todesurteil über den Heiland). Das passte denen dann. Ja. Und das schrieb er dann auf. Und das ließ er dann denen (Hannas und Kajaphas) geben.

Und dann schrieb er noch etwas auf (eine Nachricht über die Kreuzigung des Heilands, wahrscheinlich an Lucius Aelius Lamia, den Legaten von Syrien). Das wurde dann fortgeschickt. Anderswohin (also nach Syrien).

Und dann brachten sie ihm ein braunes Holz. Darauf krakelte (schrieb) er dann etwas. Weiß. Eine Zeile und noch eine Zeile und noch eine Zeile. Jede Zeile in einer anderen Schrift (die Aufschrift „Der König der Juden“ in aramäischer, in griechischer und in lateinischer Sprache und Schrift).

Das las er dann denen da drunten vor. Und dann hielt er das Holz hoch (so dass sie es lesen konnten). Das passte denen (Hannas, Kajaphas und anderen) dann nicht. Aber da ließ er sich trotzdem nicht dreinreden.

Ach! – Und dann gab es ein Durcheinander. Und dann pressierte es denen (Hannas, Kajaphas und anderen) auf einmal, dass sie wegkamen. Die sind dann auf das große Haus zugegangen.

Was pressierte denen denn so plötzlich? (Die Antwort auf diese Frage kann nur lauten: Das bevorstehende Paschafest, verbunden mit der Opferung der Paschalämmer und dem Fest der Ungesäuerten Brote.)

Ach! – Einige Leute meinten es gut mit dem Heiland. Denen war das alles nicht recht. Aber die meisten (von denen, die vor dem Prätorium standen, eine winzige Minderheit des jüdischen Volkes also) brüllten wie wild. Weil sie von denen (Hannas, Kajaphas und anderen) aufgehetzt waren.

(Ergänzungen: Seiten 242f.)

Jesus auf seinem letzten Gang – zur Kreuzigung[36]

THERESE NEUMANN IST VISIONÄR VOR DAS PRÄTORIUM DES PILATUS VERSETZT. SIE ERZÄHLT:

Dann ließ der (Pilatus) etwas zusammenstellen, gerade Männer (das Kreuzigungskommando). Viele und viele, auch Blaser (Tubabläser) waren dabei.

Dann nahmen sie (römische Soldaten) dem Heiland die Dornen herunter. Und als sie den Mantel – den alten roten Fetzen –, herunternehmen wollten, da war er am Rücken schon angeklebt. Da mussten sie ihn herunterreißen. Da lief das Blut wieder neu.

Dann brachten sie dem Heiland seinen braunen Rock wieder. Den zogen sie ihm dann an. Und dann setzten sie ihm die Dornen wieder auf. Da lief dem Heiland wieder das Blut über das Gesicht herunter. Ach! – Das tat dem Heiland weh.

Oh! Inzwischen brachten sie recht wilde Männer, einen und noch einen (vermutlich gefangene Zeloten, Widerstandskämpfer gegen Rom). Denen banden sie ein Holz auf den Rücken. Das war so ein langes. Und oben darauf, da war etwas festgemacht, dadurch konnten die nicht weg. Einer, der schimpfte und schrie dauernd, der andere war ruhiger. Die warteten da.

Dann brachten sie auch Holz für den Heiland. Ein langes Stück und ein kurzes Stück und noch ein kurzes Stück. Die wurden dann fest zusammengebunden und dem Heiland auf die Schulter geworfen. Ach! – Das tat ihm weh. Da fing die (von der Geißelung zerschundene) Schulter wieder an zu bluten.

Das lange Stück (ein ungeschälter Baumstamm) war nicht zugehauen. Aber die kleinen waren zugehauen, schon länger zugehauen, das konnte man sehen. Die waren schon verwittert.

Dann legten sie dem Heiland seinen Gürtel wieder um (den Fesselgürtel). Den, wo ein und ein Riemen vorne und ein und ein Riemen hinten angebunden waren.

Und dann waren da wieder so kleine wilde Männer (vier Sklaven). Die hatten braune Gesichter, struppelige Haare und einen Bart. Die hatten nichts an. Nur unten herum ein wenig (einen Lendenschurz). Auch an den Armen hatten sie nichts. Die führten den Heiland jetzt.

Dann gingen sie mit dem Heiland eine Treppe hinunter. Da waren hinten an dem Holz (das er auf der Schulter trug) Stricke angebunden. Ja. An denen hielten ein paar Männer das Holz zurück, weil es ja sonst vorgestürzt wäre.

Als sie mit dem Heiland die Treppe herunter waren, da mussten sie warten. Da waren auch einige, die hatten Leitern und Werkzeug mit.

Dann kamen Reiter, Gescheitseinwollende (Oberpriester?), die gegen den Heiland gehetzt hatten. Dann kamen die, die hernach mit hinausgingen in den Garten (Nikodemus, Josef aus Arimathäa und seine Sklaven). Das waren nicht viele.

Und dann kam der Heiland. Und dann, hinten nach, kamen die wilden Männer (die beiden Zeloten). Und dann kamen noch einmal Leute. Viele.

Und kaum waren sie da unten, wo die Straße einen Knick machte, da stolperte der Heiland schon. Er konnte ja nicht recht gehen, der Heiland. Er war ja matt. Von der Nacht noch und von all dem Weh.

Schon deswegen hatten die (die vier Tempelsklaven) sich vorgesehen. Auch darum hatten sie dem Heiland den Ledergürtel wieder umgelegt, mit den Riemen daran, zum Hochziehen. Ja. Damit zogen sie ihn dann einfach wieder hoch. Oh! Oh! – Ach! Das tat dem Heiland weh.

Derweil kam durch eine Tür die Mutter herein (in die Gasse, durch die der Kreuzigungszug daherkam). Der junge

Mann blieb unter der Tür stehen. Dann ging die Mutter zum Heiland hin. Ja. Als er sie kommen sah, rief er: *immi* (Umschrift: 'immî „Meine Mutter!"). Und dann rief sie: *wei beri ach* (Umschrift: waj b^{e}rî 'āḥ „O weh! – Mein Sohn! – Ach!", wobei das ḥ wie ch klingt).

Und dann stießen die geraden Männer sie gleich wieder weg. Und dann waren da Lausbuben. Die trugen den Schindern das Werkzeug.

Und da! – Als einer von ihnen merkte, dass das die Mutter vom Heiland war, da nahm er aus einem Kästchen einen und noch einen Nagel heraus und zeigte sie ihr. Da schwankte die Mutter. Der junge Mann konnte sie gerade noch auffangen.

Das war noch in dem großen Ort. Da war das Pflaster rauh. Und weil es (bei der Begegnung des Heilands mit seiner Mutter) einen Halt gab und (durch die nachdrängende Menge) ein Gedränge, darum brach der Heiland in die Knie. Und die Mutter sah es und weinte. Und dann führte der junge Mann sie wieder fort, zu dem Tor hinaus.

Und dann. – Nachdem wir noch ein Stück gegangen waren, der Heiland wankte nur noch vorwärts, dann mussten wir anhalten, dann schauten die geraden Männer nach Hilfe aus.

Und dann kam aus einer Seitengasse ein Mann daher (Simon von Kyrene), der war groß und stark. Er hatte eine ganz braune Haut. Er hatte abgeschnittene Stauden unter den Armen.

Bei dem waren zwei Buben, ein größerer und ein kleinerer. Sie hatten auch abgeschnittene Stauden unter den Armen. Die wollten sie wohl in dem großen Ort verkaufen.

Ja. Der Mann wollte nur eben schauen, was da los ist, neugierig, was da jetzt kommt. Und dann, als er sich ein wenig besann, da winkten die geraden Männer ihn heran. Und sie gaben nicht nach, bis er zu ihnen kam.

Die hatten wohl Angst, dass sie mit dem Heiland nicht hinaufkommen würden (auf den Gulgultahügel, so die richtige Aussprache, draußen vor der Stadt), weil er so müde war.

Ja. Darum sollte der Mann dem Heiland das Holz tragen helfen. Aber der wollte einfach nicht. Er hatte es eilig, er wollte einfach nicht. Sie (die Soldaten) gaben aber nicht nach. Da musste er. Ach! – Da warf er seine Stauden weg. Und die Buben sind auf und davon.

Und da! – Da schaute der Mann den Heiland wild an. Da hatte er eine Wut auf ihn. Da nahm er das Holz weit hinten. Dadurch drückte es vorne arg nieder, so dass es dem Heiland noch schwerer wurde.

Ja. Dann gingen sie eine Zeitlang so. Da wurde es dem Heiland zu hart, weil der (Simon von Kyrene) das Holz so weit hinten genommen hatte.

Und dann! – Dann schaute der Heiland sich einmal um nach dem Mann. Und dann, als der Heiland ihn gut anschaute, als sein Blut von der Stirn herunterlief und von den Augen, da schaute der Mann ihn ganz anders an.

Als er das so gesehen hatte, da ging er auf die andere Seite vom Heiland. Und von da ab trug er das Holz fest mit, unter der Mitte, so dass für den Heiland kaum mehr eine Last übrigblieb.

Dann gingen wir weiter. Dann kam von der anderen Seite, hoch von einem Haus, eine Frau herunter. – Die kannte ich. Die war krank gewesen, so zusammengekrümmt. Und die hat der Heiland gesund gemacht (Lukas 13,10-17).

Ah! – Mit einem Mädchen kam sie von da herunter. Das Mädchen hatte einen Krug. Es wollte dem Heiland etwas zu trinken geben. Es kam aber nicht zu ihm. Da weinte es.

Aber die Frau, die nahm geschwind ihr Schultertuch ab, sprang zu ihm hin und gab es ihm. Und der Heiland nahm es gerne, nickte ihr zu. Und dann drückte er es mit einer Hand, die andere konnte er nicht auslassen, an sein Gesicht. Das war ganz mit Blut überlaufen, auch seine Augen und sein Bart.

Und dann gab er ihr das Schultertuch wieder und nickte

ihr wieder zu. Zufrieden. Und sie packte es und verbarg es geschwind unter ihrem Mantel.

Ach! – Und das Mädchen hatte schon seinen Krug aufgemacht und ihn seiner Mutter hingehalten, damit sie dem Heiland zu trinken gebe. Aber die Wilden (die Tempelsklaven, die ihn am Fesselgürtel führten) ließen das nicht zu und brüllten schon wieder wie wild. Und der Heiland hatte Durst. – Ach geh!

Und dann ging der Heiland weiter. Mühsam. Und dann drängten die schreienden Leute die Frau und das Mädchen beiseite.

Und dann, vor einem tiefen Tor, da wurde geblasen. Dann wechselten die geraden Männer. Ach! – Und da waren Frauen mit Kindern, die weinten. Zu denen sagte der Heiland etwas. Ich hörte *benat jerusalema* (Umschrift: b^{e}naṯ j^{e}rûš^{e}læm „Töchter Jerusalems", wobei das š wie sch klingt). Ach! – Da war es dem Heiland hart. Und dann drängten die geraden Männer die Frauen und ihre Kinder zurück.

Und dann. – Da war doch in dem großen Ort eine Mauer. Und dann war da ein freier Platz. Weit. Und dann war da noch eine Mauer. Jetzt gingen wir durch die Mauer hindurch. Da, wo sie einen Knick macht, gingen wir hindurch, nach draußen.

Und da draußen, vor der Mauer, da war ein ganz anderes Pflaster. Das war holpriger als drinnen in der Stadt. Ja. Und da waren Pfützen, weil es regnerisch war.

Der Heiland ging vorne, unter dem Holz. Er konnte nicht auf seine Füße schauen und auf das Nasse. Der Mann hinter ihm (Simon von Kyrene), der konnte noch acht geben. Darum ging er nach vorne, wollte dort tragen helfen. Kurz zuvor hatte er umgewechselt.

Oh! – Auf einmal stolperte der Heiland und fiel hin. Gestolpert ist er ja öfter, dann rissen ihn die (braunen Wilden mit den Riemen des Fesselgürtels) immer wieder geschwind hoch. Aber diesmal. Oh! – Diesmal ist das Holz ganz nieder. Da fiel der Heiland sehr hart hin, der ganzen Länge nach. Da konnte er nicht mehr weiter. Ach! – Da hat mich der Heiland gereut.

Und dann! – Dann wollten die (die Tempelsklaven) den Heiland wieder (mit den Riemen des Fesselgürtels) hochreißen. Wie wild taten die. *Kum kum* schrien sie (Umschrift: qûm „Steh auf!") Hochreißen wollten sie ihn, mit Gewalt hochreißen.

Aber da schimpfte der Mann (Simon von Kyrene) sie tüchtig aus. Der hatte Erbarmen mit dem Heiland. Der sah, dass er gar nicht mehr konnte.

Ja. Und dann halfen sie ihm hoch. Und dann gingen wir halt doch weiter. Der Mann trug das Holz dann ganz fest. Der Heiland hatte ja keine Kraft mehr. Seine Knie knickten immer weg. Er trug das Holz kaum noch mit. Das meiste trug der Mann. Bis sie da hinaufkamen, auf den Hügel (Gulgulta).

(Ergänzungen: Seiten 243f.)

Jesus wird gekreuzigt – zwischen zwei Zeloten[37]

THERESE NEUMANN IST VISIONÄR AUF DEN GULGULTAHÜGEL VERSETZT. SIE ERZÄHLT:

Dann, als wir oben (auf dem Gulgultahügel) waren, da nahmen sie (die Tempelsklaven) dem Heiland das Holz (die drei Kreuzeshölzer) ab. Und dem Mann (Simon von Kyrene, der erleichtert davonging). Und dann musste der Heiland sich hinsetzen. Ach! – Da war er ganz müde.

Da waren schon Reiter (auf dem Hügel), Gescheitseinwollende (Oberpriester), die waren heraufgeritten. Auch die Sklaven waren da, die den Heiland geschlagen haben, die waren nicht geritten. Und Neugierige waren da, die Zeit hatten. Sie alle hatten sich so herum aufgestellt (um zuzuschauen).

Dann nahmen die, die ihn geführt hatten (die Tempelsklaven), ihm den Gürtel (den Fesselgürtel) mit den Riemen herunter. Den seinen ließen sie ihm noch. Denn der Heiland hatte unter dem (Fesselgürtel) noch einen Gürtel (ein Gürteltuch!) um.

Dann legten sie die Hölzer zusammen. Ein langes Holz (einen ungeschälten Baumstamm) und ein kurzes und noch ein kurzes Holz (schon etwas verwitterte Kanthölzer).

Da war es dem Heiland sehr hart. Da schaute er zum Himmel auf. Dann musste er sich auf das lange Holz setzen. Dann stießen sie ihn darauf nieder. Ach! – Das war nicht schön. Das tat dem Heiland weh.

Dann legten sie die kurzen Hölzer etwas schräg zum langen Holz hin (links und rechts, als wenn es Äste wären). Dann zeichneten sie die Hölzer mit Steinen an, mit etwas wie Steine. Es waren aber keine Steine. Denn sie gaben eine Farbe her (wahrscheinlich waren es Kalk- oder Kreidestücke).

Beim Kopf, bei den Händen und Füßen (den Fersen) zeichneten sie etwas an. Und dann beim Rücken (beim Gesäß).

Und dann zogen sie den Heiland (an den Armen) wieder hoch. Selber hätte er nicht mehr hochkommen können, weil er zu müde war. Dabei sagten sie: *kum* (Umschrift: qûm „Steh auf!").

Dann führten sie (römische Soldaten) den Heiland weg. Er wankte nur noch. Man konnte nicht mehr sagen, er ging. Ach! – Da hat er mich arg gereut, der Heiland. Und dann stießen sie ihn einfach in ein Loch. Das war einmal ein Grab (eine Grabkammer). Das war zum Einfallen.

Drinnen waren Steine. Da, wo eine Wand war, da musste der Heiland sich hinsetzen. Das war ausgehöhlt (ein Grabtrog). Da legte man die Leichen hinein.

Dann stellten sie (die Soldaten) sich vorne draußen hin. Dann rang er die Hände, der Heiland. Dann schaute er zum Himmel auf und betete. Dann legte er die Hände auf die Knie. Oh! Dabei zitterte er, der Heiland. Das war wie im Fieber.

Inzwischen machten sie (die Tempelsklaven) das Kreuz fertig. Sie fingen an bei dem langen Holz. Zuerst schlugen sie an der Vorderseite die Rinde herunter. Bis dahin, wo sie für die Füße (für die Fersen) angezeichnet hatten. Dann machten sie einen Schlitz hinein. Oben, wo sie das braune Holz (mit den drei Aufschriften) hineinstecken wollten.

Dann zapften sie erst das eine Seitenstück ein. Und dann, auf der anderen Seite, etwas tiefer, da zapften sie das andere ein. Nebeneinander (auf gleicher Höhe) wäre ja das mittlere lange Holz (beim Aufrichten des Kreuzes) abgebrochen.

Und dann schlugen sie, damit es hielt, Keilchen hinein. Und dann durchbohrten sie die Stellen. Und dann schlugen sie Holznägel hinein. Holznägel, keine eisernen.

Und dann bohrten sie – dort, wo sie angezeichnet hatten – Löcher für die Nägel an den Händen (in die Seitenstücke) und für den Nagel an den Füßen (in den Stamm).

Und jetzt! – Die Seitenstücke gingen nicht gerade hinaus (wie bei allen Kruzifixen üblich). Nein! Sie gingen schräg hinaus. Zwischen den Armen vom Heiland und den Hölzern konnte man hindurchschauen. An einer Seite viel, an einer Seite nicht so viel. Weil ein Holz länger war und tiefer eingesetzt war. Das linke Stück war höher beim Heiland (so von Thereses Standort aus gesehen, von vor dem Kreuz aus, also eigentlich das rechte). Und das andere war weiter unten.

Die Seitenstücke mussten sie schräg einzapfen. Gerade hinein hätte es ja nicht gehalten. Schräg hinein, damit es einen Widerstand hatte. Das lange Holz schaute nach oben nicht weit (über den Kopf des Heilands) hinaus.

Das höhlten sie dann aus. Zuerst höhlten sie oben etwas aus (für den Kopf und die Dornenkrone des Heilands). Dann höhlten sie in der Mitte etwas aus (für sein Gesäß), damit der Heiland sich da etwas draufsetzen konnte. Und dann höhlten sie unten viel aus. Für seine Füße (seine Fersen). Viel höhlten sie da aus.

Dabei hörte ich: *tepochum tepochum* (Umschrift: t^{e}fûḥû „Schlagt zu!“, wobei das ḥ wie ch klingt) mit angehängtem *-m*.

Und dann nagelten sie da noch etwas hin. Einen Keil, damit die Füße halt hatten. Sonst hätte das Ausgehöhlte zu wenig weit vorgestanden. Darauf (auf dem Keil) konnte der Heiland dann stehen. Sonst wäre es ja (an den Füßen) ausgerissen.

Und dann führten sie (römische Soldaten) den Heiland wieder heraus aus dem Loch (der Grabkammer). Dabei hörte ich: *kum kum* (Umschrift: qûm „Steh auf!“).

Ach! – Und dann zogen sie (die Tempelsklaven) ihm seinen Mantel aus. Den hatte er um sich herum hochgedreht.

Nicht mitten herum, unter den Achseln. Wie eine Wurst, oben um den Körper herum. – So hatten sie es gern, wenn sie wanderten.

Ach! – Und dann wollten sie dem Heiland seinen Rock ausziehen, seinen braunen. Jetzt kriegten sie ihn nicht herunter. Der hatte nur einen kleinen Schlitz. Da war er zusammengeriemelt, mit Lederriemchen eingefädelt.

Da mussten sie dem Heiland die Dornen abnehmen. Ach! – Die gingen nicht gut herunter, vom Kopf herunter (weil die Dornen in der Kopfhaut steckten).

Und dann der braune Rock. Da, wo er eingeschnürt war, da war er angeklebt, am Rücken. Da mussten sie ihn herunterreißen. Ach! – Da lief das Blut dann wieder heraus. Da seufzte er schon, der Heiland.

Und da! – Jetzt sah man auch die tiefe Wunde an der (rechten) Schulter (von dem schweren Sturz mit den Kreuzeshölzern, auf dem holperigen Pflaster außerhalb Jerusalems).

Und dann zogen sie ihm auch das andere noch herunter. Da hatte er über der Brust so etwas herum (?). Das zogen sie auch herunter. Alles zogen sie herunter. Nichts ließen sie aus.

Jetzt hielt der Heiland die Hände vor den Leib. Da genierte er sich, weil er ganz nackt war. Bis zu den Füßen nichts, überhaupt nichts. – Wie heute früh, wo er so geschlagen wurde.

Auf einmal sprang da einer von den Leuten hervor und schrie diese Wilden (die Tempelsklaven) an. Dann reichte er dem Heiland ein Tuch hin. Und der Heiland packte es und nickte. Und der, der war so schnell, wie er gekommen war, wieder weg.

Das war ein langes Tuch. So eines, wie es die Frauen haben, wenn sie schwitzen. Ein Tuch zum Schweißabwischen, wollgelb. Die haben ja gerne Naturfarben. Das band sich der Heiland dann mitten herum. Ja, da war er froh.

Dann wollten sie (römische Soldaten) ihm etwas zu trinken geben (einen Betäubungstrank). Aber der Heiland nahm das nicht. Nein! Er leckte bloß daran. Dann wehrte er ab.

Und dann setzten sie (die Tempelsklaven) ihm die Dornen wieder auf. Dabei nahmen sie Ruten, zum Hineindrücken (in die Kopfhaut). Ach! – Das tat ihm weh. Da blutete es wieder.

Dann führten sie den Heiland zu dem Kreuz hin. Es lag am Boden. Das braune Holz (mit den drei Aufschriften) steckte schon in dem Schlitz. Dann musste er sich auf dem Kreuz niedersetzen. Dann gaben sie ihm einen Stoß, dass er mit dem Kopf auf das lange Holz aufschlug. Ach! – Warum das?

Dann packten sie einen Arm vom Heiland. Zuerst den linken (Therese nannte ihn, von ihrem Standort aus gesehen, den rechten). Den banden sie dann (zwischen dem Handgelenk und dem Ellbogen) fest an.

Dann schlugen sie – da knirschte es – dem Heiland einen Nagel durch die (linke) Hand(wurzel). In das Loch, das da hineingebohrt war. Sonst wäre der Nagel nicht in das Holz hineingegangen. Dabei spritzte dem einen das Blut vom Heiland ins Gesicht. Oh! Da wimmerte der Heiland. Arg wimmerte er da.

Dann, als sie den anderen (den rechten) Arm annageln wollten, dann langte der Arm nicht zu dem Loch hin, wo er hinlangen sollte. Da kniete sich einer von den Tempelsklaven auf die Brust vom Heiland. Und dabei machte er auch noch Faxen. Uh! Das tat dem Heiland weh.

Dann packte der den Arm. Dann banden sie hinter dem Handgelenk einen Strick an den Arm. Und dann zogen sie so lange daran, bis der Arm (aus dem Schultergelenk) ausriss, bis er hinlangte zu dem Loch.

Und dann banden sie auch den Arm (zwischen dem Handgelenk und dem Ellbogen) fest an. Und dann schlugen sie den Nagel hinein. Durch die andere (die rechte)

Hand, in das (vorgebohrte) Loch. Uh! Da zog der Heiland die Füße an. Da wollte er (dem Schmerz) nicht nachgeben (und wimmern).

Und dann warteten sie gar nicht lange. Dann banden sie den Heiland um den Leib herum an. Mit einem Strick, nicht fest. Dann hätten ja die Füße nicht mehr nachgeben können. Und dann zogen sie die Füße herunter. Und dann banden sie die Knie nieder, oberhalb und unterhalb der Knie. Auch nicht fest.

Dann nagelten sie die Füße vom Heiland an. Das machten sie so: Hinten, die Fersen, die zogen sie so weit hinunter, bis sie auf das Ausgehöhlte zu liegen kamen. Und auf das schräge Holz, auf den Keil. Ja, so weit zogen sie seine Füße hinunter. Da konnte man meinen, sie würden dem Heiland die Gedärme herausziehen. So närrisch war das gespannt. Ach!

Dann nahmen sie einen (den linken) Fuß vom Heiland her und legten ihn in das Ausgehöhlte. Fest. Den nagelten sie dann durch, mit einem schwachen Nagel. Den zogen sie dann wieder heraus und warfen ihn weg.

Dann legten sie den anderen (den rechten) Fuß in das Ausgehöhlte. Da schaute einer, dass es auch passt. Der hielt den Fuß, dass das gut ging. Dann nahm ein anderer einen längeren Nagel, der war viel länger als der andere. Den steckte er erst durch den (linken) durchnagelten Fuß. Und dann legte er ihn auf den anderen (den rechten) Fuß und schlug den Nagel hindurch. Hinein in das Loch, das sie da hineingebohrt hatten.

Da ging der Nagel schlecht hindurch. Oh! – Das tat dem Heiland weh. Da kam viel Blut heraus. Das lief hinunter. Über die Knochen lief das Blut hinunter.

Da, meine ich, in dieses Loch, in das sie den langen Nagel hineinschlugen, da, meine ich, wäre das Fleisch mit hineingegangen. So hörte es sich an, als sie den Nagel hineinschlugen.

Dann zogen sie den Strick über den Leib herum fester an. Und dann die Stricke bei den Knien, den Strick oberhalb und den Strick unterhalb der Knie.

Und dann, als sie den Heiland mit dem Kreuz aufstellten, das war eigenartig. Da war ein Loch im Felsen, für das Kreuz. Da hatten sie ein Stück weit hinter dem Kreuz Pfähle in den Felsen geschlagen, einen und noch einen. Und da war ein Balken über den Pfählen, quer darüber.

Ja. Und am Kreuz vom Heiland (am Stamm), da waren hinten Ringe angemacht. Oben. Da hatten sie Stricke angebunden. Und die machten sie dann um den (quer über den Pfählen liegenden) Balken herum fest.

Und dann hatten sie Spieße und solch Zeug. Und als sie den Heiland mit dem Kreuz aufrichteten, da konnten sie mit den Spießen um den Balken herum die Stricke anziehen, dass das Kreuz nicht umfallen konnte.

Und dann. Ach! – Als sie das Kreuz (ruckartig) herunterließen in das Loch, da erschütterte das den Heiland. Da fiel sein Kopf vornüber auf die Brust. Da war der Heiland ohnmächtig. Da sah er aus, wie eine Leiche. – Die taten doch wild. Die taten doch nicht, dass es ihm nicht wehtat.

Dann, als sich der Heiland rührte, da bewegte sich das Kreuz, ein wenig. Da zog es das Kreuz nach vorne. Weil es nicht ganz fest stand in dem Loch, weil das Loch nicht tief genug war.

Dann mussten sie das Kreuz noch einmal herausheben aus dem Loch. Und dann mussten sie das Loch tiefer ausmeißeln. Und dann holten sie die Steine heraus. Und dann ließen sie das Kreuz noch einmal hinunter. Nicht so arg, vorsichtig. Da brauchte der Heiland nicht viel auszuhalten, oder überhaupt nichts.

Und dann stampften sie noch viele Steine hinein in das Loch. Damit das Kreuz fest genug stehe. Und als sie das Kreuz (mit den Stricken) aufgerichtet hatten, da schlugen sie auch noch Keile hinein in das Loch.

Und die Stricke, die hinten (an dem Baumstamm) angebunden waren, die sollten auch noch etwas mithalten. Weil der Heiland das Kreuz doch nach vorne zog. Da mussten die Stricke doch dagegen ziehen.

Dann, als sie (die Tempelsklaven mit der Kreuzigung des Heilands) fertig waren, dann nahmen sie sich die anderen Männer (die Zeloten) vor.

Die hatten andere Kreuze. Da stand der Stamm schon im Boden. Und ein Holz (das sie unterwegs nach Gulgulta auf dem Rücken getragen hatten) lag quer oben drauf, eingezapft. Von hinten war eine Leiter angelehnt.

In den Stamm hatten sie Löcher hineingebohrt. Mal von der Seite, mal von der Seite. In die Löcher hatten sie Hölzer hineingeschlagen, abwechselnd, wie Leitersprossen.

Dann schlapften sie die Männer an (legten sie ihnen eine Seilschlinge um die Brust), den Knoten im Rücken. Dann stieg einer von ihnen (von den Sklaven) von hinten die Leiter hinauf und zog den Strick an.

Und dann mussten die Männer über die Sprossen hinaufsteigen, mit dem Rücken zum Kreuz. Und der auf der Leiter, der zog den Strick von hinten immer wieder ein wenig an. Und die Männer mussten nachhelfen – dadurch, dass sie mit den Fersen mal auf die eine, mal auf die andere Sprosse traten.

Und dann, als sie droben waren, da nahmen sie (die Sklaven) die Arme der Männer, bogen sie nach hinten über das Holz (über den Querbalken) hinunter, und banden sie mit dem Strick daran fest. So stramm, dass man meinen könnte, die Arme würden brechen. Auch um den Leib herum und an den Beinen wurden sie stramm festgebunden. Angenagelt wurden sie nicht.

Ja. Einer der Männer war wieder wild, der andere nicht, der war ruhiger. Ihre Kreuze standen ein bisschen schräg zum Heiland hin. Sie konnten zu ihm hinschauen. Leicht. Nicht gerade hin, ein wenig seitwärts und hereinwärts, auf den Heiland zu.

Der junge Mann und die Mutter und die Frauen (Marta, Maria aus Magdala und die anderen) und die Männer, die es mit dem Heiland gut meinten (Nikodemus und Josef aus Arimathäa), die waren schon in der Nähe. Ja, die habe ich gesehen.

Ja. Und der Lebendiggewordene (Lazarus) und dann die, die nur manchmal beim Heiland waren (Jünger des weiteren Jüngerkreises), die waren auch schon da (und konnten später bezeugen, was geschah).

(Ergänzungen: Seiten 245–247)

Jesu Mitgekreuzigte streiten sich – seinetwegen[38]

Therese Neumann ist visionär auf den Gulgultahügel versetzt. Sie erzählt:

Und dann, als der Heiland da droben hing, da setzten sich die Schinder (die römischen Soldaten) hin und verteilten seine Kleidung unter sich.

Seinen Mantel, den schnitten sie auseinander, mit einem Messer. Aber seinen braunen Rock, der war so zusammengerimmelt (aus einem Stück gefertigt), den wollten sie nicht zerteilen.

Da hatten sie ein Spiel. Dabei warfen sie immer einer dem anderen etwas zu. Hin und her. Holzstücke waren es, viereckige: eines und noch eines und noch eines. Mit schwarzen Punkten darauf. – Ich weiß nicht, was das bedeuten sollte.

Und dann waren da Leute, die lachten über den Heiland und redeten spöttisch zu ihm hinauf. Da schaute der Heiland nach rechts zu ihnen hinunter und sagte etwas. Ich hörte: *abba schabok lehon* (Umschrift: ’abbā’ š^{e}ḇôq l^{e}hôn „Vater! – Vergib ihnen!“, wobei das š wie sch klingt und das ḇ wie w).

Hinter dem Heiland, ich schaute ihm ins Gesicht, da sah ich (die) Häuser (Jerusalems). Viele und viele. Sie hatten kein Dach, auch keine Spitze (keinen Giebel). Sie schauten aus, wie wenn sie flach abgeschnitten wären.

Dann kam der alte Mann daher, der einmal nachts beim Heiland gewesen ist (Nikodemus). Der hatte noch einen mit (einen Sklaven). Der nahm denen (den Soldaten, die um die Kleidung des Heilands gespielt hatten) alles ab. Und er (Nikodemus) gab denen Geld dafür.

Da lachten sie. Die waren froh. Und der (Nikodemus), der war noch froher, innerlich. Aber er ließ sich nichts anmerken. Ach! – Der war zufrieden, weil er den Heiland in Ehren halten konnte. Ja, der wird gedacht haben, dass es die nicht haben sollen.

Ach! – So blutig war er, der braune Rock. So blutig! Und so beschmutzt!

Und während die (die Soldaten) mit der Kleidung des Heilands herumtaten, da stritten die (die beiden Zeloten) miteinander, der Gute (zur Rechten) und der nicht Gute (zur Linken). Das war so:

Auf einmal sagte der eine etwas zum Heiland. Zum Kreuz hin, etwas Spöttisches. Da wurde der andere unwillig und redete dagegen. Er war ja auch der Ältere, nicht so wild, das konnte man sehen. Ja.

Ich meine, dem hat das gefallen, wie der Heiland für die, die seine Kleidung so zertan haben, und wie er für die, die zu ihm hinaufgespottet haben – wie er für die zum Vater gebetet hat. Da hat er Schneid gekriegt und hat dagegen geredet. Gegen den da drüben, der zum Heiland hin gespottet hat.

Und dann. – Dann sagte der noch etwas zum Heiland hin, etwas Bittendes. Ja. Der hatte schon erkannt, dass der Heiland kein gewöhnliches Leut ist. Darum sagte er etwas Bittendes zum Heiland hin.

Und dann sagte der Heiland etwas Erbarmendes zu ihm hin, etwas Entschiedenes, mit fester Stimme: *amen amen amarna lach bam (bampat) te (teje) emmi bardesa (barpardesa)*. [Therese war unsicher; Umschrift: ’āmen ’āmen ’^{a}marnā’ lāḵ dîômā’ t^{e}hê ‘immî b^{e}pardêsā’ „Amen! Amen! – Ich soll dir sagen: Eines Tages – wirst du sein – mit mir – im Paradies“, wobei das ḵ wie ch klingt; vgl. Lk 23,43.] Und dann tat der da drüben (der Jüngere) noch alberner und spottete über den anderen (den Älteren).

(Ergänzung: Seiten 247f.)

Jesus übergibt seinen Geist in die Obhut des Vaters[39]

Therese Neumann ist visionär auf den Gulgultahügel versetzt. Sie erzählt:

Dann hing der Heiland eine Weile so. Und dann wieder eine Weile. Da konnte er den Kopf nicht mehr recht halten. Da konnte er ihn nicht zurücktun. Wegen der Dornen (der Dornenhaube). Da lag der Kopf vom Heiland ein wenig auf, auf seiner Brust.

Ach! – Dann kamen die Leute (seine Leute) immer näher. Schon als der Heiland mit dem (Mitgekreuzigten zu seiner Rechten) redete.

Die Mutter stand da, bei den Frauen (bei Marta, Maria aus Magdala und den anderen). Der junge Mann stand drüben bei den Männern (bei Nikodemus und Josef aus Arimathäa und den Jüngern aus dem weiteren Jüngerkreis).

Jetzt! – Auf einmal sagte der Heiland etwas vom Kreuz hinunter. Zur Mutter etwas und zu dem jungen Mann etwas. Zur Mutter sagte er: *ha brek* (Umschrift: hā' b^{e}rîḵ „Sieh! – Dein Sohn!", wobei das ḵ wie ch klingt). Und zu dem jungen Mann sagte er: *ha ämmach* (Umschrift: hā' 'immāḵ „Sieh! – Deine Mutter!").

Und dann schaute die Mutter zum Heiland hinauf. Da wurde es ihm sehr hart und der Mutter auch. Die kannte man gar nicht mehr. Wenn man sie nicht schon öfter gesehen hätte, hätte man sie nicht erkannt.

Und dann ging der junge Mann hinter dem Kreuz hinüber zur Mutter und stützte sie.

Es waren schon noch mehr Gute da. Die trauten sich bloß nicht so vor. Das sah man erst jetzt, wo sie näher kamen.

Und dann hing der Heiland wieder eine Weile dort. Da spöttelten die Gescheitseinwollenden (Oberpriester?) immer wieder zu ihm hinauf. Das tat ihm so weh. – Dann hing er wieder eine Weile. Das dauerte halt lange. Ja.

Jetzt kniete das Mädchen (Maria aus Magdala) unter dem Kreuz. Ihren Arm hatte sie herumgelegt. Die ging nicht weg. Die hätte sich, glaube ich, auch schlagen lassen. Oh! Über die spöttelten sie arg. Über den Heiland auch, weil sie nicht wegging.

Sie kniete unter dem Kreuz. Einige Male richtete sie sich auf. Dann kniete sie sich wieder ganz hin. Dabei wäre sie fast an die Füße vom Heiland gekommen. – Sie war arg von seinem Blut bespritzt. Aber sie merkte nicht darauf.

Dann wurde es ihm wieder hart, dem Heiland. Dann sagte er auf einmal: *eloi* (Umschrift: ʼ$^{\ae}$lāhî „Mein Gott!"). Da tat er den Kopf hinüber und herüber, hinüber und herüber.

Dann schaute er aufwärts, keuchte schwer. Und auf einmal sagte er: *eloi eloi lama sabachtani* (Umschrift: ʼ$^{\ae}$lāhî ʼ$^{\ae}$lāhî l^{e}māh š^{e}ḇaqṯanî **„Mein Gott! – Mein Gott! – Warum hast du mich verlassen?"**, wobei das š wie sch klingt und das ḇ wie w). [Das aber war kein Heilandswort, sondern ein Psalmzitat; nämlich Psalm 22,2!]

Ach! – Da spotteten sie wieder, die Gescheitseinwollenden (Oberpriester?). Und dann schrien sie durcheinander. Was ich verstanden habe, das klang so ähnlich wie *eloi,* ein wenig anders (nämlich: ʼelijjāh „Elija", ein Prophetenname).

Dann wurde es finster, am hellen Tag. Es war gruselig. Und die Vögel schrien erschreckt. Die meisten Gescheitseinwollenden verzogen sich. Und die meisten anderen Leute gingen auch fort.

Der Heiland war nicht mehr wie ein Leut (wie ein Mensch). Wie Fleisch war er. So zerschlagen waren seine Arme (von der Geißelung).

Dann, als der Heiland so ganz ausgetrocknet war, da wurde die Nase schwarz. Dann wurden die Lippen blau. Dann wurden die Finger blau. Und dann schnaufte er schwer. Da kam kein frisches Blut mehr. Nein. Das war ganz schwarz geworden.

Dann hatte er Durst, der Heiland. Dann fuhr er sich mit der Zunge immer wieder über die Lippen. Dann sagte er: *ä-s-ch-e*. Ah! So langsam: *ä-s-ch-e* (Umschrift: 'æṣḥê „Ich dürste!", wobei das ṣ wie tz klingt und das ḥ wie ch). Ach! – Da spotteten sie darüber.

Dann hatten sie (römische Soldaten in einem Gefäß) etwas zusammengerichtet. Das hatten sie schon zusammengeschüttet, ehe sie (die vier Tempelsklaven) den Heiland annagelten: einerlei und einerlei (Wasser und Essig; Essigwasser war der übliche Erfrischungstrunk der Soldaten in jener Gegend).

Dann ging einer hin, tat aber nur eine Sorte (nur Essig) hinein. Dann steckte er etwas Gewachsenes (einen Schwamm) auf einen Stock (auf einen Pfeil). Den tauchte er dann in das Gefäß. Und dann ging er hin zum Heiland und hielt ihm den hin.

Und der leckte daran. Viel brachte er nicht hinein. Nur dass die Lippen feucht wurden. Da schüttelte es den Heiland. Ah! Das war nichts Gutes. Wenn das Wasser gewesen wäre, wäre es gescheiter gewesen, weil das den Heiland nicht so abgebeutelt hätte. Ah! Da bin ich ganz nah hingegangen.

Und dann! – Dann sagte er mit matter Stimme: *schalem kulechi* (Umschrift: m^{e}šûllam kullê ḥ[ôḇā'] „Bezahlt – ist – die ganze – Sch[uld]!", wobei das m^{e} fehlt, das š wie sch klingt und das ḥ wie ch: ein Röcheln des zu Tode erschöpften Heilands, dem die Kraft fehlte, das folgende ôḇā' [ḇ = w] deutlich auszusprechen).

Und dann, als der Heiland so hauchte, da knickten ihm die Knie zur Seite weg. Die Stricke waren nicht mehr so stramm, die gaben nach. Und die Finger vom Heiland gingen gar nicht mehr auseinander. Die blieben drinnen, bis es ihn streckte.

Den Kopf brachte er nicht mehr in die Höhe. Der hing einfach herunter auf die Brust. Und dann wurde er grau im Gesicht, gelbgrau.

Ach! – Und dann sagte er noch einmal ganz fest: *abba bejadach afkedh ruchi* (Umschrift: ’abbā’ b^{e} ’aj^{e}d̲āk̲ ’afqêd̲ rûḥî **„Abba! – Deiner Obhut gebe ich meinen Geist in Verwahrung!“**, wobei das k̲ wie ch klingt und das ḥ wie ch). [Das aber war kein Heilandswort, sondern ein Psalmzitat; nämlich Psalm 31,6!]

Und das sagte er so hell, gerade mit der letzten Kraft. Dann bewegte er den Kopf noch ein bisschen, so an der Seite.

Ach! – Und dann schnaufte er noch ein wenig. Und dann streckte es den Heiland. Und dann sank er zusammen. Da ging die Nase so, dass es wie ein Ersticken war.

Und jetzt! – Jetzt sprang einer vom Pferd herunter. Das war der Höchste (ein Centurio, ein Befehlshaber über hundert Mann). Erst schrie er etwas. Dann warf er seine Lanze weg. Dann hob er sie wieder auf. Dann gab er sie dem, der hernach dem Heiland die Seite durchstach (einem Decurio, einem Befehlshaber über zehn Mann). Und dann ließ er sein Pferd einfach stehen und ging weg, hinein in den großen Ort.

Und dann, als der Heiland das gesagt hatte, da bebte die Erde. Uch! – Dann hat es geblasen, von dem großen Haus her. Da rauchte es. Ach! – Fürchterlich!

(Ergänzungen: Seiten 248–250)

Wirkungen des Erdbebens und umherschwebende Gerippe[40]

THERESE NEUMANN IST VISIONÄR ZUERST AUF DEN GULGULTAHÜGEL UND DANN IN DEN BEREICH DES TEMPELS VERSETZT. SIE ERZÄHLT:

Das war alles miteinander: Der Heiland schnaufte schwer, die Erde bebte, der Felsen (des Gulgultahügels) zersprang. Da hat alles gezittert.

Das hat ja länger gedauert. Ja, das ist schon angegangen, da hat der Heiland noch gelebt. Da ist mir kalt geworden. Zuletzt ist es heller geworden.

Und dann, nachdem der Heiland gestorben war, da war ich in dem großen Haus. Uch! – Da hatten sie Viecherln (Paschalämmer) geschlachtet. Da gab es Blut. Das schütteten sie (die opfernden Priester) ins Feuer. Das rauchte.

Da ging es festlich her, meinten die (die Leute, deren Paschalämmer von den Priestern geschlachtet wurden). Die (Leute) hatten festliche Kleidung an. Aber als das Erdbeben wieder anfing, als da auf einmal zwei große Risse waren, da trieb es die Leute auseinander. Und als Säulen einstürzten, da verzogen sich die Leute gleich ganz.

Wo man da auf Stufen hinaufgeht (zum Tempelhaus), da ist ein großes hohes Tor, und da sind hohe Steinsäulen: eine und noch eine. Und da hat es durch das Erdbeben die Steinsäulen hinausgesprengt. Und dadurch ging das Tor „aus dem Leim“, wie man so sagt. Ein schönes Tor!

Und hinter dem Tor, da war ein Vorhang, ein schöner. Der war ganz zerrissen. Der wäre nicht von selber zerrissen, der wurde durch das Erdbeben zerrissen.

Ja. Und wo der Heiland einmal saß (als Dreizehnjähriger im Tempel), da droben, bei den großen Stühlen (den

Stühlen der Schriftgelehrten), die waren alle umgestürzt, durcheinander geworfen. Ach! – Das hat schon gruselig ausgeschaut.

Und dann! – Da schwebten Tote umher. Kein Fleisch, nur Gebein! Der Kopf war frei, der schaute heraus. Sonst waren sie eingewickelt (eingehüllt in Leinentücher, wie das damals bei Bestattungen üblich war).

Zum Kittelzerschneider sind sie gekommen. Der war arg verschreckt. Und zu dem Alten sind sie gekommen, zu dem dürren Alten, wo der Heiland gestern Nacht gewesen ist. Der war ganz schön ängstlich, als die Toten(gerippe) um ihn herumschwebten. Auch zum Itrauminet sind sie gekommen. Dem ist ein Schreck gekommen.

Der dürre Alte und der Kittelzerschneider, die waren nicht daheim in ihren Stuben, sondern in dem großen Haus. Aber der Itrauminet, der war nicht da drinnen, der war daheim.

Seine Frau habe ich gar nicht mehr gesehen. Die, meine ich, war nicht mehr daheim. Die, meine ich, war fortgegangen. Die hat sich aufgeregt, als er (Pilatus) nachgegeben (und den Heiland zur Kreuzigung verurteilt) hat.

Die hat das Funkelnde (den Ring) mit dem großen Stein einfach wieder zu ihm zurückgeschickt. Das, was man auf den Finger steckt, das war breit, arg breit, das war eine ganze Hülse.

(Ergänzungen: Seiten 250–252)

Jesu rechte Seite wird mit einer Lanze durchbohrt[41]

THERESE NEUMANN IST VISIONÄR AUF DEN GULGULTAHÜGEL VERSETZT. SIE ERZÄHLT:

Der, der hernach den Heiland durchstach (der Decurio), der war noch da (auf Gulgulta). Und einige gerade Männer, die waren auch noch da. Die meisten waren nicht mehr da, die waren schon in den großen Ort hinein.

Der Itrauminet schickte dann einige hinauf. Keine geraden Männer, sondern andere. Solche, die für Geld arbeiten (Lohnarbeiter), die ein wenig wild waren. Die nahmen Eisen und Eisenzeug mit.

Als die hinaufkamen, da lebten die beiden noch (die mit dem Heiland gekreuzigten Zeloten). Die erschlugen sie dann einfach. Denen schlugen sie mit Eisenkeulen einfach auf die Brust.

Das hat gekracht. Die taten wild. Der eine (der Jüngere) brüllte, der andere (der Ältere) war ruhiger. Aber gejammert hat er auch. Das tat ihnen weh. Das war nicht gut mit anzuhören.

Die Mutter war auch noch draußen (beim Kreuz). Ja. Und Marta und Maria aus Magdala und die anderen Frauen, die waren auch noch alle da.

Und als die wilden Männer mit denen neben dem Heiland fertig waren – ich glaube, da haben die Mutter und die Frauen gedacht, jetzt werden die auch die Brust vom Heiland mit ihren Eisenkeulen zerschlagen.

Aber da ist der (Decurio) hin: der, dem der andere (der Centurio) die Lanze gegeben hatte. Da trieb der sein Pferd hin, das zuerst der andere hatte, tat die Lanze herunter und rannte sie dem Heiland einfach in die Seite. So, dass sie durchging, dass sie sogar die Haut aufschob und dass man die Spitze sehen konnte. Ein wenig. – Nicht hinausgegangen ist sie, aber ein bisschen herausgeschaut hat sie. Da, wo ich mein Weh habe auf der anderen Seite.

Dann, als der die Lanze wieder zurückriss, da kam so ein rötliches Blutwasser heraus. Das gischte, als es herauskam. So schnell halt.

Der sprang dann vom Pferd herunter und hängte sich ein (in den Zügel). Dem war das Blutwasser ins Gesicht gespritzt. Der war wie abgewaschen. Der konnte nicht mehr gescheit sehen.

Er war noch nicht alt, noch hübsch jung. Der war zuerst schon nicht bös zum Heiland. Als er sich dann abwischte, da schaute er so ernst drein. Und als er wieder gescheit sehen konnte, da schaute er zum Heiland auf. Und dann sagte er etwas. Aber das konnte ich nicht verstehen.

Auch die anderen geraden Männer waren recht ernst. Nur die wilden Männer nicht, die kümmerten sich nicht darum. Aber der Mutter war es hart. Doch es wird ihr lieber gewesen sein, als wenn die wilden Männer dem Heiland mit Eisenkeulen die Brust zerschlagen hätten.

(Ergänzungen: Seiten 253f.)

Josef aus Arimathäa erbittet von Pilatus den Leib Jesu[42]

THERESE NEUMANN IST VISIONÄR IN DAS PRÄTORIUM DES PILATUS VERSETZT. SIE ERZÄHLT:

Da war ein Mann. Nicht der, der einmal nachts beim Heiland gewesen ist. Der andere, der Kleinere (Josef aus Arimathäa). Der kam zu dem Itrauminet und erzählte ihm etwas (er bat ihn um den Leib des Heilands).

Da wurde der zuerst unruhig. Dann aber, da war er schon wieder zufrieden, dann krakelte (schrieb) der ihm etwas auf. Ja, dem Mann da. Und das gab er ihm dann, damit die anderen (die Soldaten der Torwache und die auf Gulgulta) ihm nichts anhaben konnten. Und dann ging er wieder fort.

Jetzt, da war ich woanders, jetzt ging der (Josef aus Arimathäa) zu einem alten Mann in dem großen Ort. Zu dem, der einmal nachts beim Heiland gewesen ist.

Und dann gingen die miteinander (in einen Basar) zu den Frauen (zu Krämerinnen). Und da kauften sie Zeug ein: Tücher und duftendes Zeug (Salböl und Salbe), Kräuter und dürre Kräuter, so wie Tee. Ja. Die haben frisch geduftet, ein wenig scharf und arg scharf.

(Ergänzung: Seiten 254f.)

Jesus wird von Freunden vom Kreuz abgenommen[43]

Therese Neumann ist visionär auf den Weg zum Gulgultahügel versetzt. Sie erzählt:

Der (Josef aus Arimathäa), das war ein reicher Mann. Und der, zu dem wir jetzt gingen (Nikodemus), der hatte einige Männer, denen er befahl (Sklaven). Mit denen ging ich dann mit. Hinauf zum Heiland, auf den Hügel (Gulgulta).

Die (Sklaven des Nikodemus) nahmen Viecher mit (Wasserschläuche aus umgewendeten Ziegenbälgen), eines und noch eines hatten sie dabei. Geschirr (Werkzeuge) und einen Haufen Zeug hatten sie mit. Von allem (was sie brauchten) nahmen sie etwas mit. Und Leitern.

Auf das Tal zu, neben dem Hügel, da war ein Brunnen. Da holten sie (die Sklaven des Nikodemus) hernach Wasser, in den Viechern (in den Wasserschläuchen).

Inzwischen gingen wir da hinauf. Da (am Stadttor) standen gerade Männer. Die wechselten jetzt. Die einen gingen heim (in die Burg Antonia) und andere kamen.

Und die wollten uns zuerst nicht hinauslassen. Dann aber, als der (Josef aus Arimathäa) ihnen das Aufgekrakelte (das Geschriebene) zeigte, da ließen sie uns doch hinaus.

Und da draußen (auf dem Gulgultahügel), da waren nur noch wenige: Der, der dem Heiland die Seite durchstochen hat. Und dann die geraden Männer, die dem Heiland nicht bös gesonnen waren. Die waren schon lange da.

Sie waren gerade dabei, die Erschlagenen hinunterzuschaffen. Die hatten sie an Stricke angeschlapft (denen hatten sie Seilschlingen um die Brust gelegt). Und jetzt zogen sie sie gerade hinunter. Wohin, weiß ich nicht (vermutlich zum Hinnomtal, der Müllkippe Jerusalems). Wie Viecher zogen sie sie. Die Kreuze (der beiden) hatten sie schon weggeräumt.

Und dann, als wir da hinaufgekommen waren (auf den Hügel), da lehnten sie (Sklaven des Nikodemus von hinten) die Leitern an das Kreuz vom Heiland (Stangen mit Sprossen, abwechselnd eine links, eine rechts) und richteten sie her. Dazu banden sie Spieße an die Stangen: einen und noch einen (damit sie fest standen).

Dann legten sie der Mutter einen Teppich hin, vor einen großen Stein. Dann rollten sie ein paar Decken zusammen. Die hatten sie mitgebracht. Die legten sie gegen den Stein. Dann setzte die Mutter sich hin (auf den Teppich). Und dann konnte sie sich an den Stein anlehnen.

Dann band einer die Stricke los (mit denen der Heiland an den Armen, um den Leib herum und oberhalb und unterhalb der Knie an den Kreuzesstamm angebunden war). Das tat der, der (Pilatus) gebeten hatte, dass er den Heiland (vom Kreuz) herunternehmen darf (Josef aus Arimathäa).

Dann, als sie die Nägel herausziehen wollten, als sie schon dabei waren, da kam der gerannt, der vom Pferd heruntergesprungen ist (der Centurio). Der kam allein aus dem großen Ort. Den ließen sie (die Soldaten) am Tor leicht durch. Denn der kannte die Männer, und die Männer kannten ihn.

Der zog jetzt den untersten (den langen) Nagel heraus, den aus den Füßen. Der hatte ja auch Kraft. Die alten Männer hätten sich dabei schwer getan. – Nun ja, die Knechte (die Sklaven des Nikodemus) hätten schon mitgeholfen. Die waren ja auch noch da.

Dann, als sie die Nägel (aus den Händen) herausziehen wollten, da stand der alte Mann (Josef aus Arimathäa oder Nikodemus?) droben. Und noch einer, auch ein Guter. Der gehörte zu denen, die nicht immer beim Heiland gewesen sind (einer der beiden Emmausjünger? ein Verwandter des Heilands?). Die konnten den Heiland von hinten gut packen, droben auf den Leitern. Die Leitern standen ja fest (an ihren Spießen).

Aber den Heiland angefasst, das haben nur die alten Männer und der junge Mann. Dabei hatten sie Tücher in den Händen. Mit bloßen Händen durften sie ihn nicht anfassen. Sie hatten ein recht Ding (eine kultisch bedingte Scheu). Das tat mir gut. Das tat auch der Mutter gut.

Dann zogen sie ein langes schönes leinenes Tuch von hinten zum Heiland hinauf. Inzwischen war einer schon weiter hinuntergestiegen. Der hielt die Achsel vom Heiland. Von hinten.

Dann zog der andere aus einer Hand vom Heiland den Nagel heraus. Dann legte er den Arm schön hinein in das Tuch. Und dann hielt er ihn wieder fest (mit dem Tuch in der Hand), damit er nicht hinunterrutschte.

Dann zogen sie den anderen Nagel aus der anderen Hand vom Heiland heraus und legten den Arm auch in das Tuch. Dann schlugen sie das Tuch (von hinten) über den Kopf vom Heiland. Und dann ließen sie ihn (in dem Tuch) hinunter.

Dann hatten sie da noch etwas (ein Tierfell?). Damit deckten sie die Mutter (ihren Schoß) zu, damit sie (beim Waschen des Heilands) nicht nass wurde. Und dann musste die Mutter ein Knie anziehen. Für den Heiland. Und dann legten sie ihn (mit dem Tuch, in dem er lag) der Mutter in den Schoß.

Und die zog dann dem Heiland zuerst die abgebrochenen Dornen heraus (aus der Kopfhaut). Ganz vorsichtig. Da war es der Mutter hart.

Inzwischen hatten sie (Sklaven des Nikodemus) schon alles hergerichtet, hatten (in den Wasserschläuchen aus dem nahe gelegenen Brunnen) Wasser geholt. Von unten herauf.

Und eine Trage hatten sie mitgebracht. Die hatten sie neben der Mutter hingestellt. Sie hatte unten Füße, die Trage. Und wie bei einer Bahre waren Leder durchgezogen. – Freilich, sonst ginge es ja nicht.

Dann brachten sie Wasser her für den Heiland, zum Waschen. Und dann wusch sie den Kopf vom Heiland ab. Das tat die Mutter. Extra. Und die Männer halfen ihr dabei (durch Handreichungen).

Zuerst wusch sie dem Heiland die Haare aus. Dabei gingen ganze Büschel von Haaren weg. Dann wusch sie ihm die Augen aus, ganz fest. Die waren arg voll Blut. Ganz zugeklebt. Dann auch den Mund.

Warum hatte der Heiland auch im Mund, zwischen den Zähnen, so viel Blut? – Das war ganz schwarz, das Blut.

Dann nahm die Mutter die Zunge vom Heiland heraus und wusch sie ab. Dazu nahm sie viele kleine Tüchlein. Die hatten sie (die Männer) von den Leinentüchern abgerissen.

Und dann, am Hals, da war das Blut zusammengestockt. Und dann das Weh (die Wunde) an der Schulter (von dem schweren Sturz auf dem holperigen Pflaster außerhalb Jerusalems). Das war ganz tief, das war ganz schlimm. Oh! Da weinte die Mutter. Da war es ihr hart.

Und der junge Mann half mit. Auch der, der vom Pferd heruntergesprungen ist. Und der, der dem Heiland die Seite durchstochen hat, der auch.

Und die geraden Männer (die dem Heiland wohl gesinnt waren), die standen recht ernst dabei. Die blieben die ganze Zeit noch da. Aber getan haben sie nichts.

Und dann wusch die Mutter dem Heiland die Arme ab und die Hände. Die Männer hielten sie der Mutter hin, und die wusch sie dann ab. Und dann drehten sie den Heiland auf die Seite. Und dann wusch sie ihm den Rücken ab.

Ach! – Der war so zerschlagen. Und da, das Zerrissene, das war schwarz. Da standen ganze Hautfetzen weg. Und so braun, so unterlaufen. Gräßlich!

Und doch konnte man den Heiland gut anschauen. Obwohl er so zugerichtet war, dass man ihn kaum mehr kannte. So geschwollen, wie er war.

Und dann, als die Mutter oben fertig war, da tat sie etwas um den Kopf vom Heiland herum (ein zusammengelegtes Schweißtuch, mit dem sie das Kinn des Heilands hochband, damit sein Mund nicht offen bliebe).

Inzwischen hatten die Männer sich hergerichtet. Jetzt halfen sie. Jetzt konnte die Mutter sich ausruhen.

Zuerst deckten sie (Nikodemus und Josef aus Arimathäa) den Heiland mit einem Schleiertuch zu. Und dann wuschen sie ihm die Beine und die Füße und alles. Das hatte die Mutter (im Sitzen) nicht gekonnt. Das wäre zu weit unten gewesen. Das durften dann die Männer tun.

Und dann gaben sie (gab Josef aus Arimathäa) der Mutter noch etwas zum Salben. Das hat gut geduftet.

(Ergänzung: Seite 255)

Jesus wird von Freunden provisorisch bestattet[44]

THERESE NEUMANN IST VISIONÄR AUF DEN GULGULTAHÜGEL VERSETZT. SIE ERZÄHLT:

Und dann, als die Männer (Nikodemus und Josef aus Arimathäa mit ihrem Liebesdienst) fertig waren, da taten sie das nasse Tuch weg (und legten den Heiland auf ein anderes Tuch).

Dann banden sie seine Arme (mit Streifen, von einem der Leinentücher) zusammen. Extra. Und seine Füße extra. Und dann das Ganze (einschließlich Tuch, damit der Leib des Heilands während des Transports ganz eingehüllt war).

Und dann legten sie den Heiland auf die Trage. Dabei halfen die geraden Männer, die dort standen.

Die alten Männer und der, der vom Pferd heruntergesprungen ist, und der junge Mann, die trugen den Heiland. Die Frauen gingen hinterdrein. Und dann die geraden Männer. Und dann die Frauen und die Männer, die es gut mit dem Heiland meinten. Die sangen dann (eine Totenklage). Das ging im Takt.

Und weil es Abend geworden war und weil man nicht mehr in das Grab (in das Felsengrab) hineinsehen konnte, darum zündeten sie (die Soldaten) Holzscheiteln an. Die hatten sie mit. Damit leuchteten sie dann hinein (nachdem sie den Rollstein, der das Felsengrab verschloss, zur Seite gerollt hatten).

Sie selbst blieben draußen stehen, weil sie auch Pferde dabeihatten. Die anderen gingen fast alle mit hinein.

Bevor sie den Heiland hineintrugen, schauten sie (Nikodemus und Josef aus Arimathäa) zuerst noch einmal hinein. Dann mussten sie (Sklaven des Nikodemus) die Grabkammer noch ein wenig reinigen und herrichten.

Dann (in der Grabkammer) banden sie (Nikodemus und Josef aus Arimathäa) den Heiland los von der Trage (und hoben ihn heraus aus dem zerknitterten Tuch).

Und dann legten sie da, wo der Heiland hineinkommen sollte, etwas hinein. In den Stein (in den Grabtrog). Er war weiß, mit braunen Adern darin. Da legten sie etwas hinein (ein keilförmiges Kopfpolster und darauf die untere Hälfte eines langes Leinentuches). Und dann legten sie den Heiland darauf.

Und dann schüttete die Mutter (aus einem Parfümfläschchen) etwas Duftendes (Nardenöl) auf die Haare vom Heiland. Das (Parfümfläschchen) konnte sie zerdrücken (korrekt: seinen Hals konnte sie abbrechen).

Und dann! – Da weinte sie, die Mutter. Die Augen(lider) vom Heiland hielten nicht zu. Sie drückte immer wieder darauf. [Und weil die nicht zuhielten, wird sie schließlich Münzen auf die Lider des Heilands gelegt haben, damit sie geschlossen blieben. Dass dies ein fester Brauch war, wurde durch die Entdeckung eines Gebeinkastens in Jerusalem bestätigt. Er enthielt u. a. einen Schädel mit zwei Münzen darin.]

Ach geh! – Das Mädchen war bei den Füßen (des Heilands) und weinte immerzu. Woher hatte die soviel Wasser zum Weinen? Ach! – Die hat mich recht gereut. Auch der junge Mann weinte immer wieder.

Und dann salbten die Männer (Nikodemus und Josef aus Arimathäa) den Heiland am Hals. Das war eine ganz weiße Salbe.

Und dann, als sie ihn gesalbt hatten, dann taten sie an die Füße unter die Achseln und überall Kräuter hin (jene Gewürzkräuter, die sie im Basar gekauft hatten). Und dann deckten sie den Heiland mit dem Leinen (mit der oberen Hälfte des Leinentuches) zu und mit einer braunen Decke. Ja, mit einer ganz dunkelbraunen.

Dann gingen noch die anderen Frauen hinein (in die Grabkammer). Inzwischen ging das Mädchen, das den Heiland so gern hatte, im Garten umher. Sie tat noch Blümchen zusammen und wollte sie hineinbringen.

Aber die Männer (Nikodemus und Josef aus Arimathäa), die meinten, dass es Zeit sei. Die wollten jetzt zumachen. Da ist dann die Mutter noch hinein, mit den Blümchen.

Dann (als sie wieder herauskam) machten sie (das Felsengrab) zu. Zuerst die innere Tür, die sah aus wie Kupfer. Da war eine Stange davor. Und dann machten sie draußen den Stein davor (rollten sie einen Rollstein davor). Der war in einer Fuge drinnen (in der man ihn vor die Türöffnung rollen oder von ihr wegrollen konnte). Der war schwer. Da halfen die geraden Männer mit.

Ja. Und dann gingen sie heim. Alle gingen sie. Und sie gingen hübsch miteinander, mit den geraden Männern, damit sie (von der Torwache in die Stadt) hineingelassen würden. Die machen ja nicht leicht auf. Und die sperren ja immer gleich wieder zu.

(Ergänzung: Seite 256)

Josef aus Arimathäa wird eingesperrt und wieder befreit[45]

Therese Neumann ist visionär auf eine Strasse in Jerusalem versetzt. Sie erzählt:

In der Nacht (nach der provisorischen Bestattung des Heilands), es war schon finster, stockfinster – eigentlich hätte ja der Mond da sein müssen –, da ging der Mann, der bei dem Itrauminet war, der ihn (um den Leib des Heilands) bat, allein durch den großen Ort.

Da traf er Männer, die nur manchmal beim Heiland gewesen sind. Die hatten ihn gesucht. Die waren neugierig. Denen erzählte er vom Heiland (was alles sich inzwischen ereignet hatte, soweit er dabei war), das konnte man sehen.

Die Männer hatten kein Licht bei sich. Man konnte sie bloß im Lichtschein (der Straßenlaternen, vgl. Seite 32) erkennen. Das waren Feuertöpfe, die in den Straßen (der Stadt) an Stangen hingen.

Auf einmal, als die Männer so diskutierten, da kamen einige daher, die so umhergingen in dem großen Ort, welche aus dem großen Haus (einige Tempelwächter). Anscheinend wollten die jetzt auch andere (Jünger des Heilands) erwischen.

Den Heiland hatten sie ja. Da werden sie gedacht haben: Jetzt machen wir gleich ganze Arbeit. Jetzt wollen wir auch noch die anderen Leute fangen (die Jünger und Freunde des Heilands).

Aber die (die mit Josef diskutierten), das waren halt noch junge Männer. Und da – der andere (Josef) war noch eifrig beim Erzählen –, als sie (die jungen Männer) die anderen (die Tempelwächter) kommen sahen, da sprangen sie weg, rissen sie aus. So schnell, dass die keinen von ihnen erwischen konnten.

Aber der alte Mann, der ihnen nicht weglaufen konnte, den erwischten sie. Über den fielen sie dann alle her. Der musste jetzt dran glauben. Auf den hatten sie ja auch eine ärgere Wut (weil er ein führendes Mitglied des Hohen Rates war).

Den schleppten sie jetzt durch ein Tor in das große Haus. Da sind Türme, unten einer und hinten einer. Ob auch oben welche sind, weiß ich nicht.

In den unteren, da konnte man unten hineingehen, da war zugemacht. Aber die hatten ein Ding (einen Schlüssel) zum Hineinkommen, damit machten sie auf. Dann sperrten sie ihn ein. Dann sperrten sie wieder zu. Und dann stellten sie einen (Wachtposten) davor. Zum Aufpassen.

Ach! – Der alte Mann reut mich. Der wird Angst haben. Der hatte doch Hunger. Da stand er nun, streckte die Hände aus, zum Himmel hinauf. – So beten diese Leute gern.

Es war mitten in der Nacht. Es war finster, stockfinster, obwohl eigentlich Vollmond war. Auf einmal war da ein lichter Mann. Er stand auf dem Mauerring (des nach oben offenen Turmes). Er sagte etwas zu dem hinunter. Seinen Namen: *Ather … Arenther … Aremeter.* Ich kann es nicht merken (Umschrift: [jôsef min] rām^{e}ṯā’ „[Josef aus] Arimathäa“).

Dann schaute er, was kommt. Dann sagte er noch einmal etwas. Und dann ließ er ein Tuch, ein langes weißes Tuch (zu Josef) hinunter. Dann musste der sich daran festkrallen. Das war schon anstrengend.

Und dann zog der lichte Mann ihn hoch. Und er musste mit den Füßen nachhelfen. Die Steine waren nicht glatt. Das war keine Ziegelmauer, das war eine Steinmauer. Das ging langsam. Er war doch schon ein alter Mann. Aber auf einmal war er oben. Und da, als er oben war, da war der lichte Mann verschwunden.

Der Turm war mit einer Mauer verbunden. Von der ging dann wieder eine Mauer weg, auf die große Stadtmauer zu.

Und dann ging wieder eine Mauer weg, zu der Mauer hinüber, wo der Berg ist (und) wo (das Haus ist, in dem) der Heiland einmal so gemacht hat (Therese zeigte mit den Händen, wie er beim Abendmahl im Abendmahlssaal das Brot gebrochen hat).

Der Turm war kaum höher als die Mauer (eine Doppelmauer, an deren Innenseite eine schmale, niedrigere Mauer entlanglief, so dass man sich an der höheren Mauer mit der Hand abstützen und auf der niedrigeren recht sicher stehen, gehen, hinauf- und hinabsteigen konnte).

Jetzt stand er ganz allein da. Wohin er musste, das hatte der lichte Mann ihm nicht gesagt. Also kraxelte er hinüber (auf die Mauer), langsam. – Dann schaute er die Richtung aus.

Dann kraxelte er hinüber auf die Seitenmauer, rechts herum. Und dann kam er auf die Mauer, die dahin führte, wo der Heiland das Brot gebrochen hat. Zu dem Haus selber ging die Mauer nicht hin, bloß in die Gegend.

Da ist er dann hinunter. Auf der (niedrigen) Mauer ist er hinunter. Da kannte er sich aus. Da wusste er, dass das Haus in der Nähe war, wo der Heiland einmal das Brot gebrochen hat. Und wo er ihnen (den Zwölf) die Füße gewaschen hat.

Anscheinend wusste er, dass sich die Männer vom Heiland und die Mutter und alle zusammen dort eingesperrt hatten.

Jetzt kam er von hinten gelaufen. Jetzt schaute er sich um und um, damit ihn niemand erwische (und er dadurch den Aufenthaltsort der Jünger und Freunde des Heilands verriete). Und dann klopfte er (an die Tür).

Aber zuerst wollten sie ihn nicht hineinlassen. – Ich habe Todesängste ausgestanden. Ach! – Aber dann (wahrscheinlich, nachdem er ihnen seinen Namen genannt hatte) ließen sie ihn doch hinein. Und dann (als er erzählte, was er erlebt hatte), da hatten sie eine Freude.

(Ergänzung: Seite 257)

Jesu Felsengrab wird versiegelt und bewacht[46]

Therese Neumann ist visionär in das Prätorium des Pilatus versetzt. Sie erzählt:

In dem großen Ort, bei dem Itrauminet – dem war nicht recht wohl –, da waren Männer (Oberpriester und andere?), die waren frech und falsch. Ja. Die diskutierten mit ihm. Dann sagte der etwas. Etwas, das ihm recht war, das hatten sie ihm abgebettelt (eine Wache für das Felsengrab des Heilands).

Dann befahl er etwas. Und dann sind sie hinaus. Mehrere gerade Männer. Ein ganzer Trupp ist hinaus (zum Felsengrab). Der kleine, der dem Heiland die Seite durchstochen hat, der ging mit hinaus (als Befehlshaber).

Stangen hatten sie mit: eine und noch eine. Und Eisenkörbe: einen und noch einen. Und Holzscheiteln (um sich zu wärmen und um Licht zu haben). Und Essertzeug (Proviant) hatten sie mit, in Lederranzen.

Und dann hatten sie noch etwas mit (weichen Ton und ein Band), um damit den Stein (den Rollstein des Felsengrabes) festzumachen (zu versiegeln).

Dann, als die geraden Männer da hinaufgekommen waren, dann taten sie den Stein weg (rollten sie den Rollstein beiseite). Dann machten sie die (innere) Tür auf. Dann schauten sie hinein und langten hin, ob der Heiland wirklich da war.

Dann zogen sie die Tür wieder zu. Das gab vielleicht ein Geräusch! – Und dann taten sie den Stein (rollten sie den Rollstein) wieder zurück (vor den Eingang des Felsengrabes).

Und dann hatten sie so etwas, etwas nicht ganz Rundes

(eine Gemme zum Siegeln). Da war ein Mannskopf drinnen, der hatte eine Platte (eine Glatze).

Und dann hatten sie eine halbrunde Form. In die schmierten sie etwas Graues, das war weich (weicher Ton). Dann zogen sie von daher nach dahin ein Band über den Stein (an dessen beiden Enden war je ein Knoten, der stramm auf dem Stein auflag).

Dann drückten sie das Graue (den Tonklumpen) mit der Form (erst auf der einen Seite und dann, neu gefüllt, auf der anderen Seite des Bandes auf die Knoten und) auf den Stein (und zwar dort, wo das Siegel zerstört würde, wenn der Stein in seiner Rinne bewegt würde).

Und dann drückten Sie das, wo der Kopf drinnen war (die Siegelgemme) in das Graue (in den Tonklumpen). Da konnte man dann den Kopf sehen. Ein wenig wie eine Sichel, wie einen Halbmond, so schief droben.

Und dann gingen die meisten wieder fort (die Oberpriester und andere?). Aber der, der den Heiland durchstochen hat, der blieb da. Und die geraden Männer, die blieben auch da, einer und noch einer (so zählte Therese bis sechs), die blieben da.

(Ergänzung: Seiten 257f.)

Der verklärte Jesus verlässt sein Felsengrab[47]

THERESE NEUMANN IST VISIONÄR IN DEN GRABGARTEN DES JOSEF AUS ARIMATHÄA VERSETZT. SIE ERZÄHLT:

Als das geschah, da war ich vor dem Grab (dem Felsengrab). Da, wo sie (Nikodemus und Josef aus Arimathäa) den Heiland hineingelegt hatten.

Gerade Männer waren da: einer und noch einer und noch einer bei einem Korb, einem eisernen. Da war ein Feuer drin. Und einer und noch einer und noch einer, die waren bei dem anderen Korb. Und einer (der Decurio), das ist der, der die anderen kommandierte, der stand etwas abseits von den anderen. Sie waren müde, die geraden Männer.

Auf einmal – ich kann gar nicht so schnell sagen, wie das war – da bebte die Erde, da wackelte alles, zum Fürchten!

Und da! – Da kam der Heiland mitten durch den Stein (durch den gewachsenen Felsen) heraus (aus seiner Grabkammer). Oben heraus, gerade in die Höhe.

Und da! – Da kamen ein lichter Mann und noch einer. Einer sprang von oben hinein (in die Grabkammer) und war drinnen. Und einer tat den Stein (den Rollstein) weg und setzte sich darauf. Er rührte ihn nur an. Davon ist er weg, wie ein Papier. Das alles war eins. – War das mächtig!

Und die geraden Männer fielen aufs Gesicht: einer und einer (so zählte Therese bis sechs). Die waren erschrocken, fürchteten sich. Nur einer, der weiter weg war von den anderen, der fiel nicht hin. Der taumelte nur an seiner Lanze. Das war der, der den Heiland durchstochen hat (der Decurio).

Den Heiland erkannte ich gleich. Oh! Er war nicht mehr blutig, wie er war, als er am Kreuz hing. Nein! – Das war jetzt alles geheilt. Bloß die Wunden waren noch da. Die an den Händen und die an den Füßen und die an der Seite.

Aber alles andere, das war geheilt. Das Zerfetzte und das Blutunterlaufene (am Rücken und an den Armen), das im Gesicht und das von den Dornen am Kopf und das von dem Dorn am Auge. Das alles war vergangen. Und so arg der Heiland zugerichtet worden war, so schön war er jetzt.

Lang gewachsenes Haar hatte er, bis auf die Brust herunter. Ein schönes langes weißes Gewand hatte er an. Und wie er strahlte, der Heiland, wie aus lebendigem Licht.

Und sein Gesicht leuchtete, wie ich es auf dem Berg (der Verklärung) gesehen hatte. Und seine Wunden leuchteten. Die an den Händen, die an den Füßen und die an der Seite.

Und was das schönste war: Sein Gewand, das glitzerte weiß. Wie Schnee, wenn er gefroren ist, und wenn die Sonne daraufscheint. Es war in der Mitte abgebunden, nicht gerade hinunter.

Als der Heiland herausschwebte (aus seiner Grabkammer), da leuchtete das Herz hell hindurch (durch das Gewand). Da ging vom Herzen Licht aus, wie bei den Wunden. Kein Strahlen, Licht ging davon aus.

Die Handwunden, die hatten ihre eigene Helligkeit. Und die Fußwunden, die hatten auch ihre eigene Helligkeit. Und das Herz, das hatte auch seine eigene Helligkeit.

Das Gewand war nicht so patzig, wie wenn unser Vater es zusammennähen würde (er war Schneider). Es war wie aus Licht, wie aus einer anderen Welt. Da konnte doch das Licht leicht durch das Gewand hindurch. – Das alles kann man gar nicht sagen, das muss man gesehen haben.

Und dann schwebte der Heiland davon, hinüber zur Mutter. Eben über dem Boden, durch das Gartentor hindurch nach Osten (Therese folgte ihm visionär. „Es war ja nicht weit“, sagte sie). Das war schön. Das Gewand schwebte nach, wie ein Dunst. Das war feierlich.

Die Mutter war auf dem Hügel (auf dem Gulgultahügel). Sie war ganz allein. Sie war da, wo das Kreuz vom Heiland gestanden hatte. Das war jetzt weggeräumt.

Sie war traurig. Aber dann! – Plötzlich war der Heiland bei ihr und redete mit ihr, ein paar Worte nur. Und auf einmal war er wieder verschwunden. Oh! Da hatte die Mutter eine Freude. Ja, eine große Freude.

Und dann hat mich der Heiland wieder gepackt, wieder in den Garten hin.

(Ergänzungen: Seiten 258–260)

Maria aus Magdala entdeckt, dass die Grabkammer leer ist[48]

THERESE NEUMANN IST VISIONÄR IN DEN GRABGARTEN DES JOSEF AUS ARIMATHÄA VERSETZT. SIE ERZÄHLT:

Die Sonne schien schon ein bisschen. Da, in dem Garten (des Josef aus Arimathäa), da lagen die geraden Männer immer noch umher. Aber der, der dem Heiland die Seite durchstochen hat, der war schon umhergegangen.

Und da (in der Grabkammer) war auch einer, ein lichter Mann. Der sah aus, wie ein gerader Mann. Und da, bei der Gartenpforte, da gingen Frauen umher. Das Mädchen, es trug ein Licht unter seinem Mantel, und noch eine und noch eine und noch eine. Die hatten etwas mitgebracht (um den Leib des Heilands zu salben).

Sie trauten sich nicht hinein (in den Garten), weil die Stangen (an denen die Feuerkörbe hingen) nach der Seite weggeknickt waren und weil die geraden Männer so verdreht dalagen.

Aber jetzt! – Jetzt trauten sich das Mädchen und so eine lange Schwarze (Marta) doch hinein. Sie gingen einfach hindurch (durch die Gartenpforte) und vorbei an den geraden Männern.

Und das Mädchen, das kannte sich ja aus, das machte einfach die Tür zum Felsengrab auf. Die innere Tür (die aussah wie Kupfer). Die war schon schwer, aber man konnte sie aufschieben. Die schob das Mädchen einfach zur Seite hin auf und schaute hinein (in die Grabkammer). Und da! – Da erschrak es, denn der Heiland lag nicht mehr darin.

Und da, meine ich, da hat ein lichter Mann geredet. Aber das Mädchen hörte nicht hin.

Als es sah, dass der Heiland nicht da war, da machte es einen Sauser, rief den Frauen noch etwas zu, und fort war es. Aber nicht durch die vordere große Gartenpforte, durch die es (mit Marta) hereingekommen war (in den Garten), sondern durch eine kleine Pforte.

Durch die rannte es hinunter in den großen Ort. Dann (ein Stück) durch ihn hindurch und dann den Berg hinauf zu dem Haus (mit dem Abendmahlssaal), in dem die Leute vom Heiland sich eingesperrt hatten.

Und dort krachte und krachte es an die Tür, bis der Waschlschneider und der junge Mann herauskamen. Denen sagte es dann etwas Aufgeregtes (dass der Leib des Heilands nicht mehr in der Grabkammer sei). Ja.

Und dann rannte das Mädchen schnell wieder hinauf (zum Grabgarten). Dabei fielen ihm immer wieder ihre langen hellen Haare ins Gesicht, so dass es sie immer wieder zurücktun musste, weil ihm der Schleier beim Laufen in den Nacken gerutscht war.

Ja. Und dann kamen auch der Waschlschneider und der junge Mann heraus (aus dem Haus). Naja. – Der junge Mann war halt schneller als der Waschlschneider, weil er jung war. Er rannte schnell, und der Waschlschneider ging langsamer.

Und mich packte der Heiland wieder weg, in den Garten hin.

Erst der Decurio, dann die Frauen in der Grabkammer[49]

THERESE NEUMANN IST VISIONÄR IN DEN GRABGARTEN DES JOSEF AUS ARIMATHÄA VERSETZT. SIE ERZÄHLT:

Und jetzt, während das Mädchen fort war, da war der gerade Mann, der dem Heiland die Seite durchstochen hat, hineingegangen (in die Grabkammer).

Er war noch immer nicht ganz bei sich. Er hatte nach den Tüchern hingelangt. Aber die beiden lichten Männer, die dort (in der Grabnische) saßen, die hatte er überhaupt nicht gesehen. Einen von ihnen hatte ich vorher auch nicht gesehen.

Und dann – inzwischen war der gerade Mann schon hinausgegangen – da kam das Mädchen gerannt und langte auch (nach den Tüchern) hin. Und dann ging es zu den Frauen und sagte etwas zu ihnen. Und dann lief es wieder fort (wahrscheinlich zur Mutter des Heilands).

Jetzt gingen die Frauen hinein (in die Grabkammer): eine und noch eine und noch eine. Sie sahen die beiden lichten Männer. Der eine stand vorn, an den Stein (an die Felswand) gelehnt, der andere saß hinten, am Fußende (auf der Grabbank, aus der der Grabtrog herausgehauen worden war, in dem der Leib des Heilands gelegen hatte).

Die Frauen waren erschrocken. Sie hatten Angst. Dann sagte einer (der beiden) etwas zu ihnen. Davon verstand ich *galilam* (Umschrift: gālîlā' „Galiläa") mit angehängtem *-m*.

Jetzt, nachdem der lichte Mann zu ihnen geredet hatte, jetzt gingen die Frauen wieder hinaus (aus der Grabkammer). Und auf einmal waren die lichten Männer wieder weg.

(Ergänzung: Seiten 260f.)

Petrus und Johannes in der Grabkammer[50]

THERESE NEUMANN IST VISIONÄR IN DEN GRABGARTEN DES JOSEF AUS ARIMATHÄA VERSETZT. SIE ERZÄHLT:

Auf einmal, da waren die geraden Männer (der Grabwache) schon fort, da kam der junge Mann angesaust. Er ging durch die Türöffnung (in die Vorkammer) hinein. Aber (in die Grabkammer) hinein ging er nicht.

Der traute sich nicht, der, meine ich, wollte warten, bis der Waschlschneider kommt. Dann, als der kam, packte er ihn am Arm und sagte etwas zu ihm. Und dann ging der voraus (in die Grabkammer). Und der junge Mann folgte ihm.

Und dann, drinnen, dann nahm er etwas an sich. Tücher, in die der Heiland eingehüllt gewesen war. Die steckte er unter seinen Mantel.

Das (Schweißtuch), das die Mutter um den Kopf des Heilands gebunden hatte (mit dem sie sein Kinn hochgebunden hatte), das lag extra.

Und das andere (das lange Leinentuch, in dem der Leib des Heilands gelegen hatte), das lag so dort, wie wenn jemand herausgekrochen wäre. Nicht zusammengepackt, nur zusammengefallen. Nicht hoch hinauf, wie wenn jemand drinnen ist, bloß zusammengefallen (also nur eingesunken, was sich zum Teil auch dadurch erklären lässt, dass die obere Hälfte des Tuches der ganzen Länge nach auf dem Rand des Grabtroges auflag).

Das braune Tuch (die dunkelbraune Decke, mit der der Grabtrog, in dem der Leib des Heilands lag, zugedeckt worden war, siehe Seite 158), das lag ein wenig weg, an der Seite.

Jetzt, als der Waschlschneider und der junge Mann wieder heimgingen, war der junge Mann natürlich wieder voraus und der Waschlschneider wieder hinterdrein. Nicht durch die große Pforte, sondern durch die kleine (wie vorher Maria aus Magdala).

Und jetzt, als der Waschlschneider allein war, da kam der Heiland dahergeschwebt, schaute ihn an, sagte aber kein Wort. Ich meine schon, dass der Waschlschneider ihn erkannte. Aber gerade jetzt hatte er wieder Angst, wie wenn er sich geniert hätte.

Und dann, als die beiden Männer (Petrus und Johannes) fortgegangen waren, dann ist der, der den Heiland durchstochen hat (der Decurio), auch fortgegangen.

(Ergänzung: Seiten 261f.)

Der verklärte Jesus zeigt sich Maria aus Magdala[51]

THERESE NEUMANN IST VISIONÄR IN DEN GRABGARTEN DES JOSEF AUS ARIMATHÄA VERSETZT. SIE ERZÄHLT:

Da war das Mädchen. Es war fortgewesen. Vielleicht war es inzwischen bei der Mutter. Wer weiß? Denn da bin ich nicht mitgegangen. Jetzt ging das Mädchen noch einmal hinein (in die Grabkammer). Jetzt waren wieder die lichten Männer darin. Einer stand vorn. Der sagte etwas zu ihm. Dann, als es herauskam, da weinte es und war traurig.

Dann ging es im Garten umher. Ganz außer sich war es. Dann ging es da hinauf, unter den Bäumen umher.

Und dann! – Da, wo die Sonne hinschien, auf einmal ging da, unter den Bäumen, jemand umher. Ein Mann. Er hatte ein helles Gewand an, das war in der Mitte abgebunden.

Das Mädchen ging auf den Mann zu und sagte etwas zu ihm. Und dann sagte der Mann etwas zu ihm. Ach! – Und dann tat es ganz rasend, schlug die Hände vors Gesicht und bückte sich zusammen. Es meinte wohl, glaube ich, weil es so außer sich war, die hätten den Heiland weggetan.

Dann, als es so lamentierte, da hob sich der Mann ein wenig vom Boden ab. Und auf einmal war er der Heiland. Und er war so schön, wie er war, als er aus dem Grab kam.

Dann sagte er *marjam* (Umschrift: marjām „Maria!") zu dem Mädchen. Da wollte es hin zum Heiland und fiel vor ihm nieder, auf die Erde (ein Anbetungsgestus). Aber er hob abwehrend die Hand. Dann sagte es *Rabboni* zu ihm (Umschrift: rabbûnî „Mein Gebieter!"; wobei rabbûnî ehrerbietiger ist als rabbî).

Und dann sagte der Heiland etwas zu ihr. Und dann zeigte er zum Himmel. Und dann sagte er etwas Längeres. Davon verstand ich nur *abba* (Umschrift: 'abbā' „der Vater", auch „mein Vater"). Und dann war der Heiland verschwunden.

Dann ging das Mädchen noch einmal zu den (drei) Frauen (im Grabgarten; vermutlich waren sie in der Nähe des Felsengrabes). Und dann sagte es etwas zu ihnen.

Dann schaute es noch einmal ins Grab (in die Grabkammer). Und dann rannte und rannte es. Wieder zu dem großen Ort (zu dem Haus mit dem Abendmahlssaal).

(Ergänzung: Seite 262)

Der verklärte Jesus zeigt sich drei Frauen[52]

THERESE NEUMANN IST VISIONÄR IN DEN GRABGARTEN DES JOSEF AUS ARIMATHÄA VERSETZT. SIE ERZÄHLT:

Die (drei) Frauen waren immer noch da (im Grabgarten). Ganz traurig. Die waren nicht heimgegangen (zu dem Haus mit dem Abendmahlssaal).

Zu denen hatten die lichten Männer doch gesagt, sie sollen heimgehen. Dabei hatten sie (in die Richtung Jerusalems) gedeutet, sie da hingewiesen, wo sie hingehen sollen.

Aber sie waren nicht gefolgt, sie waren nicht heimgegangen. Sie gingen immer noch im Garten umher, als würden sie auf etwas warten.

Auf einmal, als sie so umhergingen, so traurig, auf einmal war der Heiland da. Nicht auf dem Boden, sondern höher (in der Luft schwebend).

Die Frauen fielen gleich nieder, mit dem Gesicht zur Erde (ein Anbetungsgestus). Aber der Heiland hob eine Hand und wehrte ab. Dann deutete er nach oben, zum Himmel. Und dann sagte er etwas Gutes zu den Frauen. Und schon war er wieder fort.

Danach gingen die Frauen zum Grab (in die Grabkammer) und weinten vor Freude. Und dann gingen sie auch heim (zu dem Haus mit dem Abendmahlssaal).

Petrus und Johannes berichten über die leere Grabkammer[53]

THERESE NEUMANN IST VISIONÄR IN DEN ABENDMAHLSSAAL VERSETZT. SIE ERZÄHLT:

Viele Männer waren da (Jünger des Heilands), in einer Stube. Die einen saßen auf ihren halben Kanapees, die anderen standen. Es war da, wo der Heiland gewesen ist, als er (mit den Zwölf) gegessen und getrunken hat (im Abendmahlssaal).

Der mit dem Bart, der Waschlschneider, und der junge Mann, die redeten immerfort.

Zuerst erzählten sie etwas (wahrscheinlich berichteten beide, Petrus und Johannes, über ihren Besuch in der Grabkammer und dass der Heiland verschwunden war und darüber, wie sie die Tücher vorgefunden hatten, in die der Heiland eingehüllt gewesen war). Und die anderen (Jünger) hörten ihnen alleweil zu.

Aber einer (von ihnen) schüttelte den Kopf. Das war ein langer Dürrer (Thomas).

Der verklärte Jesus begleitet zwei Männer nach Emmaus[54]

THERESE NEUMANN IST VISIONÄR AUF DIE STRASSE VON JERUSALEM NACH EMMAUS VERSETZT. SIE ERZÄHLT:

Da gingen wir einen Weg (nach Emmaus). Da waren Männer: einer und noch einer. Einer war schon hübsch alt und einer war jung. Die gingen so dahin, recht ernst.

Die kamen aus dem großen Ort. Die hatte ich schon beim Heiland gesehen (Jünger des weiteren Jüngerkreises). Sie hatten hohe Stecken, oben gebogen, größer als sie selbst. Der alte hatte einen geschnürten Beutel umhängen.

Ja. Die gingen und gingen und waren recht ernst und traurig. Die redeten alleweil. Sie redeten sicher über den Heiland. Was sie redeten, das interessierte sie, das konnte man sehen.

Auf einmal kam von der Seite ein Mann daher. Er hatte ein Gesicht, wie der Heiland. Aber, ich meine, er war's doch nicht.

Der Heiland hatte doch etwas an den Händen und an den Füßen (die Nägelmale). Aber Gesicht und Haare, die waren fast wie die vom Heiland. Ich meine doch, es könnte der Heiland gewesen sein. Es geht mir nicht recht ein.

Die Männer erkannten ihn nicht. Ich zuerst auch nicht. Er sah nicht aus, wie sonst immer. Sonst hätte ich ihn erkannt. Inwendig wird der Heiland geschmunzelt haben.

Sie hielten ihn aber für einen Besseren (für einen Vornehmeren). Sie nahmen ihn dann in die Mitte. Und dann redeten sie wieder weiter. Und er tat dann neugierig, als wäre er fremd.

Ja. Und dann wurden sie ganz lebhaft, die Männer. Und

dann sagte der Mann etwas zu ihnen. Und dann wunderten sie sich über das, was er sagte.

Etwas habe ich verstanden: *Geora* (Umschrift: gijjôrā’ „Proselyt, Fremdling“; gemeint ist ein Nichtjude, der zum Judentum übergetreten ist). Und *meschejam* (Umschrift: m^{e}šîḥā’ „der Messias = der Gesalbte“, wobei das š wie sch klingt und das ḥ wie ch) mit angehängtem *-m*. Und *saleba* (Umschrift: ṣ^{e}lîḇā’ „das Kreuz“, wobei das ṣ wie tz klingt und das ḇ wie w).

Und dann gingen sie einfach so dahin (ohne zu sprechen). Und dann war da nebenher ein kleines Örtchen. An dem gingen sie vorüber. Dann war da ein allein stehendes größeres Haus (offenbar eine Herberge). Da gingen sie dann hinein.

Gleich noch nicht. Da wollte der ja weiter gehen, der Mann. Dann baten sie ihn, er solle doch dableiben. Sie mussten schon eine Weile bitten. Aber dann ist er mit hineingegangen.

Die Männer waren gespannt auf den Mann, die hatten ihn gern, das konnte man sehen.

Zuerst war es noch schön am Tag gewesen. Jetzt ging es auf die Nacht zu. Jetzt ging der Mann dann mit hinein in das Haus.

Drinnen redeten sie dann (die beiden Männer) mit einem Mann. Der war wohl der Herr in dem Haus. Der hatte sich so zusammengerichtet (angezogen), wie die Leute, die anderen (gegen Bezahlung) etwas geben (wie ein Herbergswirt).

Dann setzten sie sich hin. Und dann kriegten sie etwas zu essen und zu trinken. Zuerst flache Brote (Fladenbrote). Eirunde, hübsch hell, die waren längs und quer geriffelt. Und dann Fische in einer langen Schüssel.

Auch Messer bekamen sie. Die waren aufgebogen, gelblich (aus Bronze?). Damit schnitten sie Stücke von den Fischen ab und legten sie auf das Brot.

Sie aßen mit den Händen. Und dazu tranken sie etwas aus Bechern (entweder Wasser oder Wein, gemischt mit Wasser). Zuletzt brachte der Mann Honig (Brocken von Honigwaben), auf einem Brett.

Der Mann, der Fremde, der aß nicht recht mit. Ein bisschen nur. Er hatte keinen Hunger, das konnte man sehen.

Jetzt! – Auf einmal – da waren die Männer schon fertig mit dem Essen –, auf einmal stand der Mann auf. Dann hielt er die Hände über das Brot. Dann schaute er zum Himmel auf und sagte etwas (sprach den Brotsegen darüber). Dann hob er das Brot in die Höhe, brach es und gab jedem etwas.

Dabei hob er sich etwas hoch (vom Boden) und war so schön geworden, wie es der Heiland war, als er aus dem Grab (der Grabkammer) herauskam. Und sein Gewand war wie aus Licht, heller als Schnee in der Sonne.

Die Wehe (die Wundmale), die hatte man vorher nicht gesehen. Jetzt sah man sie, so (leuchtend), wie sie waren, als der Heiland vom Grab (von der Grabstätte) hinüberschwebte auf die Mutter zu. Und auf einmal war er verschwunden.

Hm! – Die hätten jetzt wohl mit ihm reden mögen, die Männer. Jetzt, wo ihnen ein Licht aufgegangen war. Oh! Ich hätte es ihnen gegönnt.

Jetzt! – Geschwind! – Jetzt schrien sie nach dem Mann. Der war ja nicht drinnen, der Mann (der Herbergswirt).

Dann kam der und wunderte sich, dass nur die beiden da waren. Dann hatte einer der Männer, der ältere, etwas (am Gürtel) angeschnürt, ein Geld. Da nahm er dann etwas heraus und gab es ihm. – Das hat schon etwas gekostet, was sie da gegessen und getrunken hatten.

Und dann rollten sie ihre Mäntel hoch. Das taten sie immer, wenn sie wandern wollten. Und dann gingen sie schnell davon, bei Nacht. Es war ja schon Nacht geworden. Und sie mussten ja lange gehen. Es war ja weit.

(Ergänzung: Seiten 276f.)

Der verklärte Jesus zeigt sich zehn Jüngern[55]

Therese Neumann ist visionär in den Abendmahlssaal versetzt. Sie erzählt:

Da, auf dem Berg (in dem Haus mit dem Abendmahlssaal), wo der Heiland einmal so gemacht hat (Therese zeigte mit den Händen, wie er beim Abendmahl das Brot gebrochen hat) und wo er (den Zwölf) die Füße gewaschen hat, da hatten sie (die Jünger und Freunde des Heilands) sich eingesperrt.

Die werden gemeint haben, ihnen ergeht es ebenso wie dem, den sie einmal erwischt haben, nachts (Josef aus Arimathäa), den sie dann in den Turm eingesperrt haben.

Da war es nicht schön, da drinnen (im Abendmahlssaal). Eine ganz schwere Stimmung war da drinnen. Die einen saßen: einer und noch einer (so zählte sie bis zehn), die anderen standen.

Rollen (hebräisch beschriebene alttestamentliche Schriftrollen) hatten sie da. Darin hatten sie gelesen. Alle waren traurig. Beteten und so. Trauerten um den Heiland. Waren ernst.

Da! – Auf einmal krachten und krachten sie (die beiden Emmausjünger) an die Tür. Dann gingen der junge Mann und der Waschlschneider hinaus und ließen sie herein.

Dann, als sie drinnen waren, da erzählten sie vom Heiland. Dabei sagten sie oft *rabboni* (Umschrift: rabbûnan „Unser Gebieter"; wobei rabbûnan ehrerbietiger ist als rabban). Oh, hatten die eine Freude! Deswegen waren sie ja so schnell gegangen.

Und jetzt! – Jetzt glaubten die das nicht (die Jünger und Freunde des Heilands)! Schrecklich! Warum glaubten die das nicht?

Der Waschlschneider sagte nichts dazu. Der war verlegen. Warum? Dem hatte sich der Heiland doch schon gezeigt.

Die beiden (die Emmausjünger) meinten es doch ernst. Die waren voll Eifer heimgekommen. Und jetzt wollten die das einfach nicht glauben. Ach! – Gelacht haben sie, haben es abgetan.

Und während sie da so hachelten und sich stritten – auf einmal war der Heiland da. Ich sage nicht: Der Heiland kam. Ich sage: Auf einmal war der Heiland da. Nicht auf dem Boden, etwas höher (in der Luft schwebend).

Er sagte: *schelam lachon ana [ana] latero* (Umschrift: š^{e}lam l^{e}k̲ôn ’^{a}nā’ ’^{a}nā’ lā’ t^{e}wô „Heil euch! – Ich [bin es]! – Erschreckt nicht!“, wobei das š wie sch klingt und das k̲ wie ch).

Oh! Jetzt schauten sie. Ungläubig. Keine Freude. Aber dann schon. Dann redeten sie. Dann schoben sie ihm ein halbes Kanapee hin. Dann sollte er sich hinsetzen. Neben dem Waschlschneider und dem jungen Mann.

Und er setzte sich wirklich hin. Und dann langte der Waschlschneider hin an den Heiland. Auch an seine Seite. Da kam er in Verlegenheit, der Waschlschneider.

Und dann redete der Heiland mit ihnen. Aber sie konnten es immer noch nicht recht glauben. Die meinten wohl, etwas ist nicht richtig. Die werden gedacht haben, das bilden wir uns nur ein. Oder, das ist nicht wahr. Oder wie.

Dann sagte er etwas zu ihnen. Und dann, weil der Heiland darauf bestand, dann brachten sie ihm etwas zu essen (gebratenen Fisch und Brocken von einer Honigwabe). Dann aß er. Nur, damit sie das sahen. Hunger hatte er nicht. Und dann, als sie sahen, dass er essen konnte, da hatten sie eine Freud.

Ja. Dann sprach er eine Weile mit ihnen, recht ernst. Da wird er ihnen ausgelegt haben, was das bedeutet. Und auf einmal stand er auf und hob sich etwas vom Boden ab. Dann schaute er zum Himmel auf und sagte etwas Mächtiges. Ich hörte *abba* (Umschrift: 'abbā' „der Vater“ auch „mein Vater“).

Und dann hauchte er sie an, jedem (der Zehn) ins Gesicht hinein. Und dann hauchte er auch über die anderen hin: über einen und noch einen und noch einen. Dabei sagte er dasselbe. Und dann hob er die Hände über alle hin und sagte noch einmal etwas Mächtiges, das konnte ich spüren. Und dann war er verschwunden, einfach weg.

Bei anderen (bei Menschen) sagt man: „Sie kamen“. Oder: „Sie gingen weg“. Das kann man beim (verklärten) Heiland nicht sagen. Beim (verklärten) Heiland sage ich nicht: „Er kam“, sondern: „Auf einmal war er da“. Und nicht: „Er ging weg“, sondern: „Auf einmal war er weg“.

(Ergänzungen: Seiten 263–265)

Der verklärte Jesus zeigt sich dem Thomas[56]

THERESE NEUMANN IST VISIONÄR IN DEN ABENDMAHLSSAAL VERSETZT. SIE ERZÄHLT:

Da waren die Männer vom Heiland (elf, diesmal war Thomas dabei). Sie hatten sich noch immer eingesperrt. Dann sagten die Männer etwas zu ihm (zu Thomas). Aber er schüttelte den Kopf. Und dann sagte er etwas zu ihnen.

Auf einmal war der Heiland da. Er kam nicht, er war auf einmal da. Er sagte zu ihnen: schelam lachon (Umschrift: š^{e}lam l^{e}k̲ôn „Heil euch!", wobei das š wie sch klingt und das k̲ wie ch).

Dann sagte er etwas zu dem langen Dürren (zu Thomas). Dabei zeigte er auf seine Seite (auf die Lanzenwunde) und hielt ihm seine Hände hin (mit den Nägelwunden). Dabei sagte er etwas Ernstes zu allen Elf.

Da fiel der (Thomas) auf die Knie und sagte zum Heiland: mari eloi (Umschrift: mārî '^{æ}lāhî „Mein Herr!" – „Mein Gott!"). Dann sagte der Heiland noch einmal etwas zu allen Elf, etwas Ernstes. Und auf einmal war er wieder weg.

(Ergänzungen: Seite 265)

Der verklärte Jesus zeigt sich sieben Jüngern[57]

THERESE NEUMANN IST VISIONÄR AN DAS UFER DES SEES GENNESARET VERSETZT. SIE ERZÄHLT:

Da waren der Waschlschneider und der junge Mann und der Ältere (Jakobus, sein Bruder) und der Netglaubenwollende und der Lange (Philippus Bar-Tholomäus, auch Nathanael genannt) und noch einer und noch einer.

Es war zur Nacht. Sie waren in einem Bretterkasten (einem Fischerboot). Sie wollten Fische fangen. Da ließen sie ein Netz hinunter, ein großes. Und dann sind sie (trieben sie) einfach so im Wasser dahin.

Das war kein Wasser, über das man hinüberschauen kann. Auch keines, das so lang läuft (kein Fluss). Das war ein riesig großer Teich (der See Gennesaret).

Dann drehten sie den Kasten herum (wendeten sie das Boot). Dann zogen sie das Netz heraus (es war leer). Dann drehten sie den Kasten vorne herum (wendeten sie wieder). Dann ließen sie das Netz wieder hinunter. Und wieder und wieder und wieder. Aber sie fingen nichts.

Jetzt, als sie zurückkamen, sahen sie am Ufer (ein Holzkohlenfeuer brennen und) einen Mann stehen. Sie kannten ihn aber nicht. – Ich auch nicht.

Dann, auf einmal sagte der Mann etwas – über das Wasser hinüber; es war kein Wind – zum Waschlschneider. Und dann! – Dann warfen sie (die Männer) ihr Netz aus (auf der rechten Seite des Bootes). Und dann fingen sie Fische. Viele und viele.

Und jetzt, das war schon zum Ufer zu, jetzt erkannte der junge Mann den Heiland. Und als er das dem Waschlschneider sagte, da tat der seinen Rock herunter und sprang ins

Wasser. Und dann schwamm er durch das Wasser, da sah man nur noch den Kopf, auf den Heiland zu.

Die anderen ließen den Kasten (das Boot) nicht aus, sondern ruderten ihn (und das Netz mit den Fischen) ans Ufer. Dann (nachdem sie an Land gestiegen waren) zogen sie das Netz heraus (aus dem Wasser) und zählten die Fische.

Dann sagte der Heiland etwas zu ihnen. Und dann (nachdem er den Segen gesprochen hatte) gab er ihnen von dem Brot und den Fischen (die auf glühenden Holzkohlen gelegen hatten). Und dann sagte er etwas Mächtiges.

Dann sagte er etwas zu dem jungen Mann und dann etwas zu allen. Und auf einmal hob er sich ab von der Erde. Dann leuchteten seine Wundmale. Und dann war er verschwunden.

(Ergänzung: Seite 266)

Der verklärte Jesus beim letzten Mahl mit seinen Jüngern[58]

THERESE NEUMANN IST VISIONÄR IN DEN ABENDMAHLSSAAL VERSETZT. SIE ERZÄHLT:

Die Männer vom Heiland waren in dem Raum beisammen, in dem der Heiland einmal die Brotstückchen ausgeteilt hat (im Abendmahlssaal). Es war früh am Tage. Die Schnabellämpchen brannten noch.

Die Männer lagen auf ihren halben Kanapees um einen langen Tisch herum (um denselben, wie beim Abendmahl) und redeten miteinander.

Auch die Mutter und andere Männer und Frauen (Leute des Heilands) waren im Haus. Aber in anderen Räumen.

Der Lange (Philippus Bar-Tholomäus) trug auf (er hatte offenbar Tischdienst). Auf einer langen Platte brachte er Fische, einen großen und einen kleinen. Er stellte sie mitten auf den Tisch. Dann brachte er Brot und dann einen Krug.

Als alles da war, stand er vorne am Tisch. Und dann teilte er aus. Zuerst reichte er Brot (Brotfladen) herum, auf einer braunen Platte. Dann zerteilte er den Fisch. Mit einem langen breiten Messer, wie aus Bein (Elfenbein?), nach hinten etwas gebogen.

Dabei hielt er den Fisch mit der Linken am Kopf fest. Und dann schnitt er mit der Rechten einzelne Stücke von ihm ab. Die legte er den Männern dann auf das Brot, das sie ihm hinhielten. Mit dem Messer.

Seinen Anteil nahm er zuletzt und legte ihn an seinem Platz auf sein Brot. Und dann ging er (um den Tisch herum) an seinen Platz, blieb aber davor stehen.

Dann standen alle auf. Die einen hatten ihre Hand auf dem Tisch, die anderen hatten sie in dem Tuch, das sie umhängen hatten. Dann schauten sie (betend) zum Himmel auf. Nicht lange. Und dann legten sie sich wieder hin und fingen an zu essen.

Als sie beim Essen waren, auf einmal war der Heiland da, bei verschlossenen Türen. Er kam nicht, er war auf einmal da. Er stand hinter dem Waschlschneider und dem jungen Mann, fast in der Mitte (des Saales).

Er sagte: *schelam lachon ana [ana] latero* (Umschrift: š^{e}lam l^{e}<u>k</u>ôn ’^{a}nā’ ’^{a}nā’ lā’ t^{e}wô „Heil euch! – Ich [bin es]! – Erschreckt nicht!“, wobei das š wie sch klingt und das <u>k</u> wie ch). Dann sagten auch die Männer etwas. Und dann ging es schnell.

Der junge Mann lief hin und holte ein halbes Kanapee. Einige Männer machten Platz. Vor allem der Lange mühte sich viel beim Platzmachen. Zum Schluss rückte er dem Heiland die Liege zurecht (sodass er sich hinlegen konnte).

Dann lief er fort, brachte dem Heiland Brot, auf einer Platte, und hielt es ihm hin. Der Heiland nahm es. Dann schnitt er ihm von der alten Platte noch ein Stück Fisch ab und legte es ihm mit dem Messer auf das Brot.

Dann stand der Heiland auf, hielt beide Hände über das Brot und den Fisch und schaute (betend) zum Himmel auf. Dann legte er sich wieder hin und aß.

Manchem von den Männern gab der Lange noch einmal etwas (von dem großen) Fisch. Der kleine Fisch blieb liegen. Der wurde nicht angepackt.

Dann, als der Heiland zu Ende gegessen hatte, wurde getrunken. Aus einem Krug mit einem Henkel. Braun, unten enger, in der Mitte bauchiger, dann wieder enger. Den hoben sie in die Höhe zum Trinken.

Der Lange ließ den Heiland zuerst trinken. Der Heiland gab den Krug dann dem Waschlschneider. Der gab den Krug dann weiter, und der gab ihn dem nächsten. Und so fort.

Beim Trinken richteten sie sich etwas auf, blieben aber doch liegen (auf den Speiseliegen). Dann, nach dem Trinken, redete der Heiland zu den Männern. Etwas Kurzes, aber ernst.

Dann ging der Lange zur Tür hinaus. Und dann kam er zurück mit zwei Platten, einer großen und einer kleineren. Die große, eine ovale, trug er mit beiden Händen. Die kleinere, auf der war nicht viel, trug er auf dem linken Unterarm.

Auf den Platten lagen Batzen (von Honigwaben). Die kleinere Platte stellte er auf den Tisch, die große reichte er herum, mit beiden Händen. Zuerst dem Heiland, dann den anderen Männern.

Jeder nahm einen Brocken, brach ihn in kleine Stücke und sog die Stücke dann aus. Der Heiland auch.

Die große Platte reichte nicht ganz. Ein Mann und noch ein Mann nahmen noch von der kleineren.

Alle Männer hatten Tücher umhängen, nur der Heiland nicht. Und als sie den Honig gegessen hatten, wischten sich alle an den Tüchern die Finger ab. Und da der Heiland kein Tuch hatte, reichte der junge Mann ihm seines hin, ohne es abzunehmen.

Dann, als der Lange den Honig herumgereicht und sich auf seine Liege gelegt hatte (um seinen Anteil Honig zu essen), da stand der Heiland auf und fing an zu reden. Ziemlich ernst und energisch und ziemlich lange.

Und dann! – Dann redeten die Männer dazwischen, besonders der Waschlschneider. Und dann redete der Heiland noch ernster. Zum Schluss sagte er etwas von *judam* und *samariam* (Umschrift: j^{e}hûḏ „Judäa" und šām^{e}rajin „Samarien", wobei das š wie sch klingt) mit zweimal angehängtem *-m*. Es könnte noch eine Silbe drinnen gewesen sein.

(Ergänzung: Seite 266)

Der verklärte Jesus kehrt zurück zum Vater[59]

THERESE NEUMANN IST VISIONÄR IN DEN ABENDMAHLSSAAL VERSETZT. SIE ERZÄHLT:

Dann gingen sie zur Tür hinaus. Zuerst der Waschlschneider, dann der Heiland, dann der junge Mann, dann die anderen Männer. Draußen gingen sie dann nebeneinander, höchstens drei nebeneinander.

Zuerst wurde der Heiland vom Waschlschneider und dem jungen Mann begleitet. Dann war der Lange (Philippus Bar-Tholomäus) an seiner Seite.

Meistens war der Heiland vorne dran. Aber manchmal war er auch etwas zurück, in der zweiten Reihe. Er ging langsam. Unterwegs redete der Heiland mit den Männern, ganz ruhig. Dabei dämmerte der Morgen.

Dann kamen noch andere dazu. Die gingen dann mit ihnen. Über den Bach (den Kidron), dann ein kleines Stück rechts, unten am Berg (am Ölberg) entlang. Ein kleiner Ort blieb rechts liegen. Dann gingen sie weiter. In die Richtung zum Haus des Lebendiggewordenen (des Lazarus; also auf Betanien zu). Aber nur in die Richtung.

Nach einer Weile bogen sie rechts ab, den Berg hinauf, fast ganz hinauf. Alle gingen barfuß. Der Heiland ging auf der Erde, er schwebte nicht.

Er hatte ein weißes Gewand an. Es war weißer als Schnee. Die Wundmale leuchteten, auch die Wunde an der Seite.

Derweil waren draußen schon viele Leute, ein großer Haufen von Leuten (womöglich die mehr als fünfhundert aus 1. Korinther 15,6?). Die warteten alle schon.

Der Heiland stellte sich auf eine Steinplatte. Dann fing er an zu reden. Zuerst sprach er zu allen, mild und freundlich. Diese Rede war kurz.

Dann sprach er zu den Männern, die immer bei ihm gewesen sind. Sie standen nahe bei ihm. Diese Rede war lang. Zuletzt sagte er etwas zur Mutter. Zu ihr sagte er nicht viel, nur ein paar Worte. Ich hörte *eȥal lewat abba* (Umschrift: 'êzêl l^{e}wāṯ 'abbā' „Ich gehe zum Vater!").

Auf einmal hob der Heiland die Hände hoch. Über sie alle, waagerecht, seitlich, nach vorn, das Innere abwärts. Die Wundmale leuchteten nach oben und nach unten. Auch die Wundmale an den Füßen.

Er schaute (betend) zum Himmel auf. Dann schaute er auf die Mutter, dann auf die Männer (auf die Elf), dann über alle hin.

Jetzt erhob er sich. Das ging langsam. Dann schwebte er rückwärts gegen Osten in die Höhe. Hinter seinem Rücken ging gerade rot und feurig die Sonne auf. Die Sonnenscheibe war noch nicht zu sehen, nur ein Teil davon. Das war schön. Das war ein schönes Bild.

Die Wundmale leuchteten. Das Gewand wallte, war weit und lang. Es glitzerte wie gefrorener Schnee. Und dann war die Sonne ganz zu sehen, so schön rot, wie feierlich. Und der Heiland schwebte auf sie zu.

Er wurde kleiner und kleiner. Zuletzt war der Heiland so klein, wie ein kleines Kind. Die Hände hatte er immer noch ausgestreckt. Die Wundmale leuchteten immer noch, auch das Mal an der Seite.

Ja. Das alles ging ganz langsam. Und die Leute schauten dem Heiland nach und weinten. Und dann kam der Heiland in eine Wolke hinein. Die Wolke stieg noch etwas. Und dann sah man nichts mehr. Nur noch den blauen Himmel, etwas bewölkt.

Auf einmal waren zwei lichte Männer da, junge. Weiße Gewänder hatten sie an. Lange Haare hatten sie. Keine Flügel. Die Gewänder waren in der Mitte zusammengehalten, mit Licht.

Sie standen über der Steinplatte (auf der vorher der Heiland gestanden hatte). Einer an der Stelle, wo Sand war. Unter sich hatten sie eine Wolke. In der Mitte und außen war sie dünner.

Die Männer sagten etwas. Gleichzeitig. Es war ein Ton. Zu den Männern vom Heiland sagten sie es. Das Wort *galiläam* war dabei (Umschrift: gālîlā' „Galiläa") mit angehängtem *-m*.

Einer der Männer deutete mit seiner rechten Hand einwärts (nach Jerusalem), über die Köpfe der Leute hinweg. Das tat er ein paar Mal. Und dann! – Auf einmal waren die Männer weg. Einfach verschwunden.

Dann beugten sich alle nieder, recht lange. Dann richteten sie sich wieder auf und schauten in die Höhe. Dann schauten sie sich gegenseitig an, redeten auch miteinander.

Und dann entdeckte der junge Mann, dass man da, wo der Heiland gestanden hatte, etwas sieht – Fußspuren. Der eine Fuß war mehr abgedrückt, der andere nicht so schön.

Dann gingen alle zu der Steinplatte hin und knieten nieder. Zuerst die Mutter und der junge Mann. Er führte sie. Sie beugten ihr Gesicht zu der Steinplatte hinab.

Das taten sie dann alle. Nacheinander, einzeln oder mehrere gleichzeitig. Wer fertig war, ging weiter. Manche warteten auch.

Und dann gingen sie heimwärts. Voraus gingen die Männer vom Heiland. Der junge Mann ging neben der Mutter. Auch der Waschlschneider war bei ihr. Und das Mädchen.

(Ergänzungen: Seite 267)

Die Begabung mit dem Geist an Pfingsten[60]

Therese Neumann ist visionär in den Abendmahlssaal versetzt. Sie erzählt:

Als das Feuer kam, das Licht, in dem Haus, in dem der Heiland einmal so gemacht hat (sie zeigte mit den Händen, wie er im Abendmahlssaal das Brot gebrochen hat), das war so:

Da waren viele Leute in dem großen Ort, alle Arten von Leuten. Nicht nur solche, die aus der Gegend waren. Sondern Leute von überall her. Es muss eine Festzeit gewesen sein, weil gar so viele Leute da waren (das Wochenfest = Pfingstfest).

Und in dem Saal, da waren die Männer, die immer beim Heiland gewesen sind (inzwischen, mit dem hinzugewählten Matthias, wieder zwölf), und die Mutter.

Und dann waren da noch die Männer, die nur manchmal beim Heiland gewesen sind (Jünger des weiteren Jüngerkreises). Und die Frauen (Marta, Maria aus Magdala und die anderen). Aber die waren draußen (in einem Nebenraum).

Die Männer (die Zwölf) beteten. Und als sie so beteten, auf einmal war da (um das Haus herum) ein Brausen, ein Sturm und ein Feuer. Der Sturm und das Feuer waren eins. Es war, wie wenn ein Gewitter ist und wie wenn es hagelt.

Das Feuer war ein lebendiges Feuer, kein Ofenfeuer, ein Feuer vom Himmel. Ein längliches. Etwas länglich und spitzig. Ach! – Und dann wurden aus dem großen viele kleine Feuer. Erst waren sie über den Köpfen der Männer und der Mutter, dann gingen sie in sie hinein.

Nicht in die Köpfe der Männer, die nur manchmal beim Heiland gewesen sind. Sondern nur in die Köpfe der Männer, die immer beim Heiland gewesen sind. Und in den der Mutter.

Ach! – Und als sie das Brausen hörten, den Sturm um das Haus, da kamen viele Leute zusammen. – Wenn der Sturm im ganzen Ort gewesen wäre, dann wäre das gar nicht aufgefallen. Aber so kamen sie bei dem Haus zusammen. Weil er nur um das Haus herum war, der Sturm.

Viele Leute kamen da zusammen. Nicht nur die, die in dem Ort daheim waren. Alle Arten Leute kamen gelaufen. Auch viele Fremde. Auch solche, die nicht von der gleichen Art waren (also auch Farbige). Weil eine Festzeit war.

Und jetzt! – Jetzt gingen sie hinaus aus dem Haus, die Männer und die Frauen. Und dann redeten die Männer (die Zwölf) zu den Leuten, und die hörten zu. Und dann sagten die Leute etwas.

(Ergänzungen: Seiten 267f.)

Die Wirkungen des Geistes an Pfingsten[61]

THERESE NEUMANN IST VISIONÄR VOR DAS HAUS MIT DEM ABENDMAHLSSAAL VERSETZT. SIE ERZÄHLT:

Jetzt trat der Waschlschneider vor, weiter weg von dem Haus. Da war alles voll Leben. Da gaben sie keine Ruhe mehr, die Leute. Und dann fing der Waschlschneider an zu reden.

Lange redete er, lange. Dabei zeigte er immer wieder zum Himmel und redete und redete. Dann fuhr er sich energisch durch die Haare. Dann redete er weiter. Dann setzte er aus. Da schauten die Leute, waren aufgeregt.

Dann fing er wieder an zu reden, fuhr sich wieder mit der Hand durch die Haare. Dann redete er weiter, immer weiter. Dann redeten die Leute. Dann redete er wieder. Dann redeten sie wieder. Dann redete er wieder. Oh, ging das mächtig zu!

Ja. Und dann gingen sie alle hinunter von dem Berg, auf dem das Haus (mit dem Abendmahlssaal) steht. Gingen ein Stück hin, dann noch ein wenig weiter, dann unten hinaus und dann an den Teich.

Und da hatte der (Jakobus), der einmal *gannaba* gesagt hat (Umschrift: **gannāḇā’** „Der Dieb!“ / „Der Täuscher!“, wobei das ḇ wie w klingt) und *magera* (Umschrift: **’ᵃgîrā’** „Der Lohndiener!“ / „Der Mietling!“), mit vorangestelltem *m-*, da hatte der Wasser in einem Gefäß und etwas Weißes, wie Salz, Brocken, kein Pulver.

Jetzt tat er das Weiße in das Wasser. Dann hielt er die Hände über den Teich und betete. Und dann schüttete er das Wasser mit dem Weißen hinein in den Teich.

Der Teich, der war so gemacht, dass man auf Stufen in das Wasser hineinsteigen konnte.

Ach! – Und dann waren da auf der einen Seite und auf der anderen Seite des Teiches große Hallen. Und was war in den Hallen? Da waren Schubtore. Und was war noch in den Hallen?

Lauter wollgelbe Hemden mit schwarzen Bändchen. Um die Halsöffnung herum, um die Ärmel und unten herum. Die Hemden waren nicht neu, die waren zuvor schon benutzt worden.

Ja. Und dann stiegen die Leute hinab in den Teich. Viele und viele und viele. Und die, über die das Feuer gekommen war (die Zwölf), die tauften. Und die, die nur manchmal beim Heiland gewesen sind, die wurden zuerst getauft. Und dann halfen sie.

Dabei tauchten sie (die Zwölf) die Leute hinein in den Teich. Und dann schöpften sie Wasser. Mit Schalen aus Gewachsenem. Und dann schütteten sie das Wasser an ihnen hinunter. Und dazu sagten sie etwas.

Und jeder, der getauft worden war, der bekam eines von den Hemden. Das zog er dann an, über seine Kleidung. Dadurch wusste man, wer getauft war und wer nicht.

Ach! – Viele Leute wurden getauft. Auch die lange Schwarze (Marta) und das Mädchen (Maria aus Magdala, ihre Schwester) und der Lebendiggewordene (Lazarus, ihr Bruder). Und die Frau mit den beiden Mädchen, die dem Heiland (auf dem Wege nach Gulgulta) ein Tuch gab. Und die Frau, die dem Heiland helfen wollte, die ihrem Mann etwas Funkelndes (einen Ring) zurückgab (die Frau des Pilatus).

Auch der wurde getauft, der vom Pferd heruntergesprungen ist und der, der dem Heiland die Seite durchstochen hat. Auch gerade Männer wurden getauft und solche, die im großen Haus Ordnung halten. Ja, auch die.

Alle, die getauft wurden, stiegen die Stufen hinunter und hinein in den Teich. Genau so, wie der Heiland, als er von dem Mann mit dem Viehgewand (Johannes dem Täufer) getauft wurde. Der hatte auch so eine Einsteige.

(Ergänzungen: Seiten 268–272)

Ein Gelähmter wird geheilt – durch Petrus[62]

Therese Neumann ist visionär an den Teich Betesda versetzt. Sie erzählt:

Ja. Der Waschlschneider und der junge Mann, die gingen jetzt fort. Zum großen Haus, auf den Berg hinauf. Die anderen Männer von denen, die immer beim Heiland gewesen sind, die tauften weiter.

Das große Haus hat mehrere Tore, viele Tore. Aber eines ist sehr schön. Das funkelt nur so. Das hat einen anderen Beschlag (einen aus Kupfer). Da gehen halbrunde Treppen hinauf. Das ist herrlich!

Da gibt es halt auch arme Leute, die betteln. Und da! – Da war ein Mann, der konnte sich gar nicht helfen (ein Gelähmter), der bettelte auch.

Seinen Hut hatten sie an ihm festgebunden, mit einem Lederriemen. Da taten die Leute, die da hinaufgingen, etwas hinein. Und da! – Da kam ein Gescheitseinwollender daher und spuckte hinein.

Und jetzt! – Da gingen der junge Mann und der Waschlschneider auf ihn zu, auf den Mann (den Gelähmten). Dann blieben sie stehen und sagten etwas zu ihm. Da schaute er sie an.

Dann schaute der Waschlschneider zum Himmel auf und betete. Und auf einmal kriegte der Mann Leben, stand auf und konnte gehen. Und alle um ihn herum schauten und staunten und konnten es nicht fassen.

Und er, er nahm seinen Hut samt dem Geld und warf alles weg. Das interessierte ihn gar nicht mehr. Und dann ging er mit dem Waschlschneider und dem jungen Mann hinein in das große Haus. Gerade hinein, zwischen den Säulen hindurch, riesigen Säulen, hinunter in einen schönen Gang. Da könnte man mit großen Wagen fahren.

Und was war da unten? Eine riesige Halle (die Halle Salomos), eine schöne Decke, schön geschnitzt, ein Holz, wie gebeizt. Ach! – Ein schönes Holz. Auch die Säulen, schön geschnitzt.

Und da waren Leute, die heute getauft worden sind. Mit ihren wollgelben Hemden und mit den schwarzen Bändchen herum. Viele und viele und viele.

Die wussten anscheinend schon, dass der Waschlschneider und der junge Mann kommen würden. Die (die Getauften) gingen dann da hinauf, wo die beiden Männer waren (in die Halle Salomos), um zuzuhören.

Petrus und Johannes werden verhaftet und eingesperrt[63]

THERESE NEUMANN IST VISIONÄR IN DIE HALLE SALOMOS VERSETZT. SIE ERZÄHLT:

Da war der Waschlschneider. Und da kam der junge Mann. Erst redete der junge Mann, in der schönen Halle, nicht viel. Und dann redete der Waschlschneider. Mächtig redete er. Und die Leute hörten zu. Für den Heiland redete er, das konnte man sehen. Und er war nicht mehr ängstlich.

Jetzt kamen viele Gescheitseinwollende daher (Oberpriester und Schriftgelehrte?) und solche, die immer Ordnung halten in dem großen Haus (Tempelwächter).

Die bekamen eine Wut, als der Waschlschneider so redete. Und als der Geheilte so redete, der mit ihm gegangen war. Mit ihm und mit dem jungen Mann. Oh! – Die bekamen eine Wut. Die hatten doch da das Recht.

Und der Waschlschneider, der fürchtete sich jetzt nicht mehr vor denen. – Ja. Es war notwendig, dass einmal das Feuer, das Licht, über ihn gekommen ist. Der brauchte das. – Jetzt fürchtete er sich nicht mehr. Jetzt redete er, redete so, als wenn ihn die (die Oberpriester und Schriftgelehrten?) nichts angingen.

Und jetzt gingen die wieder. Und dann, das dauerte gar nicht lange, dann kamen sie wieder. Und dann banden sie den Waschlschneider und den jungen Mann zusammen. Mit Stricken und mit einer Kette. Und dann führten sie sie fort.

Und wohin führten sie sie? – Zu dem da hinauf, zu dem Kittelzerschneider. Der sagte dann etwas. Und dann sperrten sie sie ein, in einem Loch (in einer Kerkerzelle), hinunterwärts. Aber die fürchteten sich nicht.

Petrus und Johannes werden freigelassen aus dem Kerker[64]

THERESE NEUMANN IST VISIONÄR IN DEN HOHEN RAT VERSETZT. SIE ERZÄHLT:

Da waren Männer. Da war eine ganze Versammlung (von Mitgliedern des Hohen Rates). Sie redeten miteinander.

Als sie beraten hatten, ließen sie die Männer (von Tempelwächtern) hereinführen (in den Hohen Rat), den Waschlschneider und den jungen Mann.

Als sie da waren, sagte der Waschlschneider etwas, zeigte zum Himmel hinauf, sagte wieder etwas. Und er fürchtete sich nicht, weil das Feuer, das Licht, ihn gescheit gemacht hatte.

Nach einer Weile führten sie (die Tempelwächter) sie wieder weg, den Waschlschneider und den jungen Mann.

Jetzt berieten sie wieder (die Ratsmitglieder). Anscheinend waren sie davon abgekommen, sie (Petrus und Johannes) zu bestrafen. Jetzt ließen sie sie wieder hereinführen (in den Hohen Rat).

Dann sagte der Waschlschneider ihnen noch einmal etwas. Dann zeigte er wieder zum Himmel hinauf. Dann sagte er noch einmal etwas, etwas Mächtiges.

Da ließen sie (die Ratsmitglieder) sie frei, ihn und den jungen Mann. Da ließen sie ihnen die Stricke abnehmen (mit denen sie gefesselt waren).

Er hätte ihnen etwas versprechen sollen, der Waschlschneider, aber das tat er nicht. Nein. Da schüttelte er den Kopf. Und dann sagte er noch etwas, wieder etwas Mächtiges.

Da dachten die wohl (die Ratsmitglieder), bei denen hilft nichts. Die lassen sich nichts sagen. – Mit dem Heiland haben sie es einmal auch so gemacht. – Dann gingen sie weg, der Waschlschneider und der junge Mann.

Und wohin gingen sie? – In das Haus, wo die anderen beisammen waren. Da waren sie ja daheim.

Ach! – Die waren überrascht, die hatten eine Freude. Das konnte man sehen.

Dann beteten sie miteinander, alle. Der Waschlschneider sagte etwas vor, etwas Mächtiges, und die anderen sagten dann etwas nach, wieder etwas Mächtiges.

Und dann, als sie eine Zeitlang gebetet hatten, da kam wieder ein Sturm. Wie gestern, als der Lichterer (der Geist) kam. Aber nicht so lange, kürzer.

(Ergänzung: Seite 272)

Stephanus wird verhaftet, verurteilt und gesteinigt[65]

Therese Neumann ist visionär zuerst nach Jerusalem versetzt und dann in den Hohen Rat. Sie erzählt:

Da war ein junger Mann (Stephanus), der hatte es denen (den Griechisch sprechenden Juden und Proselyten aus der Diaspora) aber gesagt. Der hatte vom Heiland geredet. Das konnte man sehen, weil er immer wieder zum Himmel zeigte.

Jetzt brachten sie (vier Tempelwächter) ihn (in den Hohen Rat). Die Leute (in dem Raum), die waren aufgeregt. Uh! Und die (die Ratsmitglieder) wussten schon, dass sie ihn bringen würden. Die hatten schon vorher etwas gegen ihn.

Sie (die Tempelwächter) brachten ihn hinauf zum Kittelzerschneider. Dann sagte der etwas zu ihnen. Dann sagten die etwas zu ihm, ziemlich aufgeregt.

Den (den Hochpriester Kajaphas) habe ich schon oft gesehen. Der saß da droben. Er hatte wieder etwas um die Stirn herum (einen Turban aus Byssus und daran eine goldene Rosette, das heilige Diadem).

Darauf war etwas eingekrakelt (eingraviert; nämlich „Geheiligt für Jahwe"). Es schaute so aus, wie das, was aufgekrakelt (aufgeschrieben) war über dem Kreuz (die aramäische Aufschrift).

Viele Männer saßen da herum (siebzig, wenn sie vollzählig waren, dazu der Hochpriester), so halbrund hinauf. Es waren viele dabei, die auch beim Heiland (beim Scheinprozess gegen ihn) dabei waren (wohlgemerkt: viele, also nicht alle). Aber die, die für den Heiland waren, die saßen nicht da droben. Ungefähr sechs, die für den Heiland waren, die standen unten.

Der da droben (Kajaphas), der sagte etwas zu ihm (zu Stephanus). Aber der sagte nichts. Er fürchtete sich aber auch nicht. Oh! – Aber dann deutete er auf einmal zum Himmel hinauf. Und dann fing er an, vom Heiland zu reden. Begeistert, feuerrot im Gesicht, zuletzt sogar schwitzend. – Der fürchtete sich nicht. Das freute mich.

Seine Rede habe ich nicht verstanden. Er sprach dieselbe Sprache wie der Heiland. Er war begeistert, und sein Gesicht strahlte. Die Männer (seine Ankläger) redeten gegeneinander.

Oh! Die da droben (die Ratsmitglieder), die hatten eine Wut auf ihn. Sie schrien immer wieder gegen ihn an, wehrten mit den Händen ab, hielten sich die Ohren zu. Das war ein großes Durcheinander.

Von einem und noch einem da droben hätte man meinen können, die wären für ihn. Aber die waren nicht fest. Keiner trat für ihn ein. Und von denen unten waren anfangs fünf für ihn. Aber zuletzt fürchteten sie sich.

Da! – Auf einmal war er (Stephanus) wie weg. Da schaute er gerade zum Himmel auf (schaute er den Heiland).

Und dann sagte er etwas, etwas Mächtiges. Und als er das gesagt hatte, da stand der da droben (Kajaphas) auf und schrie mächtig.

Dann nahm er sein Messer, machte einen Schlitz in seinen Kittel (in seinen Efodmantel) und dann einen Riss hinein. Genau, wie er es beim Heiland gemacht hatte. Und dann schrie er noch lauter *sachla dimauta* (Umschrift: saqlā’ d^{e}môṯā’ „Steinigung des Todes“ = „Steinigungstod“).

Dann reichten sie ihm etwas zum Schreiben hin (eine Papyrusrolle). Dann las er daraus vor. Und dann schrieb er etwas hinein. Und dann führten sie (die Tempelwächter) ihn weg, an einem und noch einem Riemen, mit einem Fesselgürtel (aber ohne Eisendornen). Durch einige Straßen, durch die auch der Heiland (auf seinem Wege nach Gulgulta) gegangen ist.

Und dann. Oh! Da draußen, da gingen die mit, die so gegen ihn gehetzt hatten. Und andere Leute, hinter denen her. Dann gingen sie zu dem großen Ort hinaus.

Dann gingen wir hinunter. Das große Haus lag da drüben. Dann gingen wir da hinunter, hinunter (ins Kidrontal). Dann war da eine scharfe Ecke. Dann ging es bei einem Viehkopf herum und dann hinaus. Da war ein ausgetrockneter Bach (der Kidron).

Da riefen gute Leute uns etwas nach. Auch solche waren viele darunter. Ja. Die fürchteten sich nicht.

Dann rissen sie (die Ankläger) ihm (Stephanus) die weiten Ärmel herunter. Und dann den Mantel.

Einer setzte sich hin, ein junger Mann, abseits. Der, zu dem einmal Feuer vom Himmel kam (der Rabbinenschüler Saulus, der spätere Apostel Paulus). Dem gaben sie dann seine Kleidung. – Täuscht es mich nicht, so war er Ende zwanzig. Der war nicht gut gesinnt auf ihn (Stephanus).

Schwarze Haare hatte er. Sie reichten ihm bis zu den Schultern. Und einen kurzen, struppigen, schwarzen Vollbart hatte er. Und er machte ein grimmiges Gesicht.

Oh! Dann zogen sie (die Ankläger) ihre Mäntel aus. Die gaben sie auch dem jungen Mann (Saulus), zum Bewachen. Er legte sie neben die Kleidung von dem (von Stephanus). – Hinter ihm, gegen die große Stadt zu, standen Schaulustige. Viele und viele.

Und dann stellten die Männer sich rund um ihn (Stephanus) auf und warfen Steine auf ihn. Die hatten sie aus dem ausgetrockneten Bach geholt.

Es waren mehrere, die Steine warfen (große Steine): einer und noch einer (so zählte Therese bis acht). Die einen warfen hin (von dieser Seite), die anderen warfen her (von der anderen Seite). Oh! Das war grausig.

Und er stand da, schaute zum Himmel auf und betete. Und als sie so warfen, die Männer, einer nach dem anderen, immer wieder, da blutete er am Kopf, am Gesicht und an den Armen. Da hatten sie eine Freud. Und andere (Schaulustige) trugen Steine herbei.

Dann ließ er sich nieder, auf die Knie. Und dann schaute er wieder zum Himmel auf und betete. Hellauf und fest betete er. Dabei schaute er aus, wie wenn ihm weh wäre – inwendig.

Als sie ihm dann einige große Steine in die Seite geworfen hatten, da riss es ihn nieder. Dann schaute er den jungen Mann an (Saulus). Schaute ihm ins Gesicht. Da war es ihm sehr hart. Dass auch der da war, das reute ihn. Dann betete er laut. Dabei sagte er *abba* (Umschrift: 'abbā' „Vater!“, auch „Mein Vater!“). Da betete er zum Vater, für ihn. Für ihn! – Das konnte man sehen, dass er für ihn betete.

Die anderen schaute er kein bisschen an. Die warfen dann noch eine Weile weiter. Das klatschte immer nur so.

Auf einmal wurde er matt, und gelb. Dann wurde sein Gesicht lang. Dann sank sein Kopf nieder. Dann kam der Heiland, ganz kurz. Und dann ging ein Licht von ihm aus, in die Höhe. Ein breiter Strahl, von der Brust aus.

(Ergänzungen: Seiten 273–274)

ERGÄNZUNGEN

Die folgenden Ergänzungen könnten auch fehlen.
Was sie den Schauungen Thereses hinzufügen,
hat nicht denselben Rang und nicht dasselbe Gewicht.

Dass es gleichwohl nützlich sein kann,
sie – kritisch und wohl auch selbstkritisch – zu lesen,
werden ihre LeserInnen selbst entdecken.

Spätestens dann, wenn ihnen bewusst wird,
dass ich mit ihnen keinen anderen Zweck verfolge als den,
die Einmaligkeit der Schauungen Thereses
und ihre gelegentlich verblüffende Zuverlässigkeit
deutlich zu machen und, wenn möglich, zu beglaubigen.

Maria und Josef suchen eine Unterkunft – in Betlehem in Judäa[1]

Ergänzung zu Betlehem: In der Umwelt das Heilands gab es zwei Orte dieses Namens. Der eine lag im Gebiet des Stammes Sebulon (Josua 19,15), 11 km westnordwestlich von Nazaret, der andere im Gebiet des Stammes Juda (Josua 19,59), 8 km südlich von Jerusalem. Hier ist der Letztere gemeint.

Ergänzung zu den Straßenlaternen: Was Therese in der obigen Schauung (auch noch in einer anderen) beschrieb, das war eine reguläre Straßenbeleuchtung.

In dem mir vorliegenden *Lexikon der Antike,* Hsgb. Johannes Irmscher ([3]1978), Seite 548, steht dazu Folgendes: „Reguläre Straßenbeleuchtung gab es nicht, in den Häfen diente indirekt der Leuchtturm als Straßenbeleuchtung; wer nachts ausging, mußte Fackel oder Laterne mit sich führen."

Umso erstaunlicher ist es, dass es nach drei Schauungen Thereses in der Umwelt Jesu offensichtlich doch eine reguläre Straßenbeleuchtung gab. Ihre Beschreibung ist so exakt, dass der mögliche Verdacht, sie könnte sich das ausgedacht haben, als unbegründet abzuweisen ist.

Ergänzung zum Äußeren des Stalles: Pfarrer Naber beschrieb es in: *Tagebücher über Therese Neumann* (1987), Seiten 30 und 31, nach den Angaben Thereses wie folgt: „Der Stall hatte in der Mitte der Vorderwand eine außen angebrachte Schiebetür … Der Stall war ungefähr 7 m breit und 4 m tief. Er war an den Ostabhang eines Hügels gebaut; und zwar im Anschluß an eine Felsenhöhle, die oben und auf der nördlichen Seite ungefähr 1 m tief war und die Rückwand bildete …

Das Stalldach … begann vorne 2 m über dem Boden und war hinten ½ m höher; es bestand aus dicken alten Brettern, die waagerecht aufeinander lagen und nach rechts etwas schräg herunterliefen. Die Vorderwand und die Seitenwände waren gleichfalls aus Brettern errichtet. In der rechten Seitenwand befand sich ein kleines, nach oben längeres, rechteckiges Fenster. Um den Stall herum standen Herdenpferche."

Jesus wird geboren – in einem Stall bei Betlehem[2]

Ergänzung zum Inneren des Stalles: Dazu Fritz Gerlich in: *Die Stigmatisierte Therese Neumann von Konnersreuth,* Band 1 (1929) Seite 186): „Durch … Lenken ihrer Erzählung war es … möglich, … einen Plan des Stalles aufzunehmen, der mit den schon teilweise berichteten früheren Angaben übereinstimmt … und ergänzt werden konnte. Es ergibt sich daraus der folgende Grundriß":

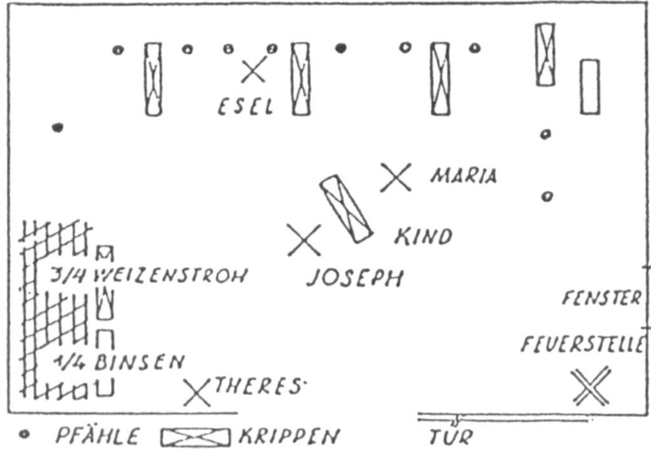

Im Eck rechts der Türe hat Joseph mit Hilfe der Hirten eine Feuerstelle aus Steinen errichtet.

Ein Erzengel verkündet Hirten die Geburt Jesu[3]

Ergänzung zur Hütte der Hirten: Sie beschrieb Pfarrer Naber nach den Angaben Thereses wie folgt (a. a. O., Seite 33): „Die Hütte war nicht ganz 2 m hoch, mit Binsen schräg gedeckt und in eine Felsecke eingefügt, so daß die Vorder-(West-)Seite mit drei dicken runden Tragstangen und die Südseite mit noch einer solchen Stange am Felsen offen waren. Die Hütte war ungefähr halb so groß wie der Stall bei Betlehem. In derselben hatten acht Hirten ihr Nachtlager … Allerlei Decken- und Fellzeug lag umher. Auch befanden sich 13 … Schafe, die Lieblingsschafe der Hirten, sowie ein mittelgroßer schwarzer und ein kleiner brauner Hund, beide mit langen Haaren und hängenden Ohren und Schweifen, in der Hütte. Um dieselbe herum waren sieben Pferche."

Die Hirten gehen nach Betlehem – zum Jesusknaben[4]

Ergänzung zu „als sie bei dem Stall ankamen": Woher wussten die Hirten, wie sie den Stall finden könnten, in dem Jesus geboren wurde? Und zwar – offensichtlich, so scheint es – ohne lange suchen zu müssen.

Nach den obigen Schauungen Thereses kann nicht zweifelhaft sein, wie sie jenen Stall fanden. Dafür gibt es zwei aus ihren Nacherzählungen eindeutig zu erschließende Gründe:

Erstens der Lichtschein, der durch die Fensteröffnung (an der Seite des Stalles!) nach draußen fiel. Er muss weithin sichtbar gewesen sein. Zweitens das zweifellos auf den Lichtschein hindeutende Handzeichen des Erzengels.

Warum zweifelsfrei? – Weil jenes Handzeichen unmöglich Betlehem gegolten haben kann; denn den Weg dorthin hätten die Hirten auch ohne Handzeichen gefunden.

Der Jesusknabe wird beschnitten – im Stall bei Betlehem[5]

Ergänzung zur Beschneidung: Sie (die operative Entfernung der Vorhaut des männlichen Gliedes) ist das grundlegende Gebot des Judentums. Sie gilt als äußeres Zeichen des Bundes Gottes mit Abraham und daher mit dem Volk Israel insgesamt.

Sie musste am achten Tage nach der Geburt vollzogen werden, außer im Falle körperlicher Schwäche, auch wenn dieser Tag ein Sabbat oder ein Festtag war. Mit der Beschneidung war die Namensgebung verbunden.

Ergänzung zum Vollzug der Beschneidung: Dass Therese die unvollständig gebliebene *Encyklopädia Judaica* (1927ff.) und den Nachdruck des *Jüdischen Lexikons* (1927–1929) gekannt haben und darin die Artikel über die Beschneidung gelesen haben könnte, darf man getrost ausschließen.

Doch selbst wenn sie sie gelesen hätte, auch dann hätte sie die Beschneidungsutensilien, den Vollzug der Beschneidung des Heilands und deren liturgischen Rahmen unmöglich so genau beschreiben können, wie sie es in ihrer Nacherzählung der obigen Schauung getan hat.

Schon deswegen nicht, weil in jenen Werken die derzeitige Beschneidungspraxis beschrieben wurde, nicht aber jene, die zu der Zeit üblich war, als der Jerusalemer Tempel noch nicht zerstört war: mit einem Priester als Beschneider und zwei Leviten (?) als Assistenten.

Gleichwohl sind die unverkennbaren Übereinstimmungen zwischen der damaligen Beschneidungspraxis (wie Therese sie 1942 bzw. 1928 beschrieben hat, und der heutigen, wie sie im *Neuen Lexikon des Judentums,* Hrsg. J. H. Schoeps (1992), Seite 61, unter „Bar Mizwa" beschrieben wurde) so zahlreich, dass es zwecklos wäre, die Zuverlässigkeit ihrer Beschreibung zu bestreiten.

Der Jesusknabe wird Gott geweiht – die Mutter kultisch gereinigt[6]

Ergänzung zur „Reinigung" der Mutter: Nach dem jüdischen Gesetz galt die Mutter eines Knaben nach ihrer Niederkunft sieben Tage als kultisch unrein. Danach war sie noch 33 Tage an das Haus gebunden, in denen sie nichts Heiliges berühren und den Tempel nicht betreten durfte (nach der Geburt eines Mädchens sogar 66 Tage). So entsprach es der Vorschrift des Gesetzes in 3. Mose 12,6.

Hiernach war der kleine Heiland 40 Tage alt, als sich das ereignete, was Therese aufgrund ihrer Schauung erzählte; und zwar nur über die Weihehandlung an ihm, nicht auch über die Reinigung seiner Mutter.

Ergänzung zu den „Täubchen: eines und noch eines": Nach dem Gesetz musste die Mutter des kleinen Heilands (durch Josef, ihren Ehemann) anlässlich ihrer kultischen Reinigung zwei „Täubchen" darbringen lassen: eines als Brandopfer und eines als Sündopfer. Tat sie das nicht, so galt sie weiterhin als unrein.

Therese erwähnte deren Anzahl „eines und noch eines" so beiläufig und so ohne Beziehung zu einer Opferhandlung, dass man einräumen muss: Sie erzählte wirklich nur das, was sie sah.

Ergänzung zu „Das Geld hatte er angeschnürt": Für kürzere Wegstrecken – in diesem Falle sogar nur innerhalb Jerusalems –

war es üblich, Bargeld in einem Beutel an den Gürtel/das Gürteltuch anzuschnüren. Auf längeren Wanderungen dagegen trug man es im Gürtel/im Gürteltuch, also darin eingewickelt. Zumindest das Letztere aus Vorsicht gegenüber dem Zugriff von Dieben.

Es ist mehr als unwahrscheinlich, dass Therese diese ihr völlig fremden Bräuche im Umgang mit dem Geld anderswoher kennen konnte, als aus ihren Schauungen.

Ergänzung zur Weihe des kleinen Heilands: Das Gebot, dass „jede männliche Erstgeburt" Gott „geweiht" werden müsse, galt (nach den vorhandenen Belegen) nur solange, bis die Leviten anstelle der Erstgeborenen zum Dienst am Heiligtum bestimmt wurden. Danach mussten sie mit einem Lösegeld (ursprünglich fünf Scheqel) freigekauft werden.

Eine zusätzliche Weihe des Erstgeborenen, wie sie in Lukas 2,22-24 mitgeteilt und wie sie von Therese in ihrer obigen Schauung beschrieben wurde, war im Gesetz nicht nur nicht vorgeschrieben, sondern eine Ausnahme.

War es aber eine Ausnahme, dann wollte Maria, dass ihr Sohn, trotz Zahlung des Lösegeldes, „für sein ganzes Leben" Gott geweiht werde – wie ehedem der Knabe und spätere Prophet Samuel durch seine Mutter Hanna Gott geweiht worden war (1. Samuel 1,11.21-28).

Sternkundige aus dem Osten suchen den Jesusknaben[7]

Ergänzung zu der obigen Schauung Thereses insgesamt: Was Matthäus in Kapitel 2,1-12 mitteilte, ist äußerst knapp formuliert und dadurch so beschaffen, dass es Fehldeutungen und Missverständnisse ermöglichte.

Was Therese schaute und daraufhin nacherzählend beschrieb, ist um vieles ausführlicher und dadurch in zahlreichen Einzelheiten klarer und anschaulicher. Im Folgenden kann ich nur auf die wichtigsten Unterschiede näher eingehen.

Ergänzung zu dem Begriff „Gescheite" = Sternkundige: Zur Zeit der Geburt Jesu (und schon lange vorher und noch lange danach) gab es weder Astronomen noch Astrologen im heutigen Sinne dieser Wörter.

Stattdessen gab es damals nur Sternkundige. Und die waren beides zugleich: Astronomen (Wissenschaftler, die sich mit Astronomie befassen) und Astrologen (Sterndeuter, die sich mit den – von ihnen vermuteten und entsprechend gedeuteten – Einwirkungen der Gestirne auf das Geschick des Menschen und allen irdischen Geschehens befassen). Folglich ist „Sternkundige" der im Deutschen allein angemessene Begriff.

Ergänzung zu dem Stern „mit dem langen, ein wenig krummen Schweif": Hiernach ist „der Stern von Betlehem" nicht, wie vielfach angenommen wird, eine Konjunktion (eine Stellung im gleichen Längengrad) von Jupiter und Saturn gewesen, sondern ein Komet, ein Schweifstern.

Dazu ist anzumerken: Nach H. Montefiore, *Rabbinic Literature and Gospels Teachings* (1930 = 1979), Seite 143, haben chinesische Sternkundige bezeugt, dass im Jahre 5 v. Chr. tatsächlich ein Komet erschienen ist. In genau dem Jahr also, in dem – nach Thereses Nacherzählung ihrer Schauung – die drei Karawanen nach Jerusalem unterwegs waren.

Und warum in genau dem Jahr? – Weil der kleine Jesus, nach ihrer Schätzung, „vielleicht zwei Jahre alt" war, als jene Karawanen bei dem Häuschen eintrafen, in dem er war.

War er das aber, dann müsste er im Jahre 7 v. Chr. geboren worden sein. In dem Jahr also, das schon seit längerem als das wahrscheinlichste Geburtsjahr Jesu gilt.

Ergänzung zu „da ging ein Licht nieder“: In Matthäus 2,9 steht dieser Beschreibung ein diesseitig-materieller „Stern“ gegenüber, der über dem Ort, „wo das Kind war“, stehen blieb.

Dass dies nicht sein kann, steht fest. Und wie steht es um die Lichterscheinung, von der hier die Rede ist? – Therese beschrieb sie ähnlich wie jene, von der die Hirten in der Heiligen Nacht aus dem Schlaf gerissen wurden. Sie bemerkte dazu: „Nicht eine Helligkeit von der Welt. … Ein Licht vom Himmel.“ Also war es hier wie dort ein jenseitig-geistiges Phänomen, das sich nicht in unsere grobmaterielle Welt einordnen lässt.

König Herodes will den Jesusknaben töten lassen[8]

Ergänzung zu dieser Schauung insgesamt: Schon seit langem war es etlichen Autoren ein Rätsel, warum Herodes so grausam und so politisch unklug gewesen sein sollte, in Betlehem und Umgebung *alle* Knaben „von den Zweijährigen an und darunter“ töten zu lassen, um *einen* Neugeborenen zu beseitigen.

Dieser schier unglaubliche Tatbestand und die Tatsache, dass antike Quellen über Herodes diese Untat nicht erwähnen, veranlasste jene Autoren dazu, sie als unhistorisch zu verwerfen (vgl. R. T. France, *The „Massacre of the Innocents“ – Fact or Fiction?,* in: Studia Biblica II [1978], Seiten 83–94).

Doch wer die obige Schauung Thereses unvoreingenommen gelesen hat, der wird kaum bereit sein, dieses Urteil hinzunehmen. Denn ihre Schauung über die Sternkundigen (und deren zweimalige Audienz bei Herodes) ist so detailgetreu, dass sie jenen Tatbestand erklären kann. Nämlich durch den Hinweis darauf, dass der kleine Jesus bereits etwa zwei Jahre alt war, als Herodes den Befehl zu dem Knabenmord gab.

Der Tempel und der dreizehnjährige Jesus als Pilger[9]

Ergänzung zu „Manchmal auch mit anderen Kindern": Diese Bemerkung Thereses lässt darauf schließen, dass Maria, Josef und der kleine Heiland nicht allein wanderten. Dem entspricht es, dass die Festpilger meistens in Dorfgemeinschaften reisten – schon aus Sicherheitsgründen.

In der Umwelt Jesu galt das Mädchen mit Vollendung des 12. Lebensjahres als religiös volljährig (das heißt: befähigt, am öffentlichen religiösen Leben teilzunehmen), der Knabe dagegen erst mit Vollendung des 13. Lebensjahres. Also jeweils in der Zeit, in der sich beim Mädchen wie beim Knaben die äußeren Zeichen der Geschlechtsreife entwickeln (vgl. *Neues Lexikon zum Judentum,* Hsgb. J. H. Schoeps [1992], Seite 61, unter „Bar Mizwa").

Es ist nicht auszuschließen, dass es Jesu Religionsmündigkeit war, weshalb seine Eltern ihn erstmalig bei dem darauffolgenden Paschafest auf ihre jährliche Pilgerreise nach Jerusalem mitnahmen. Warum sonst sollte Lukas diese Reise für so wichtig halten, sie eigens zu erwähnen?

Wenn dies richtig ist (und das ist wahrscheinlich), dann war Jesus zu jenem Zeitpunkt nicht 12 sondern 13 Jahre alt. Und dann wäre es ein leicht korrigierbarer Fehler, der ihn jünger machte als er war. Vielleicht ein Deute- oder Gedächtnisfehler eines Übersetzers, der tᵉlāṯ ‘æsrê 13 mit tartā’ ‘æsrê 12 verwechselte.

Jesus auf einer Hochzeit in Kana in Galiläa[11]

Ergänzung zu „das war an einem anderen Tag": Hierzu ist anzumerken, dass größere Hochzeiten damals eine ganze Woche zu dauern pflegten und dass die geladenen Gäste sich durch Geschenke in Naturalien (also Fleisch, Wein etc.) an den Hochzeitsmahlen beteiligten.

Ergänzung zu dem „Gestell" und zu den großen Krügen: Solche Gestelle, in denen die Krüge hingen, gab es zur Zeit und in der Umwelt des Heilands wirklich.

Während einer meiner Israelreisen habe ich sie gesehen. Woher aber sollte Therese sie gekannt haben? Derart, dass sie sie so genau beschreiben konnte, außer – aus ihren Schauungen?

Ergänzung zum „Probierer": Vielleicht „Weinmischer", der dem Wein Wasser und Gewürze hinzufügte, um ihm den gewünschten Geschmack zu geben. Thereses Begriff „Probierer" trifft den Sinn also genauer als das zugrunde liegende Wort (deutsch: „Festordner, Tafelmeister" oder ähnlich) des griechischen Neuen Testaments und aller davon abhängigen Übersetzungen.

Jesu wunderbare Speisung am See Gennesaret[12]

Ergänzung zu „Das aßen sie immer, wenn sie Fisch gegessen hatten": Gemeint sind hier Brocken von Honigwaben. Und warum aßen die Leute in der Umwelt Jesu sie immer, wenn sie Fisch gegessen hatten? Gibt es einen plausiblen Grund dafür?

Es gibt einen, und der ist uralt. Die bislang älteste schriftliche Bezeugung stammt von Plinius d. Ä. († 24.8.79). In seiner *Naturalis historia* (Naturkunde) schrieb er darüber: „Honig, in Wein getrunken, ist ein Heilmittel gegen die Schäden, welche aus Fischspeisen entstehen."

Und der arabische Gelehrte Ibn el Baitâr, gestorben 1248, war aufgrund langer Tradition davon überzeugt, dass der Honig ein Gegenmittel gegen Fischgenuss sei. Er ändere die Zusammensetzung des durch Fische entstehenden Schleims und führe ihn ab.

Jesus lehrt in der Synagoge in Nazaret[13]

Thereses Ergänzung zur ganzen Schauung: „Das war schön, wie der Heiland denen, die ihm so widersprochen haben und so gewalttätig waren und die ihn nicht gelten lassen wollten, so mächtig gezeigt hat, was er kann, wenn er will.

Es wäre schon ein Wunder gewesen, wenn der Heiland ihrer nicht mächtig geworden wäre.

Die hätten doch den Heiland kennen müssen, weil er dort aufgewachsen ist. Aber meistens ist es so, dass man da nichts gilt und dass sie einem nicht glauben wollen.

Misstrauisch waren sie und haben ihm nicht geglaubt. Ja. Bei solchen Gescheitseinwollenden ist Hopfen und Malz verloren. Warum die wohl solch eine Wut gekriegt haben?"

Ergänzung zu den drei aramäischen Wörtern in dieser Schauung: Bemerkenswert ist, dass zwei von ihnen in Lukas 4,16-30 vorkommen ('elijjāh „Elija" in Vers 25 und mašlam „es ist erfüllt" in Vers 21), während das dritte (gāmêl „erweisend", ein Wort, das häufig mit ḥisdā' „Gnade" verbunden ist) lediglich darin zu vermuten ist: in Zusammenhang mit dem Begriff „Worte der Gnade = Gnadenworte". Alle drei Wörter sind zwar nicht ganz korrekt gebildet, sind aber dennoch zweifelsfrei identifizierbar.

Hinzu kommt noch: Gerade der Umstand, dass Therese sie nicht korrekt wiedergab, weil sie ihren Sinn nicht verstand, gerade der zeugt für ihre Zuverlässigkeit und für ihre Vertrauenswürdigkeit. Denn wenn sie sie fehlerlos nachgesprochen hätte, gerade das wäre verdächtig gewesen und hätte darauf schließen lassen, dass jemand ihr jene Wörter einsuggeriert hat – wie gelegentlich unqualifiziert behauptet wurde.

Jesus zeigt sich drei Jüngern in seinem Lichtglanz[14]

Ergänzung zu der obigen Schauung insgesamt: Die in ihr beschriebene „Erscheinung" der Umwandlung des Leibes Jesu in Lichtglanz (seine Verklärung) war nicht etwa eine Vision, der keinerlei Wirklichkeit zukommt.

Sie war vielmehr ein realer, unter bestimmten Voraussetzungen sinnlich wahrnehmbarer Vorgang. Und zwar unter Voraussetzungen, wie sie bei Petrus, Johannes und Jakobus (den drei Vertrauten Jesu) vorgegeben waren. Erwähnenswert ist hierbei die sie einhüllende und beschützende Wolke.

Gemeint ist jener Vorgang, bei dem der geistige = himmlische Leib Jesu durch seine Kleidung hindurch sichtbar wurde – weil sein materieller = irdischer Leib samt seiner Kleidung von ihm überstrahlt wurde (vgl. dazu 1. Korinther 15,40).

Die Wirklichkeit dieser „Erscheinung" (Verklärung) als Ostererscheinungslegende herunterzuspielen, wie das seit einiger Zeit in Mode gekommen ist, ist zwar möglich, wird aber weder Jesus noch den Augenzeugen gerecht, deren Zeugnisse in den folgenden Belegen einen Niederschlag gefunden haben (dies gilt selbst dann, wenn sie an den Stellen, an denen sie jetzt stehen, erst nachträglich eingefügt worden sein sollten):

… *wir haben seine Herrlichkeit*
… (= *seinen Lichtglanz*) *gesehen* (Johannes 1,14c) und
… *wir sind Augenzeugen seiner Herrlichkeit*
… (= *seines Lichtglanzes*) *geworden* (2. Petrus 1,16c).

Zu bedenken ist: Beide (Augenzeugen?) beanspruchten, den Lichtglanz Jesu gesehen zu haben (das heißt den Glanz seines geistigen Leibes, der den materiellen Leib überstrahlte), also nicht nur eine Vision jenes Vorgangs gehabt zu haben.

Ergänzung zu „flach aber auch felsig“: Dabei wird an ein Felsplateau zu denken sein, also an einen Teil eines Berges, nicht an einen Berg als Ganzen. Und um welchen Berg geht es hier?

Seit Kyrill von Jerusalem (348 n. Chr.) gilt der Tabor als „Berg der Verklärung“. Dagegen spricht jedoch, dass der Tabor vor und nach der Zeit Jesu besiedelt und militärisch befestigt gewesen ist. Damit aber scheidet er als „Berg der Verklärung“ aus. Und welcher Berg könnte es dann gewesen sein?

Berücksichtigt man den geographischen Zusammenhang und den jüdischen Hintergrund der Verklärungserzählung der ersten drei Evangelien, so kommt als Ort der Verklärung Jesu nach meinem Urteil nur ein Felsplateau auf einem der Berge des Hermongebirges in Frage.

Jesus wird von Maria gesalbt – in Betanien[15]

Thereses Ergänzung zum letzten Teil dieser Schauung: „Ich habe es dem Mädchen gegönnt, dass der Heiland zu ihm gehalten hat. Ich habe es ihm gegönnt. Denn das Mädchen hat es wirklich gut gemeint. Nicht, dass der Heiland etwas davon gehabt hätte, sondern: da ist der Sinn das Wichtigste gewesen, das hat man gespürt.“

Ergänzung zu „Wie Perlmutter schimmerte es“: Was Therese mit diesem Satz beschrieb, das war ein Parfümfläschchen aus Alabaster (einem durchscheinenden, aus Wasser abgesetzten Kalkspat).

In Ägypten wurden bereits während der 3. Dynastie (ca. 2695–2630 v. Chr.) Schälchen, Kännchen und Parfümfläschchen aus Alabaster hergestellt.

Die Parfümfläschchen waren sehr dünnwandig. Nachdem das Parfüm (hier: das äußerst kostbare Nardenöl) eingefüllt war, wurden sie versiegelt, um zu verhindern, dass die sehr flüchtigen Duftstoffe entwichen.

Ergänzung zu „Das zerdrückte es jetzt über dem Kopf des Heilands“: So wird Therese das gedeutet haben, was sie von ihrem Standort aus schaute. Doch die äußere Form der damals handelsüblichen Parfümfläschchen legt es näher anzunehmen, Maria habe den Hals des Fläschchens abgebrochen und seinen Inhalt über dem Kopf des Heilands ausgegossen.

Jesus lässt ein Reittier holen – aus der Nähe von Betfage[16]

Ergänzung zu „die gehörten zusammen“: Was Therese aufgrund ihrer Schauung damit meinte, das waren ein Mauleselhengst und eine Eselin, seine Mutter.

In Bezug auf die Eselin gibt es kein Problem, denn die wird auch in Matthäus 21,7 erwähnt. Aber woher kann man wissen, dass das Reittier Jesu ein Mauleselhengst war? Zumal doch in der Matthäusstelle von einem Fohlen die Rede ist.

Was das Fohlen betrifft, so scheidet das als Reittier schon deswegen aus, weil ein Fohlen zu klein und zu schwach ist, um einen ausgewachsenen Mann tragen zu können. Und das wussten sowohl der Heiland als auch die beiden Boten, die er aussandte, ein Reittier für ihn zu beschaffen.

Übrigens: Dass das Wort „Fohlen“ überhaupt in der Matthäusstelle steht, das geht auf einen Übersetzungsfehler zurück. Denn wie das hebräische Wort ‘îr beziehungsweise ‘ajir, so bedeutet auch das aramäische ‘êrā’ hier „Hengst“.

Und da dessen Mutter bei Matthäus als Eselin ausgewiesen ist, gibt es in diesem Falle nur zwei Möglichkeiten: entweder das Reittier des Heilands war ein Eselhengst oder es war ein Mauleselhengst; je nachdem, ob sein Vater ein Esel oder ein Pferd war.

Auf meine Frage, welche Art Reittier es nach dem Urteil Thereses gewesen sei, antwortete mir Ferdinand Neumann, ihr Bruder, am 11. Juli 1997 (ich zitiere gekürzt nach einer Abschrift einer Tonaufnahme):

„Diese Frage hat mich damals besonders interessiert. Darum habe ich Resl einmal nach einer Schauung, als sie im Zustand der Eingenommenheit war, darüber befragt. Und die Resl hat mir sehr deutlich darauf geantwortet: ‚Es war weder ein Esel noch ein Pferd. Es war ein Mittelding zwischen einem Esel und einem Pferd‘ . . .

Unser Bruder Engelbert war damals, als er in Landsberg bei der Reichswehr diente, bei der Gebirgsartillerie. Und da hatten sie als Tragtiere Maulesel, Mulis wurden sie geheißen. Die waren aus Südamerika herübertransportiert worden. Sie waren ganz wild. Und in Landsberg wurden sie dann ausgebildet. Dabei ist unser Bruder Engelbert sehr oft verletzt worden . . .

Dort, in Landsberg, als Resl unseren Bruder besuchte, hat sie die Mulis gesehen. Nach ihrer Rückkehr erklärte sie dann: ‚So, genau so hat das Tier ausgesehen, auf dem der Heiland geritten ist‘ . . . ‚Es war kein Esel, und es war kein Pferd, solch ein Tier war es‘.“

Auf meine Frage, ob seine Schwester irgendetwas über das Geschlecht des Tieres gesagt habe, erwiderte Ferdinand Neumann: „Nein, darüber hat sie nichts gesagt. Nur darüber, dass es weder ein Esel noch ein Pferd war, sondern eine Mittelding von beiden.“

Aus all dem folgt: Dass Jesus am Palmsonntag des Jahres 30 n. Chr. auf einem Maulesel(hengst) in Jerusalem eingeritten ist und weder auf einem Hengst(fohlen) noch auf einem Esel(hengst), das konnte Therese von niemandem und durch nichts erfahren haben, außer – durch ihre Schauung.

Wenn man sich bewusst machen will, was das bedeutet, so möge man dabei bedenken, dass vor der Niederschrift dieser Zeilen niemand davon wusste, außer Ferdinand Neumann.

Und weiter: Wenn Therese aufgrund ihrer Schauungen auch noch eine einleuchtende Erklärung dafür abgeben könnte, was die Eselin, die Mutter des Mauleselhengstes, in der Matthäusfassung der Einzugserzählung zu suchen hat, wie wäre das denn zu beurteilen?

Beim Bedenken einer Antwort auf diese Frage ist Folgendes zu berücksichtigen: Für den Einritt des Heilands in Jerusalem war die Eselin überflüssig. Warum erwähnte Matthäus sie trotzdem? – Ganz einfach. Weil sie dabei war. Und ebendas bestätigt Therese durch ihre obige Schauung; und zwar gegen Markus, Lukas und Johannes. Vermutlich, weil ihnen dieses Detail der Erzählung entweder unbekannt war oder unwichtig erschien.

Ergänzung zu „unten die Dinger“: Jene „Dinger“, wie Therese sie nannte, die ṣîṣ^{e}jaṯā’ „Schaufädenquasten“, werden in 4. Mose 15, 37-41 durch ein förmliches Gebot verordnet. Sie sollten ihre Träger daran erinnern, die religiösen Pflichten zu erfüllen.

Sie bestanden aus einem längeren hyazinthblauen und aus drei kürzeren weißen Fäden, die durch Löcher in den vier Ecken des Gewandes gezogen wurden, wobei der längere Faden mehrmals um die anderen gewunden wurde, sodass sie zusammen eine Quaste ergaben.

Jesus reitet in Jerusalem ein – von Betfage aus[17]

Ergänzung zu „Mit dem Pfarl, hier Mauleselhengst“: Maulesel, eine Kreuzung aus Pferdehengst und Eselstute, waren schon in alttestamentlicher Zeit als Reittiere und als Lasttiere in Gebrauch. In Israel war es verboten, sie zu züchten. Daher wurden sie aus Ägypten und anderswo her eingeführt.

Jesus vertreibt Händler und Wechsler aus dem Tempelvorhof[18]

Ergänzung zu „über die Tafeln (die Warntafeln) hinaus“: An der steinernen Schranke, die den inneren Bereich des Tempels umgab (den Frauenvorhof, den Israelitenvorhof, den Priestervorhof und das Tempelhaus), waren Warntafeln mit Inschriften in lateinischer und griechischer Sprache angebracht. Sie drohten jedem Nichtjuden die Todesstrafe an, der es wagen würde, den nur den Juden vorbehaltenen Bereich zu betreten.

Fest steht: Von der Existenz jener Warntafeln wird Therese nichts gewusst haben. Ebenso wenig wie davon, dass 1871 ein unversehrtes Exemplar einer jener Tafeln (mit den Abmessungen 60 x 90 cm) gefunden wurde und 1953 ein fragmentarisches.

Dass sie in der obigen Schauung dennoch davon sprach, ist daher nur so zu erklären, dass sie zumindest eine solcher Tafeln visionär gesehen haben muss.

Jesus feiert das Pascha – mit den Zwölf[19]

Ergänzung zu dieser Schauung insgesamt: Es ist sehr unwahrscheinlich, dass Therese jemals 2. Mose 12,1-11 im Zusammenhang gelesen oder gehört und sich eingeprägt hat. Und es ist noch unwahrscheinlicher, dass sie jemals die jüdische Paschaliturgie gelesen oder gar im Vollzug gehört oder miterlebt hat.

Dennoch beschrieb sie in ihrer obigen Schauung etliche Einzelheiten der letzten Paschafeier Jesu mit den Zwölf und deren Verlauf insgesamt so exakt, als kennte sie die jüdischee Paschaliturgie auswendig.

Wie ist das zu erklären? – Es gibt keine andere Erklärung als die, dass sie lediglich das nacherzählte, was sie in ihrer Schauung gesehen hatte (im Wesentlichen detailgetreu).

Besonders bemerkenswert ist, dass die hebräischen Wörter, die sie, wenn auch fehlerhaft, nachzusprechen versuchte, tatsächlich in den Psalmen 113 bis 118 vorkommen; und zwar:

hal^{e}lûjāh „Lobt Jahwe!“ in Psalm 113,1 (u. ö.),
’^{æ}lôah „Gott“ in Psalm 114,7,
’^{a}dônāj „Herr“ (statt Jahwe) in Psalm 113,1 (u. ö.) und
j^{e}rûšālajim „Jerusalem“ in Psalm 116,19.

Ganz abgesehen davon, dass dies eine beachtliche Gedächtnisleistung ist, ist es darüber hinaus auch noch ein Beweis dafür, dass sie diese Wörter wirklich in ihrer Schauung gehört hat.

Jesus kündigt den Zwölf an, dass er übergeben werden muss[20]

Ergänzung zu „da sagte der Heiland etwas Ernstes zu ihnen, etwas sehr Ernstes“: Nach Matthäus 26,23 soll er gesagt haben: „Der, der die Hand mit mir in die Schüssel getaucht hat, der wird mich *verraten*.“

Doch diese Wiedergabe kann unmöglich richtig sein; und zwar aus mehreren Gründen.

Erstens, weil das in der Matthäusstelle zugrunde liegende griechische Wort *paradidonai* u. a. „übergeben“ bedeutet (hier mit Sicherheit) und nicht „verraten“. Denn dafür steht im Griechischen *prodidonai.* Richtig wäre also (schon nach dem griechischen Grundtext): „er wird mich übergeben“.

Zweitens, weil Jesus aramäisch sprach und nicht griechisch, darum kann er (das aramäische Imperfekt ist modal wiederzugeben) nur gemeint haben: „er *soll, muss* mich übergeben“. Das aber bedeutet: Was Judas tat, das tat er nicht, weil er es wollte, sondern weil Jesus es wollte, im Einvernehmen mit dem Vater.

Drittens: Wäre es nicht so, dann hätten seine Jünger unmöglich – einer nach dem anderen – mit einem entsetzten „Etwa ich?“ antworten können. Dann hätten sie stattdessen mit einem empörten „Ich nicht!“ antworten müssen. Wie Petrus, nachdem Jesus angekündigt hatte, es würden alle zwölf Jünger an ihm Anstoß nehmen (Matthäus 26,30-35 / Markus 14,26-31).

Viertens: Wäre es nicht so, dann wäre nicht Jesus der aktiv Handelnde gewesen, sondern Judas. Dann wäre Jesus also lediglich das Opfer eines Verrats geworden. Und folglich wäre er dann – ohne jenen ‘Verrat’ und damit ohne den von ihm selbst erwählten Judas – nicht gekreuzigt worden.

Fünftens: Wäre es aber so, wie hätte er dann wiederholt seine Passion voraussagen können? Und: Wie hätte er sie dann (noch auf seiner letzten Pilgerreise nach Jerusalem) als unmittelbar bevorstehend ankündigen können. Und zwar als etwas, von dem er sagte: „Ich bin bereit!"? Und: Wie hätte er es dann als den Hauptzweck seiner Sendung werten und lehren können, sich selbst hinzugeben „als Lösegeld für alle"? (1. Timotheus 2,6; Matthäus 20, 28 / Markus 10,45; vgl. auch Johannes 10,17.18).

Dies alles und vieles andere mehr spricht entschieden gegen einen schimpflichen Verrat durch Judas, der ihn – angeblich, aber das ist psychologisch unmöglich – mit einem Kuss und dem liebevollen Gruß š^{e}lam rabbûnî „Heil, mein Gebieter!" verraten haben soll (wobei das š wie sch klingt).

Aus all dem folgt: Jesus als den Verratenen zu betrachten und Judas als den Verräter, beruht auf vielerlei Fehldeutungen. Richtig ist vielmehr: Es war Jesu selbst erwählte „Rolle", seine irdische Sendung am schmachvollen Römerkreuz zu vollenden; und es war des Judas „Rolle", dazu beizutragen.

Dies ist eine Erkenntnis, die sich in letzter Zeit in der neutestamentlichen Forschung mehr und mehr durchsetzt.

Übrigens: Der Tatbestand, dass das griechische Wort *paradidonai* nicht mit „verraten" wiedergegeben werden darf, hat sich auch in den Kommentaren katholischer Forscher niedergeschlagen. Um nur einige zu nennen:

Alexander Sand, Das Evangelium nach Matthäus (1986) zu Mt 26,21: *dass einer von euch mich ausliefern wird.*

Joachim Gnilka, Das Matthäusevangelium II. Teil (1988) zu Mt 26,21: *Einer von euch wird mich ausliefern.*

Rudolf Pesch, Das Markusevangelium II. Teil (^{2}1980) zu Mk 14,18: *Einer von euch wird mich ausliefern.*

Jesus, ihr Herr und Meister, wäscht den Zwölf die Füße[21]

Ergänzung zu „Als der Heiland dem (Judas) die Füße wusch, da schaute er ihn gut an und redete gut zu ihm": Dies deutet zweifelsfrei auf ein Einvernehmen zwischen ihnen hin. Auf keinen Fall aber darauf, Judas könnte beabsichtigt haben, seinen Gebieter und Meister zu verraten.

Im Gegenteil! Es lässt darauf schließen, dass Jesus und Judas etwas Besonderes verband, irgendetwas, von dem die Elf nichts wussten und offenbar auch nichts wissen sollten: etwas, worüber sie, so Therese, „verärgert waren" und weswegen sie Judas nicht mehr recht „trauten".

Vielleicht war dieses „Etwas" auch der tiefere Grund dafür, warum Judas bei Marias Salbung Jesu in Betanien so nervös reagierte und bald danach davonlief.

Wenn es so war, dann wird er ihre Liebestat richtig verstanden und auf die Bestattung Jesu gedeutet haben. Dann aber kann dieses „Etwas", nur das geheime Einvernehmen zwischen Jesus und Judas betreffen, ihn in Getsemani an den jüdischen Tempelhauptmann zu übergeben.

Und weil diese Übergabe des Meisters dem Judas schier Unmögliches abverlangte, darum bedachte Jesus ihn beim letzten gemeinsamen Mahl mit einer besonderen Aufmerksamkeit: Er tunkte einen Bissen Brot in die in einer Schüssel auf dem Tisch stehende Fruchtmustunke und steckte ihm den Bissen in den Mund. Denn in die Hand hätte er ihm den rundum mit Tunke bedeckten Bissen unmöglich legen können.

Diese Geste aber galt in der Umwelt des Heilands als ein außerordentlicher Gunst- und Liebesbeweis, als was er übrigens auch heute noch bei Arabern und Israelis gelten kann.

Jesus fügt dem Paschamahl etwas hinzu – das Heilandsmahl[22]

Ergänzung zur Sitzordnung während des Paschamahles:

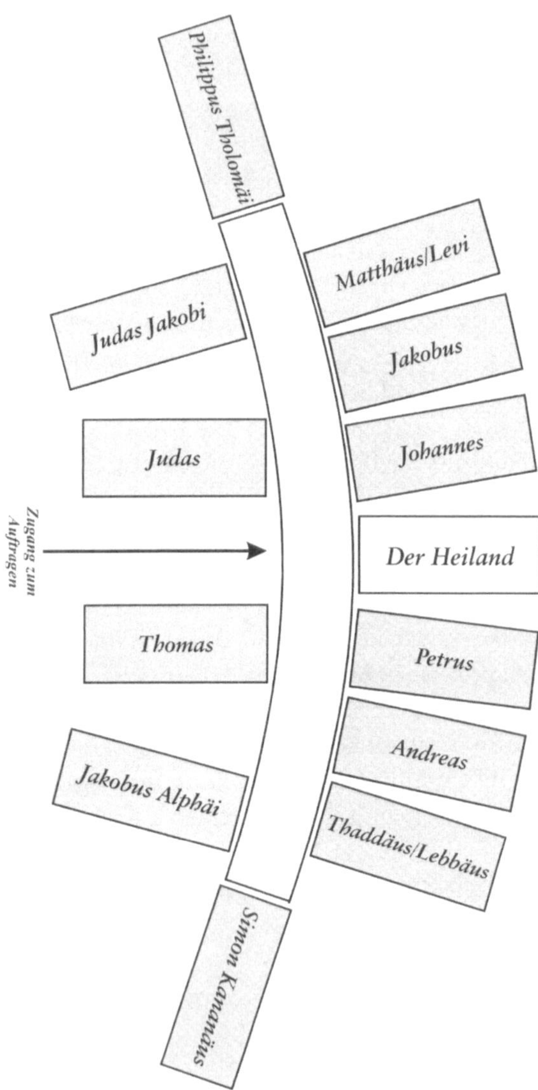

Die oben nach Angaben Thereses skizzierte Sitzordnung während des Paschamahles (beim Heilandsmahl standen die Zwölf), ergab sich durch ein Schlussverfahren. Bei dem wurden in die noch leeren Felder eingetragen: erstens „Der Heiland", zweitens die Namen der Jünger, die durch Umschreibungen Thereses bekannt sind, drittens die Namen der Jünger, die aus den Apostellisten bekannt sind (siehe Matthäus 10,2-4 / Markus 3,16-19 / Lukas 6,14-16 und Apostelgeschichte 1,13).

Dazu ist anzumerken: Die Sitzordnung der letztgenannten Jünger (Matthäus/Levi, Thomas, Jakobus Alphäi, Thaddäus/Lebbäus, Simon Kananäus und Judas Jakobi) muss nicht stimmen. Sie ist jedoch sehr wahrscheinlich, weil sie sich aufgrund der „paarweisen Sendung" der Zwölf durch Jesus wie von selbst ergab.(vgl. Matthäus 21,2 / Markus 11,1 / Lukas 19,29; Markus 6,7; Markus 14,13; Lukas 10,1).

Ergänzung zu „als alle ihr Brot gegessen hatten, da sagte er etwas Kurzes zu ihm": Was der Heiland zu Judas sagte: das war (nach dem griechischen Text, wenn man ihn wörtlich übersetzt): „Was du tust, tue gleich!"

Doch weil „Was du tust" zu Recht als unbefriedigend empfunden wird, übersetzt man den griechischen Wortlaut gewöhnlich mit „Was du tun willst".

Das aber ist ebenfalls unbefriedigend. Denn in beiden Wiedergaben stößt sich der Vordersatz „Was du tust/ tun willst" mit dem Nachsatz „tue gleich". Denn den, der etwas tut oder tun will, muss man nicht auch noch dazu ermuntern.

Das ist nur dann nötig, wenn der, der etwas tun soll, dazu überwunden werden muss, weil er innerlich widerstrebt. Muss er das aber (wie in diesem Falle Judas), dann fordert der obige Befehl Jesu ein „Was du tun sollst, musst".

Und genau dies, hier aufgrund logischer Erwägungen erschlossen, ergibt die Rückübersetzung seines Befehls ins

Aramäische auf ganz natürliche Weise: Weil das aramäische Imperfekt hier mit „du sollst, musst" wiedergegeben werden muss.

Damit aber bestätigt sich abschließend noch einmal, dass Judas lediglich das tat, was Jesus ihm befohlen hatte. Nämlich: Er verriet ihn nicht, er übergab ihn. [Zum Ganzen vgl. mein Buch *Jesus und Judas. Aramaistische Untersuchungen zur Jesus-Judas-Überlieferung der Evangelien und der Apostelgeschichte* (1988).]

Jesus lässt sich festnehmen – im Garten Getsemani[23]

Ergänzung zu „Da hat noch ein wenig (am Vollmond) gefehlt": Hierzu ist anzumerken: Das Paschamahl mit Verzehr des Paschalammes wurde tradionell in der ersten Vollmondnacht nach der Frühjahrs-Tagundnachtgleiche vom 14. zum 15. Nisan begangen.

Das bedeutet: Hätte Jesus sich nach dem offiziellen Festkalender gerichtet (wie selbstverständlich die Priesterschaft am Jerusalemer Tempel), dann hätte der Vollmond am Himmel zu sehen sein müssen, als er im Garten Getsemani auf Judas und das Verhaftungskommando wartete.

Dass Therese in der Nacherzählung ihrer Schauung ganz beiläufig erwähnte, es habe „ein wenig (am Vollmond) gefehlt", ist ebenso überraschend wie bedeutsam. Denn es beweist, dass die Chronologie des Johannesevangeliums – gegen die der drei anderen Evangelien – korrekt ist.

Denn nach der johanneischen Chronologie „übergab" der Heiland „seinen Geist" der Obhut des Vaters (Lukas 23,46) während im Jerusalemer Tempel die Paschalämmer geschlachtet wurden. – Diese Korrektur ist eine der bedeutsamsten, die wir den Schauungen Thereses zu verdanken haben.

Ergänzung zu „Da war eine Höhle … Da ging der Heiland dann hinein“: Nach Therese war jene Höhle im Garten Getsemani der Ort zumindest des ersten Betens Jesu.

Wie Gustaf Dalman, ein hervorragender Kenner der Muttersprache und der Umwelt Jesu in seinem Buch *Orte und Wege Jesu* ([4]1967) auf Seite 341 berichtete, existiert diese Höhle immer noch.

Nachdem Dalman sie besichtigt hatte, beschrieb er sie als eine geräumige, 17 m lange und 9 m breite „Höhle, die jetzt nur durch einen engen Gang zugänglich ist, und die vor der jetzigen Verschüttung des Talgrundes wohl 7 m oberhalb desselben mit der Öffnung nach vorn frei dagelegen haben wird.“

Soviel ist gewiss: Von sich aus konnte Therese zu ihrer Zeit nichts von dieser Höhle gewusst haben. Dann aber, das ist klar, muss sie ihr Wissen darüber aus ihren Schauungen haben.

Ergänzung zu „Er (der Heiland) wusste das schon (dass sie kommen würden). Er hatte schon (nach ihnen) ausgeschaut“: Gemeint sind hier Judas und das Verhaftungskommando, das die Oberpriester so schnell wie möglich zusammenstellen, mit allem Nötigen ausrüsten und in Marsch setzen sollten.

Die Frage, woher Jesus wissen konnte, dass sie kommen und ihn verhaften würden, erübrigt sich. Denn als er Judas befahl: „Was du tun sollst, tue gleich!“, da hatte er genau dies im Sinn. Nämlich: dass Judas das Verhaftungskommando nach Getsemani führen solle, damit er dort, wann und wo er es wollte, verhaftet werden könne. Warum? Weil er an keinem anderen Tag als an dem gekreuzigt werden sollte und wollte, an dem im Jerusalemer Tempel die Paschalämmer geschlachtet werden mussten.

Anzunehmen, es hätte sich alles zufällig so gefügt, wie es sich schließlich ereignete, sodass Jesus von dem Verlauf der Ereignisse überrascht worden wäre, ist allzu naiv gedacht.

Das Gegenteil ist richtig. Er selbst, Jesus, war von ihrem Anfang bis zu ihrem Ende der aktiv Handelnde. Er hatte jede Einzelheit sorgfältig geplant, im Einvernehmen mit dem Vater.

Ergänzung zu „der Waschlschneider … riss einem von ihnen (von den Tempelwächtern) ein Messer heraus": Was Therese in ihrer Schauung sah, war kein Schwert (also keine militärische Waffe, so irrtümlich nach allen vier Evangelien), sondern ein Messer, das heißt ein Gerät zum Schneiden, allenfalls zum Stechen.

Wie ist dieser Widerspruch zu erklären? – Ganz einfach: Sowohl im Aramäischen, der Ausgangssprache der Jesusüberlieferung, als auch im Griechischen, der Zielsprache der urchristlichen Übersetzer, ist das jeweilige Wort mehrdeutig. Es kann „Schwert" bedeuten; es kann aber auch „Messer" bedeuten.

Griechisch bezeugt ist es so in: Hermann Menge, *Großwörterbuch Griechisch – Deutsch* ([22]1973), Seite 437: „1. **Schlachtmesser,** bsd. Opfermesser zum Schlachten der Opfertiere; übh. großes Messer. – 2. kurzer **Säbel**, Degen, leichtgekrümmtes, einschneidiges **Schwert**, Dolch."

Daraus folgt: Wer auch immer das hier zugrunde liegende griechische Wort für „Messer" *(machaira)* ins Deutsche übersetzt hat, der hat – traditionell – falsch übersetzt.

Man bedenke: Ist die Vorstellung, dass Petrus ein Schwert (eine Kriegswaffe!) besessen habe, und dass Jesus (der Heilsbote!) geduldet habe, dass er es in seiner Gegenwart trage, nicht widersinnig?! Passt es etwa zu ihm selbst und zu seiner Sendung (vgl. Matthäus 26,52)?

Jesus wird Hannas vorgeführt, dem Althochpriester[24]

Ergänzung zu „Dann legten sie (die Tempelsklaven) dem Heiland einen Gürtel um (einen Fesselgürtel), einen ledernen“: Der Fesselgürtel, wie Therese ihn in der voranstehenden Schauung beschrieb, war zugleich ein Folterinstrument.

Er war aus einem Lederriemen gefertigt, der Jesus um die Hüften gelegt wurde. Auf der Außenseite waren, in wahrscheinlich gleichen Abständen, vier Metallringe angebracht. Zwei auf der Vorder- und zwei auf der Rückseite. An jedem von ihnen hing ein Riemen (oder ein Strick?).

So konnte der Heiland aus einiger Entfernung von vier Männern gleichzeitig geführt und zugleich gequält werden. Denn in den Fesselgürtel waren auf der Innenseite zwei Eisendorne eingenietet, die sich ihm in den Rücken bohrten und die ihn, solange er ihn trug, unablässig schmerzten.

Wenn man bedenkt, dass es weder ein Kampfstier noch ein ausgewachsener Löwe war, der auf diese Weise abgeführt wurde, überdies auch noch gedeckt durch ein Aufgebot von bewaffneten Tempelwächtern, angeführt von ihrem Tempelhauptmann, dem zweitmächtigsten Oberpriester am Jerusalemer Tempel, so gibt es nur eine Erklärung für diese mehrfache Absicherung nur eines einzigen unbewaffneten Mannes: eine geradezu höllische Angst vor der ihnen allen unheimlichen Macht Jesu.

Ein Fesselgürtel der oben beschriebenen Art scheint ein Unikum zu sein. Denn trotz vielen Suchens habe ich ihn nirgendwo erwähnt oder beschrieben gefunden. Könnte es sein, dass er eigens angefertigt worden war, um diesen Mann gefangen zu nehmen? Einen Mann, der selbst die Geißelung und die Kreuzigung widerstandslos über sich ergehen ließ?

Ist es nicht erschütternd, wie sehr die ohnmächtige Gewalt die machtvolle Gewaltlosigkeit fürchtet und zu fürchten hat?!

Jesus wird von Kajaphas befragt und vorverurteilt[26]

Ergänzung zu „Auch der Waschlschneider und der junge Mann drückten sich mit hinein“: Häufig wurde gefragt (von Nichttheologen wie von Theologen), woher denn die Evangelisten wissen konnten, was hinter verschlossenen Türen geschah und gesagt wurde.

Dabei wurde gelegentlich auch auf die Befragung des Heilands durch den Althochpriester Hannas verwiesen und auf die Befragung durch den amtierenden Hochpriester Kajaphas während des Scheinprozesses gegen ihn.

Beide fanden hinter verschlossenen Türen statt. Und bei beiden, so argumentierte man daraufhin – gestützt auf den überlieferten Wortlaut der Evangelien –, sei nicht einer der Jünger Jesu dabei gewesen.

Und folglich, so schloss man daraus, sei das, was die Evangelisten ihren LeserInnen darüber mitteilten, lediglich erdichtet; und zwar nicht nur das, was den Verlauf der beiden Vernehmungen betrifft, sondern auch das, was dabei gesagt wurde.

Bislang erschien dieser Schluss zwingend. Doch ab jetzt ist er es nicht mehr. Jedenfalls nicht mehr für solche LeserInnen dieses Buches, die für glaubwürdig halten, was Therese in ihren Schauungen gesehen hat.

Nämlich: dass Petrus und Johannes (gegen den überlieferten Wortlaut aller vier Evangelien) Augen- und Ohrenzeugen beider Vernehmungen waren – sowohl bei der durch Hannas als auch bei der durch Kajaphas.

Und was in diesen beiden Fällen für Petrus und Johannes galt, das wird in anderen Fällen für andere gegolten haben: für die Männer des weiteren Jüngerkreises, für Josef aus Arimathäa und für Nikodemus; ja, nach Therese, auch für einige Tempelwächter, für einige Soldaten des Pilatus, darunter ein Centurio und ein Dekurio, und sogar für die Frau des Pilatus.

Nämlich: dass die Urgemeinde in Jerusalem durch sie (!) als Augen- und/oder Ohrenzeugen erfahren haben wird, was sich da und dort hinter verschlossenen Türen ereignete.

Und wenn dies schon für die soeben genannten, relativ wenigen Zeugen galt, um wie viel mehr galt dies dann für die Zeit nach der Pfingstmassentaufe des Jahres 30 n. Chr.! Genauer: Für die Zeit – wohlgemerkt – schon vom zehnten Tage nach der Himmelfahrt des Heilands an.

Eine ganz andere Frage ist, wie zuverlässig jene Informationen geblieben sind, bis sie in die griechischen Evangelien gelangt sind und schließlich in den uns vorliegenden Text.

Lehrreich ist da schon ein Vergleich aller vier Evangelien miteinander. Etwa anhand einer Synopse, in der sie in vier Spalten nebeneinander abgedruckt sind. Noch mehr Klarheit ist zu gewinnen, wenn man deren Wortlaut ins Aramäische rückübersetzt, die Verkündigungs- und Lehrsprache zuerst Jesu, dann der Apostel, dann der Jerusalemer Urgemeinde und ihrer Jesus betreffenden Überlieferung.

Was jedoch da und dort (in gelegentlich zumindest für Nichttheologen und besonders für Nichtaramaisten unwichtig erscheinenden Einzelheiten) noch näher an das ursprüngliche Geschehen heranführt, das ist – ich bekenne das ohne Scheu – die Gegenprobe anhand der Schauungen Thereses.

Petrus verleugnet Jesus – im Hof des Kajaphaspalastes[27]

Ergänzung zu „ein Verwandter dessen, den er im Garten Getsemani … am Ohr verletzt hatte“: Nach Johannes 18,10 hieß jener Mann Malchus. Er war einer der Sklaven des Hochpriesters Kajaphas. Bei dem Handgemenge während der Festnahme Jesu hatte Petrus ihn am Ohr verletzt.

Als Sklave aber (nach seinem Namen zu urteilen, war er wahrscheinlich ein Kriegsgefangener aus dem nabatäischen Arabien) – als Sklave war er ein totales Eigentum seines Herrn.

Das heißt: Er konnte kein Eigentum besitzen. Sein Körper, seine Kinder, sein Arbeitsertrag, was er fand, was man ihm schenkte, der Schadensersatz, den er für erlittenen Schmerz erhielt (nur darum erwähne ich das hier) – alles das gehörte seinem Herrn, also Kajaphas.

Das bedeutet: Dass Jesus das verletzte Ohr des Malchus heilte, war rechtlich geurteilt ein Schadensersatz, der dessen Herrn, also Kajaphas, zugute kam.

Daraus folgt: Mit Malchus' Heilung „vergütete“ Jesus seinem Todfeind Kajaphas rechtlich geurteilt jenes Todesurteil, das der indirekt schon vor seiner Festnahme in Getsemani über ihn verhängt hatte (vgl. Johannes 11,49.50).

Jesus wird für den Rest der Nacht in einen Kerker gesperrt[28]

Ergänzung zu „In ein finsteres schmales Loch sperrten sie ihn ein. … Nur gebückt konnte man da hinein: Im Babylonischen Talmud, Sanhedrin 81b, bezeichnet das Wort kîptā', ein „gewölbtes Gefängnis“, einen Kerker, eine Gefängniszelle, „in welchem [bzw. in welcher] der Verbrecher nur mit Mühe stehen konnte“ (Jacob Levy, *Chaldäisches Wörterbuch über die Targumim und einen großen Theil des rabbinischen Schriftthums I* [Neudruck [3]1959], Seite 384).

Dass Therese den Babylonischen Talmud oder Levys Wörterbuch kannte, darf man getrost ausschließen. Und woher wusste sie, wie der Kerker beschaffen war, in den Jesus auf Geheiß des Kajaphas eingesperrt wurde? Wohlgemerkt: In einen Kerker, den keiner der Evangelisten auch nur erwähnt hat! – Zu leugnen oder auch nur herunterzuspielen, wäre armselig. Sie konnte das nur aus ihren Schauungen wissen!

Jesus wird Pilatus übergeben, um ihn kreuzigen zu lassen[29]

Ergänzung zu „Es schien so, wie wenn er (Pilatus) in einer Klemme gewesen wäre“: Tatsächlich stand Pilatus in Gefahr, bei Tiberius, seinem Kaiser, wegen seines wiederholten Fehlverhaltens den Juden gegenüber, vollends in Ungnade zu fallen.

Soviel stand jedenfalls für ihn fest: Nach den vorangegangenen Unruhen konnte er sich eine weitere Unruhe – noch dazu am unruheschwangeren Paschafest – nicht mehr leisten. Daher war ihm der Prozess gegen Jesus, der ihm von Kajaphas und den Oberpriestern aufgezwungen worden war, sichtlich unangenehm.

Denn er hatte ihn in eine äußerst schwierige Situation gebracht, die seinen Handlungsspielraum erheblich einschränkte; so sehr dass sie beinahe einer Zwickmühle glich. Allein diese verwickelte Situation war es, die sein zögerliches Verhalten bestimmte und zugleich erklärt.

Dass Therese ihn in ihren Schauungen den „Itrauminet“ (Ich-trau-mich-nicht) nannte, verrät, dass sie sein schwankendes Verhalten während des Prozesses gegen Jesus durchaus richtig empfand und richtig deutete.

Im Verlaufe dieses Prozesses kam aber noch ein weiterer, sehr intimer Faktor hinzu (davon anschließend), der ihn dermaßen belastete, dass er dem Druck, unter dem er ohnehin schon stand, nicht mehr gewachsen war. Darum tat er schließlich, was er eigentlich nicht tun wollte: er schickte den Heiland ans Kreuz.

Die Frau des Pilatus bittet ihren Mann, Jesus freizulassen[31]

Ergänzung zu dieser Schauung insgesamt: Den Darstellungen aller vier Evangelisten ist gemeinsam, dass Pilatus sich scheute, Jesus zum Tode zu verurteilen und dass er es – nach langem Widerstreben – nur darum dennoch tat, weil er unter einem schweren Druck stand, der seine Existenz bedrohte und dem er nicht gewachsen war.

Dieses rätselhafte Verhalten des Pilatus Jesus gegenüber wurde von Bibelgelehrten auf vielerlei Weise gedeutet, von einigen sogar als unhistorisch weggedeutet.

Die oben wiedergegebene Schauung Thereses über das energische Eintreten der Frau des Pilatus für Jesus enthüllt ebenso einfach wie überzeugend: es war ein sehr intimer Anlass, der Pilatus so lange wie möglich widerstreben ließ – ein seiner Frau gegebenes Versprechen, besiegelt durch ein wertvolles Pfand. Wer hätte das gedacht?

Richtig: Nach Matthäus 27,19 kam seine Frau nicht selbst zu ihm, um mit ihm zu reden, sondern schickte jemand zu ihm, um ihm etwas sagen zu lassen. Doch diese Darstellung ist, verglichen mit der Schilderung Thereses, höchst unwahrscheinlich: Weil sie der Intimität des Hergangs unerträglich widerstreitet.

Pilatus ist bereit und entschlossen, Jesus freizulassen[32]

Ergänzung zur so genannten Pascha-Amnestie (Freilassung eines Gefangenen zum Paschafest): Die Pascha-Amnestie ist historisch glaubhaft, auch wenn ihre Glaubwürdigkeit angefochten wurde. Ein Mischnatext in Pes. VIII, 6a bezeugt, dass es sie gab. Darin werden fünf Personen genannt, für die man das Passchalamm mitschlachten durfte. Darunter auch jemand, „dem man versprochen hatte, ihn aus dem Gefängnis herauszulassen“ (vgl. Ch. B. Chavel, *The Releasing of a Prisioner on the Eve of Passover in Ancient Jerusalem,* in: Journal of Biblical Literature 60 [1941], Seiten 273–278).

Daraus folgt: Die Freilassung des bar rabban anstelle Jesu ist keineswegs eine Erfindung der Evangelisten (oder gar Thereses). Bedingung war allerdings, dass der Gefangene vor dem Paschaabend freigelassen wurde.

Das aber würde, auf den Heiland angewandt, bedeuten, dass er – mit der Passionschronologie des Johannesevangeliums und damit gegen die der ersten drei Evangelien – am 13. Nisan mit den Zwölf Pascha feierte und am 14. Nisan gekreuzigt wurde; also an dem Tage, an dem im Jerusalemer Tempel die Paschalämmer geschlachtet wurden. Dies ist eine unerwartete Bestätigung der voranstehenden Überlegungen hierzu.

Pilatus lässt Jesus geißeln – mit dreierlei Geißeln[33]

Ergänzung zu „Und die mussten den Heiland dann schlagen“: Erstaunlich ist, wie Therese die Geißeln beschrieb, mit denen Jesus bei der dritten Geißelung geschlagen wurde: „Und dann hatten sie (wieder andere Geißler) etwas, daran war hinten ein Ring. Und daran waren Kettchen. Und daran waren Batzen (Bleikugeln). Damit schlugen sie drauflos, dass die Haut zerfetzte."

Erwähnenswert ist diese Beschreibung deswegen, weil sie exakt einer der drei römischen Geißelarten entspricht, die auf der folgenden Abbildung dargestellt sind (entnommen aus: *Bibel-Lexikon,* Hsgb. Herbert Haag [1968], Spalte 533):

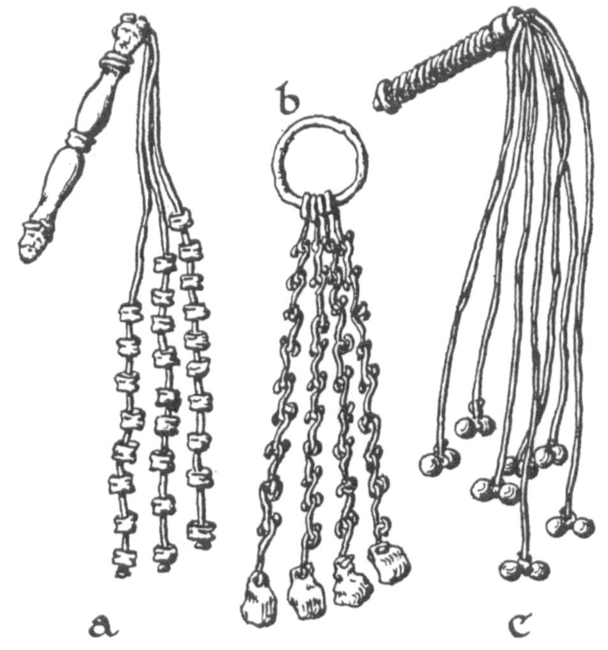

Römische Geißeln, mit Knochenstücken durchsetzt (a) und mit Bleikugeln versehen (b, c).

Möglich wäre auch eine Kombination von Typ b und Typ c; also Ring, Kettchen daran und daran Doppelkugeln. Denn diese Geißeln waren offensichtlich variabel. Dass Therese jemals irgendwo anders als in ihren Schauungen diese Art Geißeln gesehen haben könnte, ist unwahrscheinlich.

Jesus wird mit einer Dornenhaube gekrönt und verspottet[34]

Ergänzung zu „Dann setzten sie ihm eine Dornenkrone auf den Kopf“: Die Spott-„Krone“ des Heilands muss, wie im Orient üblich, die Form eines Turbans gehabt haben. Die folgende Rekonstruktion stammt von Monsignore Ricci. Sie wird ihrer wirklichen Beschaffenheit zumindest nahe kommen.

Die Abbildung habe ich vor vielen Jahren einer Illustrierten entnommen. Welcher, daran erinnere ich mich nicht mehr.

Zur Dornenkrone ergänzte Therese: „Die Dornenkrone besteht nicht aus einem Kranz von Dornenzweigen, wie wir es auf unseren Bildern sehen. Sie sieht aus wie ein Korb mit vielen langen spitzen Dornen."

Zum „Zepter" ergänzte Therese: „Am oberen Ende (des Rohrstabs) ist ein Kolben, so ähnlich wie ein Maiskolben, wie ich sie schon in Fockenfeld gesehen habe, nur kleiner."

Pilatus verurteilt Jesus zur Kreuzigung[35]

Ergänzung zu „Eine Zeile und noch eine Zeile und noch eine Zeile. Jede Zeile in einer anderen Schrift": Auf die Frage, wie die Schriften auf dem braunen Holz aussahen, antwortete Therese: „Eine war so, wie die in der Kirche (lateinisch). Eine war so ähnlich, aber nicht gleich (griechisch). Und eine war so gekrakelt, wie es der andere Herr Pfarrer (Professor Wutz) konnte (aramäisch)." In Johannes 19,20 steht hebräisch. Aber das ist falsch und so zu erklären, dass zur Zeit des Evangelisten (hier und in 5,2; 19,13.17 und 20,16) nicht zwischen hebräisch und aramäisch unterschieden wurde.

Auf der folgenden Abbildung ist die Reihenfolge genau umgekehrt, also aramäisch, griechisch, lateinisch:

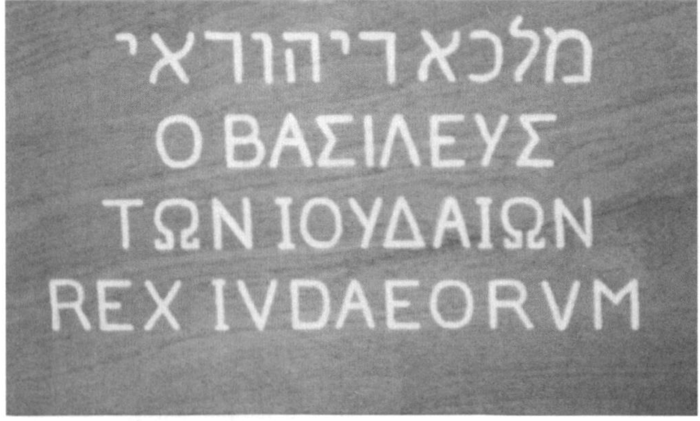

Ergänzung zu „Aber die meisten brüllten wie wild“: Diese „meisten“ repräsentierten keinesweg *die Juden.* Erstens deswegen nicht, weil die Leute, die vor dem Prätorium brüllten, nicht als repräsentativ für das jüdische Volk insgesamt gelten konnten. Zweitens deswegen nicht, weil sie vermutlich auf Geheiß der Oberpriester für ihr Geschrei angeworben und entlohnt worden waren.

Jesus auf seinem letzten Gang – zur Kreuzigung[36]

Ergänzung zu „die hernach mit hinausgingen in den Garten (Nikodemus, Josef aus Arimathäa …)“: Nikodemus war ein pharisäischer Schriftgelehrter, ein Lehrer Israels (Johannes 3,1), ein Mitglied des Hohen Rates, der obersten politischen, juristischen und religiösen Körperschaft der Judenheit in griechisch-römischer Zeit.

Er war ermächtigt, eine Sitzung des Hohen Rates einzuberufen (Johannes 7,50-52). Und: Er kam nicht deswegen nachts zu Jesus, weil er sich fürchtete, sondern weil er hoffte, eine hohe Offenbarung von ihm zu empfangen. Etwas, das nicht für den Tag und die Menge bestimmt war. Etwas, für dessen Empfang die Nacht oder zumindest die Dunkelheit und die Abgeschiedenheit vorgeschrieben waren. Und er hatte dem Beschluss der Oberpriester, Jesus töten zu lassen, nicht zugestimmt.

Auch Josef aus Arimathäa, ein reicher und angesehener Mann, war ein Mitglied des Hohen Rates. Jedoch ein nichtgeistliches. Auch er hatte dem Beschluss der Oberpriester, den Heiland töten zu lassen, nicht zugestimmt.

Erstaunlich ist, warum er so sicher war, dass Pilatus ihm den Leib Jesu überlassen werde. Seine Eigenschaft als Ratsherr allein reichte für diesen Gunsterweis nicht aus. – Er war „Ratsherr in Ehrenstellung“, Mitglied des Zehnerrates, dem der direkte Verkehr mit dem Präfekten Pilatus von Amts wegen zustand. Nur als solcher konnte er es wagen, Pilatus um den Leib des Heilands zu bitten und damit zu rechnen, dass seine Bitte erfüllt werde.

Ergänzung zu „Simon von Kyrene“: Wie sein Name verrät, stammte er aus Kyrene, einer der fünf Hauptstädte der Zyrenaika, einer griechischen Kolonie in Nordafrika. Bemerkenswert ist, dass die Zyrenäer in Jerusalem eine eigene Synagoge besaßen.

Simon muss kein Jude gewesen sein. Seine Söhne hießen Alexander und Rufus (Markus 15,21), trugen also griechische Namen. Vielleicht war er Proselyt. Dass der Evangelist Markus seinen Namen und die seiner Söhne nannte, war nur sinnvoll, wenn sie später Christen wurden. [War der in Römer 16,13 erwähnte Rufus etwa sein Sohn?]

Es ist nicht auszuschließen, dass „Simon von Kyrene“ identisch ist mit dem „Simeon, genannt *der Schwarze“,* in Apostelgeschichte 13,1. Dafür spricht, was Therese schaute: „Er hatte eine ganz braune Haut.“ Purer Zufall? Ein spontaner Einfall? – Das mag glauben, wer will.

Hinzu kommt noch: 1941 wurde im Kidrontal ein kyrenäisches Familiengrab aus dem 1. Jh.. entdeckt. Ein Gebeinkasten war griechisch beschriftet: „Simon Alexander, Sohn des Simon.“

Ergänzung: Therese korrigierte sich selbst: „Wie oft der Heiland gestolpert und hingefallen ist, das habe ich, glaube ich, nicht extra jedes Mal erzählt.

Also einmal und noch einmal ist er gestolpert und noch einmal und noch einmal ist er gestolpert und noch einmal (also fünfmal). So oft. Und einmal und noch einmal und noch einmal ist er ganz fest hingefallen (also dreimal). Und einmal und einmal und einmal und noch einmal (also viermal) nicht ganz so fest.“

Jesus wird gekreuzigt – zwischen zwei Zeloten[37]

Ergänzung Thereses zum Kreuz insgesamt: „Das Kreuz, an dem der Heiland hing, war ganz niedrig." Johannes Steiner, *Visionen der Therese Neumann I* (²1974), Seite 222, fügte nach Thereses Angabe hinzu: „… die Mutter und Johannes hätten, danebenstehend, dem Heiland ungefähr bis zur Brust gereicht."

„Als der Heiland am Kreuz hing, sah man zwischen seinen Armen und den Kreuzbalken etwas hindurch, aber nicht so, wie man bei uns mit den waagerechten Kreuzbalken durchsieht, dass die Balken oben und die Arme unten sind, sondern umgekehrt. Der eine Kreuzbalken war etwas tiefer eingesetzt als der andere."

Ergänzung zur Form des Kreuzes: Die auf der folgenden Abbildung (siehe Seite 246) dargestellte Kreuzform ist ein Versuch, jene Form des Kreuzes (in Originalgröße 2,50 m hoch) nachzubauen, wie Therese sie in ihren Passionsschauungen wieder und wieder geschaut hat. Ihre Beschreibung war so genau, dass dies möglich war.

Und als ich mich, nachdem es fertig war, mit ausgestreckten Armen und übereinandergelegten Füßen auf das Kreuz legte, stellte ich fest, dass ich (wegen der ausgestemmten Mulden in Höhe des Kopfes, des Gesäßes und der Fersen) nicht nur relativ entspannt darauf liegen konnte, sondern dass ich auch mühelos den linken über den rechten Fuß legen konnte.

Ermöglicht wurde das durch den Keil in der Fersenmulde, der es gestattet, am Kreuz hängend, relativ sicher darauf zu stehen; zumal dann, wenn man sich um den Unterleib herum am Kreuzesstamm festbinden lässt.

Ergänzung zu „Dann wollten sie (römische Soldaten) ihm etwas zu trinken geben (einen Betäubungstrank): Dazu ist anzumerken: Der Brauch, zum Tode Verurteilten einen bitteren Betäubungstrank aus geharztem, ungemischtem, mit Myrrhe versetztem Wein zu reichen, ist in der jüdischen Überlieferung mehrfach belegt. Nach dem Talmud pflegten ihn vornehme Frauen zuzubereiten.

Dass die Nichtjüdin Therese Neumann über diesen Brauch etwas gehört oder gelesen haben könnte, ist auszuschließen. Folglich gibt, was sie darüber sagte („Dann wollten sie ihm etwas zu trinken geben. Aber der Heiland nahm das nicht. Nein! Er leckte bloß daran. Dann wehrte er ab“), lediglich das wieder, was sie während ihrer Schauung gesehen hatte.

Jesu Mitgekreuzigte streiten sich – seinetwegen[38]

Ergänzung zu „eines Tages“ statt „heute noch“, so Lk 23,43 Einheitsübersetzung: Was Therese während der obigen Schauung hörte und nach der Schauung, wenn auch fehlerhaft, nachsprach, das ist so beschaffen, dass es – erstaunlicherweise – einen bisher unauflösbaren Widerspruch auflöste.

Und zwar den zwischen dem überlieferten Wortlaut des Jesuswortes, nämlich „heute“ (= am selben Tag noch) und dem Glaubensbekenntnis-Textteil „hinabgestiegen in das Reich des Todes“ samt Rückkehr daraus am Ostersonntagmorgen.

Doch dieser Wiederspruch ist nur scheinbar unauflöslich. Denn er ist – angestoßen durch Thereses obige Wiedergabe des Jesuswortes zu dem Mitgekreuzigten zu seiner Rechten – leicht als Fehlübersetzung des mehrdeutigen Wortes jôm / jômā’ „ein Tag / der Tag“ bei der Übertragung aus dem Aramäischen ins Griechische zu erklären.

Im Hebräischen bedeutet jôm „Tag“ und hajjôm „der Tag“, aber auch „heute“. So ist es im hebräischen Alten Testament oft belegt. Es kann aber auch „eines Tages“ bedeuten. Nämlich in 1. Samuel 1,4; 14,1; 2. Könige 4,8; 4,18 und öfter. Dasselbe gilt vom aramäischen jôm / jômā’. Es kann, wie das hebräische hajjôm, ebenfalls „eines Tages“ bedeuten. Das Letztere wird bestätigt durch die aramäischen Wiedergaben derselben Belege.

Daraus folgt: Wahrscheinlich kannte der Übersetzer, der das von Jesus benutzte Wort dîômā’ (d^{e} [= :] + jômā’) aus dem Aramäischen ins Griechische übersetzen wollte, nur seine gängige Hauptbedeutung „der Tag“, nicht auch seine seltener gebrauchte Nebenbedeutung „eines Tages“.

War es so, was hätte jener Übersetzer dann tun sollen? „Der Tag“ ergab im Textzusammenhang keinen annehmbaren Sinn. Daher musste er, um einen sinnvollen Wortlaut zu gewinnen, das ergänzen, wovon er annehmen konnte, es sei in seiner Vorlage ausgefallen: ein n. Dadurch gewann er dîôma[n]ā’ „…: heute“.

Das Ergebnis war eine zwar lesbare, aber falsche Wiedergabe dessen, was Jesus gesagt und gemeint hatte. Überdies ergibt es einen Widerspruch zwischen seinem Wortlaut und dem des Glaubensbekenntnis-Textteils „hinabgestiegen in das Reich des Todes“ samt Rückkehr daraus am Ostersonntagmorgen.

Jesus übergibt seinen Geist in die Obhut des Vaters[39]

Ergänzung zu „Bezahlt ist die ganze Sch[uld]!“: Diesen Wortlaut kann Therese nur aus der Quelle haben, aus der ihre Schauungen stammen. Aus keiner anderen. Und wäre es allein die Wiederherstellung dieses einen Jesuswortes, die wir dieser Quelle verdanken, es wäre übergenug.

Dazu ist anzumerken: „Es ist vollbracht“ (Johannes 19,30) heißt im Aramäischen mûšlam; und: „Es ist bezahlt“, unwesentlich anders, heißt m^{e}šûllam. Das aber verlangte als Ergänzung: kullê ḥ[ôḇā’] „… die ganze Sch[uld]!“, wobei das ḥ wie ch klingt und das ḇ wie w. Und von dieser Ergänzung hörte Therese, obwohl sie nahe beim Kreuz stand, nur kullê ḥi.

Der Evangelist Johannes dagegen, weil er weiter entfernt war als sie, hörte entsprechend weniger als sie; nämlich mušlam „Es ist vollbracht“ statt m^{e}šûllam „Es ist bezahlt“, also ohne kullê ḥi. Darum blieb ihm nichts anderes übrig, als das wiederzugeben, was er gehört hatte: mušlam „Es ist vollbracht!“

Ergänzung zu „Mein Gott! – Mein Gott! – Warum hast du mich verlassen?“: Wollte der Heiland mit diesem Ausruf seine tiefste Gottverlassenheit ausdrücken?

Wäre diese Frage zu bejahen, dann wäre sein „Warum?“ ein an Gott gerichteter Vorwurf. Doch diese Annahme ist aus zwei Gründen unhaltbar; erstens, weil Jesus in Johannes 16,32 seinen Jüngern gegenüber versicherte:

Seht! – Der Augenblick wird kommen,
da werdet ihr mich allein lassen.
Aber ich werde nicht allein sein,
denn Abba wird mit mir sein.

Entscheidender noch als diese Versicherung ist zweitens: Wäre jener Ausruf ein originales Jesuswort, dann hätte er gerufen:

Abba! – Abba! –
Warum hast du mich verlassen?

Denn nicht nur im Vaterunser, sondern immer, wenn Jesus sich im Gebet an Gott wandte, nannte er ihn „Abba“, nie „Gott“.

Dass er am Kreuz „Mein Gott! – Mein Gott! – Warum hast du mich verlassen?“ sagte, ist ein indirekter Beweis dafür, dass er zumindest Teile von Psalm 22 betete (vgl. *Das Zeichen von Konnersreuth* [1994], Seite 281). Warum? – Weil dieser Psalm exakt widerspiegelte, was, während er am Kreuz hing, an ihm und um ihn herum geschah.

Ergänzung zu „Abba! – Deiner Hand (hier: Obhut) gebe ich meinen Geist in Verwahrung!“ – Auch dieser Ausruf ist kein originales Jesuswort. Es ist ein Zitat aus Psalm 31,6, dem der Heiland seine Gebetsanrede „Abba!“ voranstellte.

Bemerkenswert ist, wie Professor Franz Xaver Wutz diesen Text gedeutet hat (in: *Die Psalmen, textkritisch untersucht* [1925], Seite 70): „Auch Christus, der Herr, gebraucht … die Worte unseres Psalmisten in seiner äußersten Todesnot und übergibt seinem Vater den Lebensodem. Dieses ‘Übergeben’ ist also nicht ein ‘Zurückgeben’, sondern ein ‘Anvertrauen’ (zur Bewahrung, Behütung).“

Wirkungen des Erdbebens und umherschwebende Gerippe[40]

Ergänzung zum Schlachten der Paschalämmer: Nach der obigen Schauung Thereses fielen der Ausruf des dem Tode nahen Jesus „Abba! – Deiner Obhut gebe ich meinen Geist in Verwahrung!“ und das Schlachten der Paschalämmer im Jerusalemer Tempel zeitlich zusammen.

Das aber würde bedeuten: Da die Paschalämmer bereits seit dem zweiten Jahrhundert v. Chr. am Nachmittag des 14. Nisan (von 14 Uhr an) geschlachtet wurden, hätte deren Opferung und die Selbsthingabe Jesu („als Lösegeld für alle“; 1. Timotheus 2,5.6; Matthäus 20,28 / Markus 10,45) gleichzeitig stattgefunden. Haben sie das aber, dann sind zwei bedeutsame Folgerungen unerlässlich.

Denn erstens würde dadurch die Passionschronologie des Johannesevangeliums – gegen die des Matthäus-, des Markus- und des Lukasevangeliums – als richtig erwiesen. Und zweitens wäre es dann unumgänglich, daraus zu folgern, der Heiland habe seine Paschafeier mit den Zwölf absichtlich, also absolut als Herr der Lage, auf den 13. Nisan vorverlegt.

Frage: Ist ihm das zuzutrauen, obwohl es ein schwerer Verstoß gegen die Weisung Moses war? – Antwort: Es ist unbezweifelbar sicher, dass er das bewusst in Kauf nahm. Denn anders wäre jene Gleichzeitigkeit nicht zu erreichen gewesen.

Dann aber hätte ihn der Zeitpunkt seiner Selbsthingabe nicht als ein passiv Erleidender überrascht, sondern dann wäre sie (zu genau dem Zeitpunkt) eine geplante, gezielte, öffentliche, die Geschicke aller Menschen beeinflussende Tat gewesen – seine letzte und bedeutsamste Tat!

Ergänzung zum zerrissenen Vorhang: In den alttestamentlichen Berichten über das Zeltheiligtum werden zwei Vorhänge erwähnt: ein Vorhang hinter dem Tor des Heiligen und einer am Übergang vom Heiligen zum Allerheiligsten.

Im salomonischen und im herodianischen Tempelhaus, deren Inneres nach dem Vorbild des Zeltheiligtums gestaltet war, hingen an den gleichen Stellen die gleichen Vorhänge.

Das ist sicher, auch wenn in den ersten drei Evangelien nur von einem der beiden die Rede ist.

Welcher von ihnen durch das Erdbeben zerrissen wurde, darüber sind die Ausleger unterschiedlicher Meinung – mit einem merklichen Übergewicht zugunsten des Vorhangs am Übergang vom Heiligen zum Allerheiligsten.

Würden sie Thereses „Augenzeugenbericht" akzeptieren, so wäre das Problem gelöst; eindeutig und entschieden zugunsten des Vorhangs hinter dem Tor des Heiligen.

Ergänzung zu „Kein Fleisch, nur Gebein!": Matthäus 27,51b-53 ist einer der problematischsten Texte des Neuen Testaments. Trotz intensiven Bemühens ungezählter Ausleger ist es nie gelungen, ihn folgerichtig zu deuten (Übersetzung nach Joachim Gnilka, *Das Matthäusevangelium II* [1988], Seite 471. Er meint [Seite 470], dieser Text sei „aus alttestamentlichen und apokalyptischen Motiven und Anlehnungen zusammengestellt"):

Und die Erde wurde erschüttert,
und die Felsen wurden gespalten,
und die Gräber wurden geöffnet,
*und viele Leiber entschlafener Heiliger wurden auferweckt,**
und sie gingen in die heilige Stadt,
und vielen wurden sie offenbar.

Gnilka argumentierte weiter: „Schwierigkeiten bereitet die Bemerkung 'nach seiner Auferstehung' [hinter dem *]. Es scheint, daß sie Geschehnisse, die mit dem Tod Jesu verbunden sind, entsprechend dem Glaubenssatz 1. Kor 15,20.23; Kol 1,18; Apk 1,5 mit seiner Auferstehung verknüpft, um Christus den Vorrang zu belassen. Die Bemerkung wird vielfach als spätere Glosse angesehen." Das Letztere ist richtig. Im Übrigen gilt:

Die ersten drei Zeilen sind leicht als Folgen des Erdbebens zu erklären. Nicht so die dann folgenden drei Zeilen. Denn in ihnen wird Unmögliches behauptet; nämlich: dass Leiber entschlafener Heiliger auferweckt wurden und nach Jerusalem gingen.

Unmöglich ist dies deswegen, weil die gemeinten Heiligen des Alten Testaments schon damals vor so langer Zeit verstorben waren, dass von ihnen allenfalls noch einzelne Knochen übrig waren. Die aber konnten schwerlich nach Jerusalem gehen.

Doch wie aus der obigen Schauung Thereses zu entnehmen ist, war das, was sie ihr entsprechend nacherzählte, kein wirklicher, von jedermann wahrnehmbarer Vorgang. Sondern: Es waren schaurige Schreckvisionen, von denen ausschließlich Kajaphas, Hannas und Pilatus heimgesucht wurden – jene drei Männer, denen (nach Therese) die Hauptschuld an der Kreuzigung Jesu anzulasten ist.

Und was sie in ihren Schreckvisionen schauten, das waren keine auferweckten Heiligen, die erkennbar gewesen wären. Woran denn auch? Sondern das waren lediglich (in Leinentücher eingewickelte) umherschwebende Gerippe.

Klar sollte sein, dass kein Mensch von sich aus auf diese ebenso einfache wie einleuchtende Erklärung von Matthäus 27,51b-53 kommen konnte. Dass wir sie jetzt haben, durch Therese als Vermittlerin haben, wie wäre das anders zu erklären als so, dass Jesus sich ihrer bedient hat?

Es folgt der Nachweis, dass das hier vorauszusetzende aramäische Wort š^{e}ladîn (Pl., wobei š wie sch klingt) „Leiber" und „Gerippe" bedeuten kann. Jacob Levy, *Chaldäisches Wörterbuch über die Targumim und einen großen Theil des rabbinischen Schriftthums II* (Neudruck ^{3}1959), Seite 456, notierte dazu: „Körper, eig. das Gerippe des Körpers".

Dieser sprachliche Nachweis war unerlässlich. Um sicherzustellen, dass Thereses „Kein Fleisch, nur Gebein!" korrekt ist und das matthäische „Leiber" (= „Körper") eine Fehlübersetzung.

Jesu rechte Seite wird mit einer Lanze durchbohrt[41]

Ergänzung zu „Nicht hinausgegangen ist sie (die Lanzenspitze), aber ein bisschen herausgeschaut hat sie": Therese nach Leopold Witt, *Konnersreuth im Lichte der Religion und Wissenschaft* (^{2}1927), Seiten 205.206: „Wenn die heilige Seite Jesu mit der Lanze durchstochen wird, sehe ich, dass die Lanze heftig eingestoßen wird. Die Lanzenspitze kommt auf der anderen Seite wieder hervor, sie kommt aber nur ganz wenig zum Vorschein."

Ergänzung zum „rötlichen Blutwasser": Bemerkenswert ist, dass Therese erzählte: „Dann, als der die Lanze wieder zurückriss, da kam so ein rötliches Blutwasser heraus. Das gischte, als es herauskam. … Dem war das Blutwasser ins Gesicht gespritzt. Der war wie abgewaschen. Der konnte nicht mehr gescheit sehen."

Man bedenke hierbei: Therese beschrieb das, was aus der Lanzenwunde des Heilands herausspritzte, als „Blutwasser", nicht als „Blut und Wasser", wie es nach Johannes 19,34 gedeutet wird. Aus dieser Wortverbindung folgerte man und tut es noch immer, Blut und Wasser (seröse Flüssigkeit) seien als zwei deutlich getrennte Substanzen aus dem Wundkanal in der rechten Seite Jesu ausgeflossen.

Doch diese Folgerung ist unzutreffend. Sie beruht auf der Annahme, das im griechischen Neuen Testament zugrunde liegende *haima kai hydor* „Blut und Wasser" gebe die aramäische Vorlage korrekt wieder. Aber das ist ein Irrtum. Es ist eine wörtliche Übersetzung und gerade darum falsch. Denn das aramäische dam ûmajîn bedeutet „Blutwasser" und nicht „Blut und Wasser".

Zu vergleichen ist das aramäische b^{e}sar ûdam (Matthäus 16, 17), wörtlich und damit falsch übersetzt: „Fleisch und Blut", als wären es zwei getrennte Substanzen. Gemeint ist jedoch „ein Mensch", poetisch durch „Fleisch und Blut" umschrieben.

Thereses Formulierung „rötliches Blutwasser" statt „Blut und Wasser" ist mehr als erstaunlich. Denn sie stimmt genau mit dem überein, was im Aramäischen vorauszusetzen ist.

Woher sollte sie diese ganz und gar unerwartete Korrektur des überlieferten Wortlauts von Johannes 19,34 haben – eine Wiederherstellung, auf die weder ein Übersetzer noch ein Ausleger je gekommen ist –, wenn nicht aus ihren Schauungen?

Josef aus Arimathäa erbittet von Pilatus den Leib Jesu[42]

Ergänzung zu den Einkäufen der beiden Männer: Was sie einkauften – Tücher, Salböl, Salbe und Gewürzkräuter –, waren Utensilien, wie sie damals für provisorische Bestattungen verwendet wurden. Dies galt besonders für die klimatischen Bedingungen, die zur Paschazeit in Jerusalem herrschten.

Und als provisorisch hatte die geplante Bestattung Jesu darum zu gelten, weil die noch verbleibende Zeit bis Sabbatbeginn für eine ordentliche Bestattung nicht reichte. Die sollte jedoch, wie Markus 16,1 und Lukas 24,1 zu entnehmen ist, am ersten Wochentag (unserem Sonntag) nachgeholt werden.

Zu der in Johannes 19,39 angegebenen Menge der Gewürzkräuter („etwa hundert Pfund = fast dreiunddreißig Kilo) ist noch nachzutragen: Diese Menge übertrifft die erforderliche Menge um ein Vielfaches. Sie wird durch „etwa drei Pfund" zu ersetzen sein. Vorausgesetzt ist hierbei ein aus griechischen Handschriften bekannter Schreibfehler, bei dem Γ = drei mit Ρ = hundert verwechselt wurde.

Jesus wird von Freunden vom Kreuz abgenommen[43]

Ergänzung zur Ganzwaschung des Heilands: Ist es nicht merkwürdig, dass die von Therese aufgrund ihrer Schauung nacherzählte Ganzwaschung Jesu in den vier Evangelien mit keinem Wort erwähnt wird?!

Dass sie dennoch glaubwürdig ist, dafür zeugt das außerbiblische Petrusevangelium 24, entstanden um 75? (zitiert nach Otto Knoch [Hrsg.]: *Vollständige Synopse der Evangelien. Nach dem Text der Einheitsübersetzung* [1988], Seite 280):

Er (Josef aus Arimathäa) nahm ihn (den Leichnam des Herrn),
wusch ihn, wickelte ihn in ein Leinentuch
und brachte ihn in sein eigenes Grab,
genannt: Garten des Josef.

Jesus wird von Freunden provisorisch bestattet[44]

Ergänzung zu der gezielt veränderten Reihenfolge im Verlauf der voranstehenden Schauung: Die Nacherzählung Thereses über die Ganzwaschung Jesu beim Kreuz geht – veranlasst durch eine Frage des Pfarrers Naber – unvermittelt in seine Salbung über und die in die Konservierung seines Leibes durch Gewürzkräuter.

Dadurch entsteht der Eindruck, beide seien noch auf dem Gulgultahügel vorgenommen worden – bevor sein Leib mit der Trage den Hügel hinunter zur Grabstätte des Josef aus Arimathäa getragen wurde.

Das aber ist aus vier Gründen auszuschließen: Erstens, weil das ätherische Salböl (Nardenöl) unterwegs viel von seiner konservierenden Wirkung eingebüßt hätte. Zweitens, weil die Gewürzkräutermischung aus verwesungshemmenden Substanzen, unter die Myrrhe und Aloe gemischt gewesen sein werden, beim Abstieg vom Gulgultahügel – Wer weiß, wohin? – verrutscht wäre. Drittens, weil Nikodemus und Josef aus Arimathäa kaum geduldet hätten, dass der Heiland in einem vom Transport zum Felsengrab zerknitterten und beschmutzten Tuch in den Grabtrog gebettet worden wäre. Erinnert sei hierzu an Matthäus 27,59: „Josef nahm ihn und hüllte ihn in ein reines Leinentuch." Viertens (ein entscheidender Grund), weil in Jesu Umwelt, schon aus kultischen Gründen, allein die Grabkammer der Ort sein konnte, wo solche Pietäthandlungen vorgenommen werden durften.

Es waren diese Überlegungen, die mich veranlassten, die in der Schauung Thereses beschriebene vorläufige Salbung und Konservierung dort einzufügen, wo sie von Rechts wegen hingehören. Nämlich in den Vollzug der provisorischen Bestattung Jesu in der Grabstätte des Josef aus Arimathäa.

Josef aus Arimathäa wird eingesperrt und wieder befreit[45]

Ergänzung von Therese selbst: „Ich gönne es ihm jetzt (dass er wieder frei ist). Oh! Der hat es verdient. Was der für den Heiland getan hat! – Mich hat es schon gereut, dass sie (die Tempelwächter) ihn überhaupt erwischt hatten.

Ach! – Die (die Jünger und Freunde Jesu) hatten schon recht, dass sie sich einsperrten. Denn die (die Tempelwächter) würden sonst wohl noch mehrere von ihnen gefangen und eingesperrt haben. Ach! – Die waren gefährlich (für sie)."

Jesu Felsengrab wird versiegelt und bewacht[46]

Ergänzung zu „Da konnte man dann den Kopf sehen): In Matthäus 27,66 steht lediglich: „Sie versiegelten den Eingang." Daraus kann Therese ihre Beschreibung der Versiegelung nicht geschöpft haben. Folglich muss sie geschaut haben, was sie beschrieb, auch das Siegel. Man vergleiche dazu die folgende Abbildung einer römischen Siegelgemme, entnommen aus Avraham Negev [Hrsg.]: *Archäologisches Bibellexikon* (1991), Seite 405:

Es ist nicht auszuschließen, dass es sich bei dem von Therese beschriebenen Siegel („Da war ein Mannskopf drinnen, der hatte eine Platte [eine Glatze]") um ein persönliches Siegel des Pilatus handelte. Sie nannte ihn nämlich u. a. „den Mann ohne Haare".

Der verklärte Jesus verlässt sein Felsengrab[47]

Ergänzung zu dem Begriff „Der verklärte Jesus" statt „Der auferstandene Jesus": Diese Wortwahl, „Der verklärte Jesus", drängte sich mir auf, als ich die obige Schauung Thereses, genauer: als ich den Satz „Und sein Gesicht leuchtete, wie ich es auf dem Berg (der Verklärung) gesehen hatte" im Zusammenhang ihrer Schauung zum ersten Mal las.

Warum? – Weil mir diese Äußerung Thereses schlagartig bewusst machte, dass die Begriffe „Der verklärte Jesus" und „Der auferstandene Jesus", obwohl sie dasselbe bezeichnen, keineswegs bedeutungsgleich sind.

Dass sie das auf keinen Fall sind, das ergibt sich aus jeder Einzelheit, mit der sie den verklärten Jesus einschließlich seiner Körperlichkeit und seines Gewandes beschrieb.

Am auffallendsten an dieser Beschreibung sind die Wörter Licht, leuchten, hell, Helligkeit und besonders der Satzteil „wie aus einer anderen Welt".

Dies alles und einiges mehr – zum Beispiel dass Jesus „mitten durch den Stein (durch den gewachsenen Felsen)" hindurch die Grabkammer verließ – passt nicht zu dem fast grobstofflichen Begriff „Der auferstandene Jesus". Dazu passt nur, jedenfalls nach dem, was Therese schaute und was sie geradezu begeistert nacherzählte, „Der verklärte Jesus".

Nicht zuletzt deswegen, weil „Der auferstandene Jesus" körperlich kein anderer gewesen wäre als der, der er war, während er in der Grabkammer des Josef aus Arimathäa bestattet wurde. Nämlich ein materieller Körper und nicht – so schaute Therese ihn – „wie aus lebendigem Licht".

Dass diese Folgerung keineswegs abwegig ist, dafür zeugt die Tatsache, dass sie von Paulus in 1. Korinther 15,49.51.52a grundsätzlich bestätigt wird:

Wie wir nach dem Bild des Irdischen gestaltet wurden,
so werden wir auch nach dem Bild des Himmlischen gestaltet werden.
Seht, ich enthülle euch ein Geheimnis:
Wir werden nicht alle entschlafen,
aber wir werden alle verwandelt werden –
plötzlich, in einem Augenblick.

Zur Gegenprobe eine Frage: Hätte Paulus hier (einleitend mit dem überraschenden *Seht, ich enthülle euch ein Geheimnis*) „wir werden alle *verwandelt* (= verklärt) werden" diktieren können, wenn es nachweislich falsch wäre und wenn allein „wir werden alle *auferstehen*" richtig wäre? – Sicherlich nicht!

Dass er in 1. Korinther 15,51 (als Geheimnisträger von seinem sonstigen Sprachgebrauch abweichend) „auferstehen" durch „verwandelt werden" ersetzte, lässt daher auf eine begriffliche Selbstkorrektur schließen. Warum? Offensichtlich deswegen, weil der Begriff „verwandelt = verklärt werden" genauer wiedergibt, was gemeint ist, als das viel zu massive Wort „auferstehen".

Es ist sehr zu bedauern, dass diese Selbstkorrektur des Apostels Paulus erst durch den Umweg über Thereses obige Nacherzählung ihrer Schauung der Verklärung Jesu am Ostersonntagmorgen offenbar geworden ist.

Dieselbe Selbstkorrektur schimmert unverkennbar auch durch Philipper 3,20.21 hindurch:

Unsere Heimat aber ist im Himmel.
Von dorther erwarten wir auch Jesus Christus, den Herrn, als Retter,
der unseren armseligen Leib verwandeln (= verklären) wird
in die Gestalt seines verherrlichten Leibes,
in der Kraft, mit der er sich alles unterwerfen kann.

Fazit: Auch der Apostel Paulus war bereit zur Selbstkorrektur, wenn die Enthüllung eines ihm vorher unbekannten „Geheimnisses" ihn dazu nötigte. – Wird die Kirche seinem Beispiel folgen?

Ergänzung zum Hergang der Verklärung Jesu (zitiert nach Johannes Steiner, *Therese Neumann von Konnersreuth* [[7]1974], Seite 184): Pfarrer Naber: „Resl, erzähl uns doch alles der Reihe nach." Therese: „Das läßt sich nicht der Reihe nach sagen. Erdbeben. Der Heiland durch die Felswand oben heraus, die lichten Männer dagewesen, der Stein weg –, das war alles eins." Naber: „Ja ist denn der Heiland nicht aus dem Grabeingang herausgekommen?" Therese: „Da hätte er sich ja 'vürebe-ign me-in' (vorbeugen müssen), das hat er doch nimmer nötig gehabt, er ist oben durch die Felswand ganz aufgerichtet herausgekommen." Naber: „Dann hättest Du ja hinaufschauen müssen." Therese: „Das habe ich auch getan. Und wie der Heiland gestrahlt hat! Wie aus lebendigem Licht, und doch hat man gekannt, daß er aus Fleisch ist, und seine 'We-i' (Wehe = Wundmale) haben besonders geleuchtet" – Damit beschrieb Therese seinen Sonderstatus (als sichtbares Zeichen für seine Jünger). Denn sein geistiger Leib konnte keine Wundmale haben.

Erst der Decurio, dann die Frauen in der Grabkammer[49]

Ergänzung zu den beiden Engeln, von Therese nachgetragen aufgrund einer Frage des Pfarrers Naber: „Der eine, (der stand und an der Felswand lehnte), der, meine ich, hatte bloß seine Kleidung gewechselt. Als er herunterkam, da war er ein gerader Mann. Und jetzt hatte er einen langen Rock an.

Der andere (der am Fußende saß), das, meine ich, war der, der (durch den gewachsenen Felsen hindurch) von oben hineinsprang (in die Grabkammer) und dann drinnen war."

Ergänzung zu dem Wort galilam (Umschrift: gālîlā' „Galiläa") mit angehängtem *-m:* Bemerkenswert ist, dass dieses Wort tatsächlich in Matthäus 28,7 / Markus 16,7 erwähnt wird; also genau in dem Zusammenhang, in dem Therese es in ihrer Schauung aus dem Munde eines Engels gehört hatte. Es folgt Markus 16,7:

Sagt seinen Jüngern, vor allem Petrus:
Er geht euch voraus nach Galiläa;
dort werdet ihr ihn sehen,
wie er es euch gesagt hat.

An sich ist Galiläa ein Wort, das im Zusammenhang mit der Verklärung Jesu gerade nicht zu erwarten war. Wenn aber nicht, dann ist es ein Wort, dessen Vorkommen an der Stelle unmöglich anders zu erklären ist, als durch Thereses Schauung.

Petrus und Johannes in der Grabkammer[50]

Ergänzung zu der wortlosen Begegnung zwischen dem Verklärten und Petrus: In 1. Korinther 15,5-8 listete der Apostel Paulus eine Reihe von Zeugen auf, denen der auferstandene = verklärte Heiland nach seiner Verklärung erschienen ist. Er begann mit:

Er ist am dritten Tag auferweckt (= verklärt) worden,
gemäß der Schrift
und er erschien dem Kephas.

Kephas war die griechische Form jenes Beinamens, den Jesus dem Simon Bar Jona (= Sohn des Jona) verliehen hatte (Umschrift: kêfā' „der Fels", griechisch Petros, lateinisch Petrus).

Es ist auffallend, dass diese Erscheinung in keinem der vier Evangelien erzählend mitgeteilt wurde. Lediglich in Lukas 24,34 findet sich der kurze Hinweis:

Der Herr ist wirklich auferstanden (= verklärt worden) und ist dem Simon erschienen.

Umso erstaunlicher ist es, dass Therese in ihrer Nacherzählung der obigen Schauung diese wortlose Begegnung erwähnte – beinahe beiläufig.

Der verklärte Jesus zeigt sich Maria aus Magdala[51]

Ergänzung zu dem Wort 'abba' „der Vater", auch „mein Vater": Erwähnenswert ist, dass dieses Wort tatsächlich in Johannes 20,17 steht; und zwar in genau dem Zusammenhang, den Therese in der Nacherzählung ihrer Schauung beschreibt.

Das aber kann unmöglich ein Zufall sein. Folglich muss sie es in ihrer Schauung gehört und im Gedächtnis behalten haben. Doch das war deswegen leicht, weil sie dieses Wort in ihren Schauungen so oft gehört hatte, dass es ihr längst vertraut war.

Der verklärte Jesus begleitet zwei Männer nach Emmaus[54]

Ergänzung zu „Da waren Männer: einer und noch einer. Einer war schon hübsch alt und einer war jung": Nach einer alten, auf Hegesippus zurückgehenden Überlieferung waren die Begleiter des Heilands auf dem Wege nach Emmaus mit ihm verwandt: Kleopas sei sein Onkel gewesen (der Bruder seines Vaters) und dessen Sohn Simon sein Cousin (der Führer der Jerusalemer Gemeinde nach dem Tode des Herrenbruders Jakobus).

Ergänzung zu den aramäischen Wörtern in dieser Schauung: Bemerkenswert ist, dass alle drei, die Therese in ihrer Nacherzählung erwähnte, in Lukas 24,13-33 vorkommen. Es folgen die drei Belege (und zwar wörtlich zitiert, nach dem griechischen Neuen Testament):

1. gijjôrā' „Proselyt, Fremdling" in Lukas 24,18:
   Bist du der einzige Fremde in Jerusalem …;
2. m^e^šîḥā' „der Messias = der Gesalbte" in Lukas 24,26:
   War es nicht nötig, dass der Messias litt …;
3. ṣ^e^lîḇā' „das Kreuz" in Lukas 24,20:
   zum Urteil des Todes und ihn gekreuzigt haben
   (korrekt: *zum Todesurteil am* oder *an das Kreuz*).

Diese Häufung aramäischer Wörter in einer einzigen Schauung spricht für sich selbst. Und sie schließt aus, dass Therese sie irgendwo anders herhat, als aus ihrer Schauung.

Der verklärte Jesus zeigt sich zehn Jüngern[55]

Ergänzung zu den aramäischen Wörtern in dieser Schauung: Zunächst zu *rabboni* (Umschrift: rabbûnan „Unser Gebieter"; in Lukas 24,34 steht „der Herr"). Hierbei hat zu gelten: *Rabboni* (Umschrift: rabbûnî) bedeutet „Mein Gebieter".

Das aber konnten die beiden Emmausjünger (Mehrzahl!) nicht sagen. Sie konnten nur rabbûnan („Unser Gebieter") sagen. Denn rabbûnî wäre nur dann sprachlich einwandfrei gewesen, wenn ein einzelner Jünger es gesagt hätte, wie Judas (in Getsemani) oder wie Maria aus Magdala (im Grabgarten). Daher war die obige Korrektur unerlässlich.

Nun zu *schelam lachon ana [ana] latero* (Umschrift: š^e^lam l^e^ḵôn ^a^nā' ^a^nā' lā' t^e^wô „Heil euch! – Ich [bin es]! – Erschreckt nicht!", wobei das š wie sch klingt und das ḵ wie ch). Dies nachzusprechen, war eine erstaunliche Gedächtnisleistung Thereses. Sie wird aber dadurch erleichtert worden sein, dass ihr deren oft gehörte erste Hälfte š^{e}lam l^{e}k̲ôn so vertraut war, dass sie sich nur mehr auf die zweite Hälfte ’^{a}nā’ ’^{a}nā’ lā’ t^{e}wô zu konzentrieren brauchte.

Dazu ist festzustellen: Dass in Johannes 20,19 nur die erste Hälfte, š^{e}lam l^{e}k̲ôn, mitgeteilt wurde und nicht auch die zweite, ist eine indirekte Bestätigung dieser Überlegung.

Zu ’abbā’ „der Vater“ sei nur angemerkt, dass es auch in Johannes 20,21 bezeugt ist. – Wer wollte bestreiten, dass dies ein unwiderlegliches Zeugnis für Thereses Zuverlässigkeit ist?

Ergänzung zu „hauchte … jedem … ins Gesicht“: Hierzu gibt es eine überraschende Bezeugung in Adalbert Merx: *Die vier kanonischen Evangelien nach ihrem ältesten bekannten Texte* (1897). Dort lautet der betreffende Textteil in Johannes 20,22 so: „Und da er dies sagte, hauchte er in ihr Angesicht“.

Ergänzung zur Überschrift dieser Schauung: In ihr ist von zehn Jüngern die Rede – gegen den Wortlaut von Lukas 24,33: „Sie (die zurückgekehrten Emmausjünger) fanden die Elf und die anderen Jünger versammelt“.

Wer irrte hier, der Evangelist Lukas (bzw. seine Quelle) oder Therese? – Zu dieser Frage gibt es eine interessante Notiz in: Johannes Steiner, *Visionen der Therese Neumann I* (^{2}1974), Seite 270:

„Pfarrer Naber frägt dann noch, wieviele Apostel im Saale waren, sie möge sich genau besinnen. Therese Neumann zählt auf ihre Weise ‘einer und noch einer und noch einer’ usw. bis zehn, wobei man ihr ansieht, wie sie sich bemüht, die Gesehenen von Angesicht zu Angesicht zu erfassen.

Der Pfarrer fordert sie nochmals auf, und sie zählt wieder bis zehn. Auf die Frage: Ja war nicht noch einer dabei, antwortet sie: Ich kann nicht mehr herausbringen.“

Und mit dieser ebenso knappen wie klaren Antwort hatte Therese zweifelsfrei Recht. Unwiderleglich. Denn nach Johannes 20, 24-29 fehlte einer der Elf, nämlich Thomas, bei dieser ersten Erscheinung Jesu im Abendmahlssaal.

Folglich war es nicht Therese, die sich irrte, sondern der Evangelist Lukas (bzw. seine Quelle). Dieser Tatbestand ist umso erstaunlicher, als vor ihrer Schauung niemand diese Differenz bemerkt hat – jedenfalls, soweit das bekannt ist.

Der verklärte Jesus zeigt sich dem Thomas[56]

Ergänzung zu Thomas, „dem Zweifler": Ist es nicht seltsam und erst recht inkonsequent, dass nur dem Thomas der Beiname „der Zweifler" gegeben wurde?! Oder, wie Therese ihn nannte, „der Netglaubenwollende"?!

Zweifelten denn seine Mitjünger nicht ebenso wie er (abgesehen allein von Johannes)?! – Haben sie etwa die Beteuerungen Marias aus Magdala, der drei anderen Frauen und der beiden Emmausjünger geglaubt?

War es nicht vielmehr so, dass auch sie ihr ablehnendes Urteil erst änderten, nachdem sie Jesus mit vier von ihren fünf Sinnen wahrgenommen hatten?! Genau so, wie schließlich auch Thomas sein Urteil änderte?!

Ergänzung zu dem Ausruf des Thomas: Was er sagte, mārî ʼ^ælāhî „Mein Herr!" – „Mein Gott!", entspricht im Aramäischen dem, was Abraham sagte, als in einer Vision das Wort Gottes an ihn erging: „Mein Herr!" – Jahwe!" (1. Mose 15,2).

Der verklärte Jesus zeigt sich sieben Jüngern[57]

Ergänzung zu Philippus Bar-Tholomäus: Die Apostellisten in Matthäus 10,2-4 / Markus 3,16-19 / Lukas 6,14-16 und Apostelgeschichte 1,13 enthalten insgesamt dreizehn Namen:

1. Simon/Petrus, 2. Andreas, 3. Jakobus, 4. Johannes, 5. Philippus, 6. Bartholomäus, 7. Thomas, 8. Matthäus, 9. Jakobus Alphäi, 10. Thaddäus, 11. Simon Kananäus, 12. Judas Jakobi, 13. Judas Iskariot.

Und wo verbirgt sich der Fehler? – Er steht (in Gestalt eines û „und“) zwischen Philippus *und* Bar-Tholomäus. Wird es gestrichen, so gewinnt man Philippus Bar (= Sohn des) Tholomäus und damit, wie es sich gehört, zwölf Namen.

Der verklärte Jesus beim letzten Mahl mit seinen Jüngern[58]

Ergänzung zu „Es könnte noch eine Silbe drinnen gewesen sein“: Diese Bemerkung Thereses ist erstaunlich. Sie lässt erkennen, dass sie bemüht war, so genau wie möglich nachzusprechen, was sie hörte und woran sie sich erinnern konnte.

Erstaunlich ist diese Bemerkung deswegen, weil ja (nach Apostelgeschichte 1,8, wo die Wörter j^{e}hûd̲ „Judäa“ und šām^{e}rajin „Samaria“ bezeugt sind) tatsächlich zwischen ihnen eine Silbe fehlte; nämlich im Aramäischen die Silbe û „und“.

Der verklärte Jesus kehrt zurück zum Vater[59]

Ergänzung zu „Und dann kam der Heiland in eine Wolke hinein“: Wo immer das Wort „Wolke“ in vergleichbaren Situationen in der Bibel vorkommt, ist es ein Hinweis auf das Wirken einer jenseitig-geistigen Energie.

Ergänzung zu dem Wort gālîlā’ *„Galiläa“:* Dieses Wort kommt tatsächlich in dem Zusammenhang vor, in dem Therese es in ihrer Schauung hörte; und zwar in der Anrede der Engel an die Jünger: „Männer von Galiläa“ (Apostelgeschichte 1,11).

Ergänzung zu den Zeugen der „Himmelfahrt“ des Heilands: Unter den Zuschauern waren nach Rückfragen an Therese auch „‘der Lebendiggewordene’ (Lazarus), ‘die Frau, die dem Heiland helfen wollte’ (die Frau des Pilatus), der Centurio (der Anführer des Kreuzigungskommandos), der Decurio (der Jesus die rechte Seite durchstochen hat) und römische Soldaten; auch jüdische Tempelwächter (darunter auch einige, die Jesus gefangen genommen haben). „Von denen habe ich drei gut gekannt; die waren bei der Gefangennahme so roh.“

Die Begabung mit dem Geist an Pfingsten[60]

Ergänzung zu „Das Feuer war ein lebendiges Feuer, kein Ofenfeuer, ein Feuer vom Himmel“: Dieses Feuer erinnert an jene „Flamme, die aus einem Dornbusch emporschlug“, ohne dass er verbrannte, und in der dem Mose „der Engel des Herrn“ erschien (2. Mose 3,2).

Klar sollte sein: Beide Phänomene, die Flamme und das lebendige Feuer, sind inhaltlich identisch: Hier wie dort offenbart sich das Wirken Gottes, bewirkt es die Begabung mit dem Heiligen Geist, bedeutet es die Berufung zu einer Sendung.

Ergänzung zu „dann sagten die Leute etwas": Was sie sagten, lautet in Apostelgeschichte 2,7.8 so: „Sind das nicht alles Galiläer, die hier reden? Wieso kann sie jeder von uns in seiner Muttersprache hören?"

Hierzu sei daran erinnert, dass Therese (1953, während der hier zugrunde liegenden Schauung) die Pfingstpredigt des Apostels Petrus in Deutsch hörte. Selbstverständlich: Ohne sie vollständig wiedergeben zu können.

Wie war das möglich? – Erstens deswegen, weil sein Sprechen (und das der Elf) ein „Sprechen Gottes" war; zweitens, weil sein beziehungsweise ihr Sprechen in den Ohren der Zuhörer (also auch in Thereses Ohren) in jeweils ihrer Muttersprache ankam. Um es mit einem technischen Vergleich auszudrücken: Etwa, jedoch nicht so grob materiell, wie heutzutage bei einer elektronisch übertragenen Simultanübersetzung.

Dieses Sprachphänomen hat sich offenbar so nie wiederholt.

Die Wirkungen des Geistes an Pfingsten[61]

Ergänzung zu „und dann an den Teich": Seltsam ist, dass offenbar nie nach dem Ort der Pfingsttaufe in Jerusalem gefragt wurde. Und das, obwohl es doch keine Kleinigkeit war, „etwa dreitausend Menschen" zu taufen (Apostelgeschichte 2,41). – Wo?

Erst, wenn man sich diese Frage stellt, wird einem das Problem bewusst; nämlich: Wo in Jerusalem gab es eine genügend große Wasseransammlung für solch eine Massentaufe.

Doch ist diese Frage erst einmal formuliert, so fällt die Antwort leicht. Sie steht in Johannes 5,2:

In Jerusalem gibt es beim Schaftor einen Teich,
zu dem fünf Säulenhallen gehören;
dieser Teich heißt auf hebräisch Betesda.

In der Kupferrolle von Qumran (3 Q 15: XI, 12f) heißt dieser Teich bêt 'ešdatajjin (nicht hebräisch, sondern aramäisch: „Ort der Ergießungen"). Bestätigt wird diese Deutung durch Vers 7: „wenn das Wasser aufgerührt wird" (sich ergießt).

Dieser Teich, ein Doppelteich, lag etwa 100 m nördlich des Tempels. Er hatte eine Wasseroberfläche von über 5000 qm.

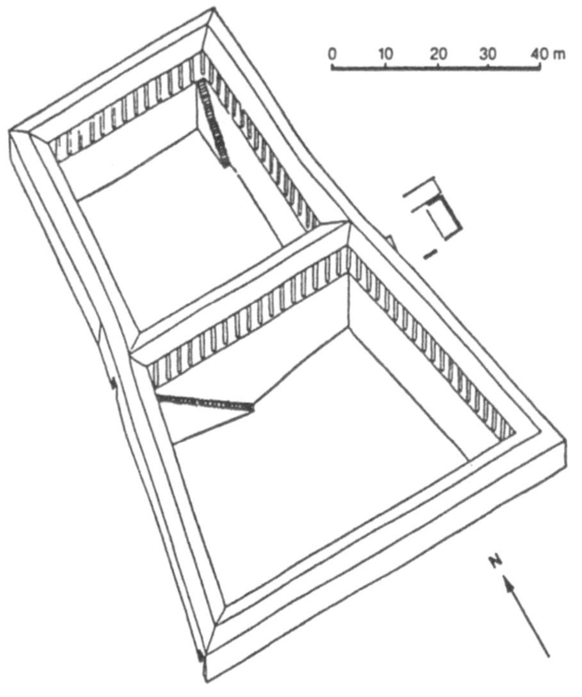

Gespeist wurde er durch unterirdische Ergießungen (daher also „aufgerührt"). Und – dies ist das Überraschende an Thereses Beschreibung: man gelangte auf Stufen in die Teiche. Entnommen wurde diese Abbildung aus: Walter Bühlmann, *Wie Jesus lebte* ([2]1989), Seite 101.

Von den beiden durch ein Felsband getrennten Teichen war einer für Männer, der andere für Frauen bestimmt. Die Nähe zum Tempel legt es nahe, dass der Doppelteich von Priestern und Tempelbesuchern zu rituellen Tauchbädern benutzt wurde.

Ergänzung zu dem „Weißen", das Jakobus in einem mit Wasser gefüllten Krug auflöste und in einen der beiden Teiche schüttete: Warum tat er das? Die Antwort steht in 2. Könige 2,20.21:

„Elischa befahl: Bringt mir eine neue Schüssel und schüttet Salz hinein! Man brachte sie ihm und er ging zur Wasserquelle und warf das Salz hinein mit den Worten: So spricht der Herr: Ich mache dieses Wasser gesund."

Ergänzung zur „Einsteige": Die obige Schauung Thereses endete mit den Worten: „Alle, die getauft wurden, stiegen die Stufen hinunter und hinein in den Teich. Genau so, wie der Heiland, als er von dem Mann mit dem Viehgewand (Johannes dem Täufer) getauft wurde. Der hatte auch so eine Einsteige."

Es folgt eine gekürzte Notiz, die am 10. November 1999 im Hamburger Abendblatt zu lesen war: „Haben jordanische Wissenschaftler eines der größten Geheimnisse der Bibel aufgeklärt? Archäologe Saad Hadidi ist sicher: 'Wir haben das Becken gefunden, in dem Jesus von Johannes dem Täufer getauft wurde'. Vier Stufen führen hinunter in ein swimmingpoolähnliches Viereck, das auf Brusthöhe in die Erde eingelassen wurde".

Inzwischen hat sich herausgestellt: Jenes Taufbecken stammt aus frühbyzantinischer Zeit (4. bis 7. Jahrhundert),

Taufbecken Jesu entdeckt?

Archäologen sind sicher: Eines der größten Geheimnisse der Bibel ist gelöst

„Zu der Zeit kam Jesus aus Galiläa an den Jordan zu Johannes, dass er sich von ihm taufen ließe . . .“
Matthäus, Kap. 3, Vers 13

Der Sensationsfund: Das Becken wurde 1,5 Kilometer östlich des Jordans entdeckt. Rechts: biblische Darstellung der Taufe Jesu.

dpa **Bethanien** – Haben jordanische Wissenschaftler eines der größten Geheimnisse der Bibel aufgeklärt? Archäologe Saad Hadidi ist sicher: „Wir haben das Becken gefunden, in dem Jesus von Johannes dem Täufer getauft wurde.“ Vier breite Stufen führen hinunter in ein swimmingpoolähnliches Viereck, das auf Brusthöhe in die Erde eingelassen wurde. Für die Forscher steht fest, dass hier mit der Taufe von Jesus das Christentum seinen Ursprung genommen hat. Dass den Experten das Becken gerade kurz vor dem Heiligen Jahr 2000 in die Hände fiel, ist für Hadidi keine wundersame Schicksalsfügung. Seine Erklärung: „Das Jordantal ist lange nicht erforscht worden. Es war bis zum jordanisch-israelischen Frieden 1994 eine verminte militärische Zone.“ Bei der Suche stützten sich die Archäologen auf ein Bibelzitat, in dem über Jesus steht: „Dann ging er wieder fort auf die andere Seite des Jordans an den Ort, wo Johannes getauft hatte und blieb dort.“ Fündig wurden die Forscher am Fluss Wadi Kharrar, wo sich der Elias-Hügel erhebt. Schon in der Bibel steht, dass Eliah die Wasser des Jordans teilte und den Fluss dann trockenen Fußes überquerte, bevor er in den Himmel stieg. Auf dem Hügel entdeckten die Archäologen Überreste eines Taufbeckens aus dem ersten Jahrhundert nach Christus und drei byzantinische Kirchengrundrisse aus dem sechsten Jahrhundert. Hadidi: „Gerade wegen des Kirchenkomplexes sind wir sicher, dass hier keine einfache Siedlung stand, sondern eine mit religiöser Bedeutung.“ Im März 2000 will der Papst die Fundstelle besuchen.

Hamburger Abendblatt, 10.11.1999

kann also nicht Jesu „Taufbecken“ gewesen sein. Gleichwohl gilt: Therese Neumann konnte nichts von ihm wissen. Denn die Tonaufnahme ihrer obigen Schauung stammt vom Pfingstsonntag 1953.

Und woher wusste sie, dass Jesus in solch einer „Einsteige“ von Johannes getauft wurde? – Vermutlich würde sie antworten, wenn man sie fragen könnte: „Ich habe es doch gesehen!“ Nämlich zumindest ein ihm ähnliches.

Petrus und Johannes werden freigelassen aus dem Kerker[64]

Ergänzung zu dieser und zu der voranstehenden Schauung: Bemerkenswert an Thereses Nacherzählungen ist, wie sehr sie empfand, dass Petrus vor dem Geistempfang ein ganz und gar anderer gewesen war als der, der er nach dem Geistempfang war.

Es gibt einen kurzen Dialog zwischen Therese und Pfarrer Naber, entnommen aus einem Fragment einer Tonaufzeichnung, der ihre Empfindung drastisch widerspiegelt (den Anfang habe ich bereits oben zitiert):

Therese: „Ja. Es war notwendig, dass einmal das Feuer, das Licht, über ihn gekommen ist. Der brauchte das.“

Naber: „Und warum hat er das so notwendig gebraucht?“

Therese: „Nun, weil er zuerst ein Zappler gewesen ist. Der wäre doch ausgerissen, wenn die gekommen wären, die Gescheitseinwollenden (um ihn und Johannes festzunehmen). Meinst du wohl, der wäre dort geblieben? – Der wäre ausgerissen! … Ich kenne ihn doch von früher.“

Klarer konnte sie nicht ausdrücken, dass sie den ganz und gar anderen Petrus seinem Geistempfang zuschrieb; etwas, dessen sofortige Wirkung, sie eindrucksvoll beschrieben hat.

Stephanus wird verhaftet, verurteilt und gesteinigt[65]

Ergänzung zu saqlā' d^e^môṯā' *„Steinigung des Todes"* = *„Steinigungstod"*: Hierzu soll nicht verschwiegen werden, dass das Wort saqlā' „Steinigung" in keinem der mir bekannten Fachwörterbücher zu finden ist.

Das muss jedoch nicht bedeuten, dass es dieses Wort in der Umwelt des Heilands nicht gegeben hat, wenn auch (als juristischer Fachausdruck saqlā' d^e^môṯā' „Steinigungstod") eher selten.

Dagegen spricht zum Beispiel die Tatsache, dass in den Qumranschriften und deren Fragmenten etliche aramäische Wörter (beziehungsweise etliche Bedeutungen aramäischer Wörter) bezeugt sind, die vorher unbekannt waren.

Dagegen spricht vor allem, dass das Verb s^e^qal „steinigen" sehr wohl belegt ist. Folglich gilt: In den meisten vergleichbaren Fällen ist es dann mehr als wahrscheinlich, dass es auch das Substantiv gegeben haben wird.

Das bedeutet: Wäre es so, dann hätte Therese (mit ihrem *sachla* = saqlā') durch eine ihrer Schauungen aus dem Jahr 1927 (!) ein aramäisches Wort übermittelt, das zu ihrer Zeit und bis heute kein Mensch kennen konnte.

Das aber wäre das endgültige „Aus!" für die von unsachlichen Kritikern vorgebrachte Suggestionshypothese. Denn: Ein vor ihrer obigen Schauung gänzlich unbekanntes Wort kann ihr unmöglich von jemandem einsuggeriert worden sein.

Doch auch das Folgende soll hier nicht verschwiegen werden: So, wie der Hergang der Steinigung des Stephanus in Apostelgeschichte 7,54-8,1a von Lukas (oder seiner Quelle?) beschrieben wurde, erweckt er den Eindruck eines Lynchmordes.

Dass er das nicht war, ist ein Tatbestand, von dem wir ohne die obige Schauung Thereses nichts wissen könnten.

Erst durch sie erfahren wir, dass Stephanus – hauptsächlich wegen seiner Rede vor dem Hohen Rat – durch den Hochpriester Kajaphas zum Steinigungstod verurteilt worden war, bevor er daraufhin gesteinigt wurde.

Ergänzung zu „Dass auch der (Saulus) da war, das reute ihn (Stephanus)“: Warum betonte Therese das „auch der“ so? Und ebenso das kurz darauf folgende „Für ihn!“? – Meines Erachtens gibt es nur einen plausiblen Grund dafür: Um damit anzudeuten, dass Stephanus und Saulus einander kannten.

Auszuschließen ist das nicht. Denn wie Saulus, so war offenbar auch Stephanus ein neben Hebräisch und Aramäisch auch Griechisch sprechender Jude aus der Diaspora. Vielleicht waren beide nur deswegen in Jerusalem, um bei dem berühmten Rabbi Gamaliel d. Ä. Tora zu studieren. Dies Letztere kann natürlich nur eine Vermutung sein.

Ergänzung zu „Und dann ging ein Licht von ihm aus, in die Höhe. Ein breiter Strahl, von der Brust aus“: Ein Christenmensch, der diese Sätze ernst nimmt, muss der nicht daraus schließen, dass der Geist des Menschen sein Sterben überlebt?!

Wird er das aber, muss es ihm dann nicht als unbegreiflich erscheinen, dass viele Christen, auch christliche Theologen, ein Weiterleben nach dem Sterben leugnen?!

Und wenn es nur da und dort einen Christenmenschen gäbe, der aus dieser Schauung Thereses den persönlichen Schluss zöge, dass die Existenz der Menschen *nicht* mit dem Tode endet – schon das wäre ein reicher Segen für jeden von ihnen, erwachsen aus den Leiden, denen sie durch ihre Schauungen ausgesetzt war.

KURZ GEFASSTER ERTRAG

(in dem es um solche Informationen aus den Schauungen Thereses geht, die im Neuen Testament nicht erwähnt sind, die aber viel zu einem richtigen Verständnis beitragen können; die Ziffern am rechten Rand geben die Seitenzahlen an):

zu den Schäfchen und den Hunden, die den Hirten nachliefen, und einem Schäfchen, das sie der Mutter schenkten; 37/38

zur Innenausstattung des Geburtsstalles Jesu zur Zeit seiner Beschneidung,
zu einer Hebamme, dem Beschneider, zwei Assistenten,
zum Hergang und zu den Utensilien der Beschneidung; 39–42

zu „etwas Bläulichem und etwas Weißlichem“
(den Farben des Stammes Juda),
in die Jesus zu seiner Weihe eingewickelt war,
zum Anschnüren des Geldes an den Gürtel
(oder an das Gürteltuch) durch Josef;
zum Ort der Opferung von zwei Täubchen durch Josef
und dem Ort, den Utensilien und dem Hergang
der Weihehandlung an Jesus im Jerusalemer Tempel; 43–45

zu den Herkunftsländern, den Reiseteilnehmern,
der Reiseausrüstung, den Reisewegen und Reiseumständen,
dem Reiseziel und einem Kometen als Reiseführer – nicht
dreier Könige, sondern dreier Karawanen; 46–53

zu einem hohen Turm, auf dem etwas stand,
mit dem man den Himmel anschauen konnte; 47/48

zu zwei Audienzen bei König Herodes,
der den Anführer der drei Karawanen
zuerst nach Betlehem in Sebulon schickte
und dann erst in Richtung Betlehem in Juda,
woran sie jedoch vorbeizogen, etliche Tagereisen weiter,
bis sie bei einem gemauerten Häuschen ankamen; 49–51

zu einem Licht (etwas Mächtigem vom Vater),
das über einem gemauerten Häuschen niederging,
nicht über einem aus Brettern,
sondern über einem aus Lehm; 51

zur Mutter Jesu, die ihn an der Hand
zu den Karawanenreisenden hinausführte
und allerlei Geschenke annahm,
die dann in das Häuschen gebracht wurden; 52/53

zu Soldaten, die (auf Befehl des Königs Herodes)
Kinder bei den Ärmchen und Beinchen packten,
ihnen die Kurzschwerter durch die Brust stießen
und alle zusammen auf einen Haufen warfen; 55

zum dreizehnjährigen Jesus, barfüßig,
auf einer Pilgerreise zum Jerusalemer Tempel
und (am Tage seiner Religionsmündigkeit)
im Gespräch mit einigen Schriftgelehrten,
darunter der Priester Zacharias und Nikodemus; 57–59

zur Mutter Jesu, die während einer Hochzeit in Kana
etwas zu ihm sagte
und die auf Jesu Wort hin zu einem Gang ging,
in dem große, schwere Krüge waren
(aus etwas Dickem, Hartem [Ton],
in einem Gestell, das man kippen konnte),
die bis an den Rand mit Wasser gefüllt waren,
über das Jesus seine Hände hielt,
zum Himmel aufschaute und betete,
von dem die Männer dann etwas schöpften,

es zu einem 'Höheren' brachten,
der es dann probierte und ganz arg tat; 60/61

zu fünf Fladenbroten, zwei Fischen und Honigwaben
(bei der wunderbaren Speisung unweit Kafarnaums),
wobei die Fladenbrote eingeritzt
und die Fische schon gebraten waren;
zu Honig, der von den Leuten in Jesu Umwelt
immer gegessen wurde, wenn sie Fisch gegessen hatten,
und wobei Jesus auf einmal verschwunden war; 63/64

zu Jesus, der von Nazarenern an eine Felsschroffe gedrängt
und darüber hinausgestoßen wurde,
der sich jedoch – unbeeindruckt – in der Luft umdrehte,
auf die Felsschroffe zurückschwebte
und auf einmal verschwunden war; 66/67

zu Jesus, der sich plötzlich vom Boden abhob,
dessen Gesicht und Kleidung licht (verklärt) wurden,
unter dessen Füßen eine dichte Wolke war
und neben dem, rechts und links, Mose und Elija standen,
ebenfalls wie aus Licht, aber ihm nicht gleich,
die, jeder auf seiner eigenen Wolke stehend, mit ihm redeten,
wonach dann, aus einer großen Wolke,
(entstanden aus den drei kleineren Wolken),
eine helle, feste, kräftige Himmelsstimme sprach; 68/69

zu einem großen offenen Saal mit langen Tischen
und Speiseliegen, auf denen viele Leute lagen
(Jesus und die Seinen, der Gastgeber und seine Gäste),
zu Öllämpchen mit Schnäbelchen, an Säulen festgemacht;

zu Jesus, der ein Schaf der Länge nach aufschnitt
und Portionen davon an die Seinen und sich verteilte
(ebenso der Gastgeber an seine Gäste und sich);
zu Maria aus Magdala, die Jesus salbte, weinend,
erst mit dickflüssiger Salbe seine Füße,
dann mit kostbarem Nardenöl seinen Kopf –
eine Liebestat, die allgemeinen Unmut erregte; 72–75

zu zwei Männern aus dem weiteren Jüngerkreis Jesu,
die auf seine Weisung hin
ein Reittier für ihn holen sollten
und mit zwei Tieren zurückkehrten:
einem Mauleselhengst und einer Eselin, seiner Mutter,
wobei sie den Maulesel führten,
während die Eselin hinterherkam; 76/77

zu Jesus, dem seine Jünger für den Einritt in Jerusalem
seinen schönen langen wollgelben Rock anzogen
(den er sonst beim Reden anhatte,
an dem unten die Schaufädenquasten waren),
dem sie ein breites Gürteltuch umlegten,
in das in aramäischer Schrift etwas eingestickt war,
der, als er abgestiegen war von seinem Maulesel
und etwas abseits auf einem Stein saß,
über Jerusalem und seine Bewohner weinte
(weil er sein künftiges Geschick voraussah); 77–79

zu den Mauern des Tempels,
an dem ganz herum lauter funkelnde Klappen waren,
zum inneren Bereich des Tempels,
der von einer steinernen Schranke umgeben war,
mit steinernen Warntafeln daran,

die jedem Nichtjuden den Zutritt verwehren sollten;
zu Jesus, der nach der „Tempelreinigung“
in der Halle Salomos zu den Leuten sprach,
die schon seit frühmorgens auf ihn gewartet hatten;
80–82

zum Abendmahlssal, in dem ein Feuer brannte
und in dem alles vorbereitet war
für Jesu letzte Paschafeier mit seinen Jüngern; 83–85

zur Ausstattung des Saales und weiteren Einzelheiten:
drei Tonlämpchen, aus denen kleine Flammen brannten,
einem langen, etwas gebogenen Tisch,
Speiseliegen mit schräg ansteigenden Polstern,
einer Schüssel mit Fruchtmustunke zum Eintauchen;
zu Fladenbroten, nicht recht rund, nicht recht aufgegangen,
zu Bitterkräutern und einem Lämmchen an einem Bratspieß;
zu hakigen Kratzerln (statt Gabeln) und Messern,
einer Schale mit Blut und einem Ysopbüschel,
mit dem Jesus das Blut „an die Tür schmierte“;
zu weißen Kitteln, die sie alle anzogen,
einem großen Messer, mit dem Jesus das Lämmchen zerlegte,
(Lammfleischportionen, die sie stehend und hastig aßen);
zu langen Stecken, die sie in die Hand nahmen
und mit denen sie zweimal singend im Saal umhergingen,
und zu Gebeinchen, die sie zuletzt verbrannten; 83–85

zu Jesus, der etwas sehr Ernstes zu den Zwölf sagte
(danach ein Durcheinander, eine Fragerei untereinander),
der einen Brotbissen in die Fruchtmustunke tauchte
und ihn dem Judas in den Mund steckte; 86/87

zur Fußwaschung, bei der die Jünger ihre Füße
einer nach dem andern in die
jedes Mal mit frischem Wasser gefüllte Waschschüssel stellten,
bei der Jesus einen Schwamm in das Wasser tauchte,
ihre Füße damit abrieb und danach abtrocknete
(mit dem Tuch, das er sich umgebunden hatte)
und bei der Jesus das schmutzige Wasser
jedes Mal neben einem Stein in einen Abfluss (?) goss; 88

zur Sitzordnung beim Pascha- und beim Herrenmahl; 228/229

zum Herrenmahl (zu dem die Speiseliegen
wieder um den Tisch herum aufgestellt waren),
zu drei Fladenbroten, länglich oval, eingeritzt,
zu Bechern für jeden der Zwölf
und zu einem schönen großen Krug mit Wein;
zu Jesus, der die Hände über das Brot hielt, betete
und dann etwas Mächtiges sagte,
der jedes der drei Fladenbrote in vier Stücke brach
und jedem der Zwölf ein Stück in die Hand gab,
der dann zu allen etwas sagte
und zu Judas etwas Kurzes
(der sich umdrehte, entsetzt schaute
und dann schnell davon ging);
zu Jesus, der den Krug vor sich hinstellte
und Wasser hineinschüttete,
der die Hände über den Krug hielt, betete
und wieder etwas Mächtiges sagte,
der jedem der Elf etwas in den Becher schüttete
und dann wieder zu allen etwas sagte; 90–92

zum Garten Getsemani, in dem schöne Bäume waren
und Häuser, größere und kleinere;
zu einer schönen Nacht, hübsch kalt,
in der noch ein wenig am Vollmond fehlte,
in der Jesus acht seiner Jünger zurückließ,
mit nur dreien weiterging, auch sie verließ,
in eine Höhle ging (die heute noch existiert),
sich hinkniete, die Hände rang, betete,
zu den dreien zurückkehrte und sie wieder verließ
(und das – in Abständen – dreimal);
zu Blut, das ihm beim zweiten Mal aus der Stirn drang,
über die Nase und den Mund hinunterlief,
das auch aus den Händen drang;
zu Jesus der „Lass geschehen deinen Willen!" betete,
dem der Erzengel Gabriel erschien und mit ihm sprach,
sodass er wieder ganz ruhig wurde,
der nach dem Verhaftungskommando ausschaute;
zu Judas, der Jesus mit „Heil dir, mein Gebieter!" begrüßte
und mit einem Kuß und ihn den Häschern übergab,
zu Jakobus, der Judas an der Brust packte und beschimpfte;
zu Petrus, der mit einem Messer,
das er einem Tempelwächter aus der Scheide gerissen hatte,
einen Sklaven des Hochpriesters am Ohr verletzte
(jedoch so, dass das Ohr noch dranhing);
zu Jesus, der das Ohr heilte
und zu Petrus, der dem Tempelwächter
das Messer wieder in die Scheide stecken musste; 93–97

zu vier farbigen Tempelsklaven, die Jesus packten,
die ihn brutal zusammenbanden
und ihm einen ledernen Fesselgürtel umlegten
(in den zwei Eisendorne eingenietet waren,
die sich in seinen Rücken bohrten,
und an dem vier Riemen befestigt waren,

mit denen sie ihn fortzerrten und zugleich quälten),
die ihn an der Kidronbrücke in den Bach stießen,
sodass er laut „Ach! – Ach!“ klagte,
als sie ihn an dem Fesselgürtel herauszogen,
und die ihn absichtlich über scharfkantige Steine
und durch Dornengestrüpp führten; 98–100

zu Tempelwächtern, die den ganzen Weg bewachten,
auf dem Jesus und das Verhaftungskommando
von Getsemani zum Hannaspalast daherkamen; 99/100

zu den Bewohnern des Armenviertels von Jerusalem,
denen Jesus wiederholt geholfen hatte,
die sich auf der Straße hinknieten,
die laut weinten und jammerten,
als er gefangen vorübergeführt wurde; 100/101

zur Straßenbeleuchtung in Jerusalem; 101

zu einer Feuerstelle im Hof des Hochpriesterpalastes,
an deren Seiten Ecken waren,
lang in die Höhe, wie Schlote,
in denen Rauch in die Höhe stieg,
sodass sie drinnen keinen Rauch hatten; 101

zu Männern im Hannaspalast, die halbrund hinauf saßen
(Hannas selbst und etliche Oberpriester),
allerhand Leuten, die auch noch hereinkamen,
unter ihnen auch Petrus und Johannes; 102

zu Hannas, einem ganz alten Dürren, der dauernd redete,
und zu Jesus, der gar nichts sagte;
zu einem Tempelwächter, mit Eisen an den Händen,
der ihm auf einmal ins Gesicht schlug;
zu Hannas, der etwas in eine Papyrusrolle schrieb
und sie Jesus in den Fesselgürtel steckte; 102

zu Tempelwächtern und den vier Tempelsklaven,
die Jesus (wobei alle anderen mitgingen,
auch Petrus und Johannes)
an dem Feuer vorbei zu Kajaphas führten,
der schon mit etlichen Ratsherren
(nicht mit allen Mitgliedern!)
in vollem Ornat auf Jesus wartete; 104/105

zu Kajaphas, der Jesus ausfragen wollte,
und zu einigen, die dagegen (also für Jesus) redeten;
zu Jesus, der entschieden und mächtig sprach,
und zu Kajaphas, der wild wurde und aufstand,
der darauf sein Messer nahm,
damit seinen Efodmantel einschnitt,
dann einen Riss hineinmachte
und dann das Todesurteil über Jesus schrie; 105

zu Tempelwächtern, die Jesus auf einen freien Platz führten,
als König verspotteten und dann misshandelten;
zu Nikodemus, der dagegen protestierte
und der energisch verlangte, dass der Hohe Rat
in der Frühe noch einmal zusammenkomme; 105/106

zu Johannes, der zu Jesu Mutter und den Frauen ging,
und zu Petrus, der sich an ein Feuer stellte,
weil er sich daran wärmen wollte
und weil er wissen wollte, was da jetzt vor sich geht; 107

zu Jesus auf dem Wege in einen Kerker
(mit einer Kette um den Hals,
die ihm beim Gehen auf die Knie schlug),
der Petrus im Vorübergehen weh aber gut anschaute;
zu Jesus, der in ein finsteres schmales Loch gesperrt wurde,
in das er nur gebückt hineingehen
und in dem er sich nicht anlehnen konnte,
in dem er um den Hals herum
an eine Säule gebunden wurde:
mit der Kette, die er hingetragen hatte; 108/109

zu einer zweiten, kurzen Sitzung des Hohen Rates:
gegen Morgen (um etwa 6 Uhr),
wie Nikodemus tags zuvor gefordert hatte,
zu Kajaphas, der wieder ganz spöttisch redete,
der bald eine Mitteilung an Pilatus schrieb,
die er den Tempelwächtern mitgab,
die Jesus an Pilatus übergeben sollten; 111

zu einem „Mordszug von Leuten“, einem langen Zug,
mit einem Haufen von Gescheitseinwollenden
und mit Kajaphas und Hannas zu Pferde;
zu einer Stufe in der Pflasterung der Straße,
vor der der Zug stehen bleiben musste,
damit kein Jude sich kultisch verunreinige; 111/112

zu Pilatus, der auf einer steinernen Liege lag,
dem dieser Prozess zuwider war,
weil er offensichtlich „in einer Klemme“ steckte,
und der erleichtert war, als er hoffen konnte,
Jesus an Herodes Antipas zu übergeben; 112/113

zu Antipas, der schon auf seinem Thronsessel saß,
als die Tempelwächter Jesus vorführten
(voller Blut im Gesicht und überall bespuckt),
der ihn von ganz wilden Leuten
wieder hinausführen und abwaschen ließ,
der ihn, als man ihn zurückgebracht hatte
(weil er ihn beharrlich anschwieg
und ihn keines Blickes würdigte),
voller Zorn misshandeln und verspotten
und dann zu Pilatus zurückführen ließ; 113/114

zur Frau des Pilatus, die inzwischen von ihm
(als Pfand für Jesu Freilassung)
einen goldenen Ring erbeten und erhalten hatte; 115

zu einem freien Platz vor dem Prätorium
(einem Hügel, mit Kalkstein- oder Marmorplatten gepflastert,
auf dem viele Leute zusammengekommen waren,
einige für Jesus, die meisten gegen ihn),
von dem aus Kajaphas, Hannas und andere
etwas zu Pilatus hinaufschrien, hinauflogen; 116

zu Pilatus und Jesus, im Innern des Prätoriums,
die lange und ernst miteinander redeten; 116/117

zu Pilatus, der etwas zu den Leuten hinunterschrie,
woraufhin sie „Kreuzigt!“ schrien, immer wieder,
der Jesus und bar rabban nebeneinander aufstellen ließ,
woraufhin sie „l^{e}bar rabban!“ schrien, immer wieder; 117

zum Innenhof des Prätoriums,
in dem Jesus völlig nackt gegeißelt wurde:
mit dreierlei Geißeln von je zwei farbigen Sklaven
(auf der Vorderseite und auf der Rückseite),
wobei seine gefesselten Hände mit einem Strick,
der durch einen Ring an der Geißelsäule lief,
derart straff hinaufgezogen wurden,
dass er nur noch auf den Zehen stand,
der zusammensank, als er losgebunden wurde
und der dennoch, nach einigen Eimern Wasser
zu sich gekommen, mühsam wieder aufstand; 118/119

zum Innenhof des Prätoriums,
in dem Jesus von römischen Soldaten
als „König der Juden“ verspottet
und dabei mit einer Dornenhaube gekrönt wurde;
zu einem Dorn, der bei einem Auge herausstand,
sodass ihm das Blut
über das ganze Gesicht herunterlief,
und zu einem römischen Soldaten,
der Jesus direkt in den Mund spuckte; 121/122

zu Pilatus, der Jesus herausführte aus dem Prätorium,
damit die Leute ihn sehen konnten,
in dem lumpigen roten Fetzen, den er anhatte,
der ganz krumm ging, vornübergebeugt,
um seine Blöße zu bedecken,
und der zitterte (weil er vermutlich Wundfieber hatte); 123

zur Frau des Pilatus,
die einen Soldaten zu ihm schickte,
mit einem Täfelchen und dem goldenen Ring
(seinem Pfand dafür, dass er Jesus freilassen werde); 123

zu Pilatus, der dadurch ganz aufgeregt wurde
und wieder etwas zu denen da unten hinunterrief,
die jedoch kein Erbarmen mit Jesus hatten,
sondern wieder wie wild 'Kreuzigt!' schrien,
der Jesus wieder zurückführte ins Prätorium,
noch einmal mit Jesus redete, allein,
eine ganz mächtige Antwort von ihm erhielt,
eine Antwort, die ihm nicht passte,
der daraufhin das Prätorium verließ,
(Ruhe gebietend) die Tuba blasen ließ
und wieder etwas zu den Leuten hinunterrief,
worauf sie abermals „Kreuzigt!" schrien, immer wieder,
der sich schließlich eine Waschschüssel bringen
und Wasser über seine Hände schütten ließ; 123/124

zu Pilatus, der eine Weile im Prätorium saß,
(während Jesus in dem Gang stand, an der Seite,
dort, wo man zu Pilatus hineinging),
der sich einen Mantel bringen ließ,
sich einen goldenen Stirnreif aufsetzte
und etwas zu den Leuten hinunterrief
(das Todesurteil über Jesus, das er dann aufschrieb
und Kajaphas und Hannas geben ließ),
dem man ein braunes Holz brachte,
worauf er etwas schrieb, weiß:
drei Zeilen, jede in einer anderen Schrift; 124/125

zu römischen Soldaten, die Jesus die Dornenhaube abnahmen,
ihm den roten (Mantel-)Fetzen abnehmen wollten,
ihn aber herunterreißen mussten,
weil er am Rücken schon angeklebt war,
sodass das Blut wieder neu lief,
die ihm seinen braunen Rock wieder anzogen,
ihm die Dornenhaube wieder aufsetzten,
sodass ihm das Blut wieder über das Gesicht herunterlief,
die zwei recht wilde Männer brachten (Zeloten),
ihnen ein langes Holz auf den Rücken banden,
ein langes und zwei kurze Hölzer für Jesus brachten,
die sie zusammenbanden und ihm auf die Schulter warfen,
sodass sie wieder zu bluten anfing,
und die ihm seinen Fesselgürtel wieder umlegten; 126/127

zu vier kleinen wilden Männern (Sklaven,
mit braunen Gesichtern, struppigen Haaren und Bart,
nur mit einem Lendenschurz bekleidet),
die Jesus auf dem Kreuzweg führen sollten;
zu Nikodemus und Josef aus Arimathäa auf dem Kreuzweg,
die dem Tötungsbeschluss nicht zugestimmt hatten;
zu Jesu Mutter auf dem Kreuzweg, die zu ihm hinging,
die er als „Meine Mutter!“ ansprach
und die „O weh! – Mein Sohn! – Ach!“ rief;
zu Simon von Kyrene auf dem Kreuzweg, einem Farbigen,
der ihm erst zornig, dann willig die Kreuzeshölzer tragen half;
zu einer Frau auf dem Kreuzweg, die Jesus geheilt hatte,
die ihm ihr Schultertuch reichte,
das er an sein blutüberströmtes Gesicht drückte,
und deren Tochter, die ihm zu trinken geben wollte,
aber von den Tempelsklaven daran gehindert wurde;
127–130

zu Jesus auf dem Kreuzweg,
der mehrmals stolperte und hinfiel,
und der einmal mit dem Holz ganz niederfiel
(draußen, vor der Stadtmauer,
wo das Pflaster holpriger war als in der Stadt),
sodass er nicht mehr weiterkonnte; 130/131

zu den vier Tempelsklaven, die Jesus geführt hatten,
die ihm den Fesselgürtel abnahmen,
ihm das Gürteltuch, das er darunter trug, aber noch ließen,
die die beiden kurzen Kreuzeshölzer
etwas schräg zum langen Holz hinlegten
(links und rechts nach oben, als wären es Äste),
die die Hölzer dann anzeichneten:
beim Kopf, bei den Händen und Füßen und beim Gesäß
(wobei Jesus auf dem langen Holz liegen musste),
und die dort Mulden ausstemmten; 132–134

zu römischen Soldaten, die Jesus an den Armen hochzogen,
weil er selber nicht mehr hochkommen konnte,
ihn wegführten und in ein Loch stießen,
das einmal eine Grabkammer war; 133

zu den vier Tempelsklaven, die das Kreuz fertig machten
(es folgt eine ausführliche Beschreibung),
die Jesus vollständig entkleideten,
ihm auch sein Gürteltuch abnahmen
(es folgt eine ausführliche Beschreibung); 133–135

zu Jesus, der die Hände vor den Leib hielt,
weil er völlig nackt war, und zu einem Dastehenden,
der vorsprang und ihm ein langes Tuch reichte,
das er dankbar annahm und sich umband; 135

zu römischen Soldaten,
die Jesus einen Betäubungstrunk anboten,
den er aber ablehnte, nachdem er ihn gekostet hatte; 136

zu den vier Tempelsklaven,
die ihm die Dornenhaube noch einmal aufsetzten,
ihn kreuzigten und sein Kreuz aufrichteten
(es folgt eine ausführliche Beschreibung),
die auch die beiden Zeloten kreuzigten
(es folgt eine ausführliche Beschreibung),
deren Kreuze so standen, „seitwärts und hereinwärts“,
dass sie zu Jesus hinschauen konnten; 136–139

zu den Vertrauten, Freunden und Wohltätern Jesu,
die in der Nähe seines Kreuzes standen
(es folgt eine Auflistung); 140

zu den römischen Soldaten, die ein Spiel hatten
mit drei viereckigen Holzstücken,
die sie einander zuwarfen, hin und her,
mit schwarzen Punkten darauf; 141

zu den Häusern Jerusalems,
die weder Dach noch Giebel hatten,
die aussahen, als wären sie flach abgeschnitten; 141

zu Nikodemus, der den römischen Soldaten,
die um Jesu Kleidung gespielt hatten,
durch einen Sklaven alles abnehmen
und ihnen Geld dafür geben ließ; 141

zu den Leuten Jesu, die inzwischen
immer näher zu seinem Kreuz gekommen waren:
zu Jesu Mutter, die bei den Frauen stand
(bei Marta, Maria aus Magdala und den anderen),
und Johannes, der bei den Männern stand
(bei Nikodemus und Josef aus Arimathäa
und bei Jüngern des weiteren Jüngerkreises); 143

zu Maria aus Magdala, die nicht wegging,
über die die Leute arg spöttelten,
die unter dem Kreuz Jesu kniete,
die Arme um sein Kreuz herumgelegt hatte
und arg von seinem Blut bespritzt war; 144

zu Jesus, der ganz ausgetrocknet war,
dessen Nase schwarz wurde,
dessen Lippen und Finger blau wurden
und der schwer schnaufte; 144/145

zu einem römischen Soldaten,
der absichtlich nur Essig in ein Gefäß schüttete,
einen Schwamm auf einen Pfeil steckte,
ihn in den Essig tauchte und Jesus an den Mund hielt,
den es jedoch schüttelte, als er daran leckte; 145

zu dem Centurio, der von seinem Pferd sprang,
etwas schrie und seine Lanze wegwarf,
sie wieder aufhob und dem Decurio übergab,
sein Pferd stehenließ und in die Stadt ging; 146

zu den Paschalämmern,
die die Priester im Tempel geschlachtet hatten,
und deren Blut sie ins Feuer schütteten;
zu den Leuten, die festliche Kleidung anhatten,
die es auseinandertrieb, als das Erdbeben wieder anfing
und auf einmal zwei große Risse da waren,
und die sich ganz verzogen, als Säulen einstürzten;
zu zwei hohen Säulen am Tor des Tempelhauses,
die durch das Erdbeben hinausgesprengt wurden,
wobei das Tor „aus dem Leim ging",
und ein schöner Vorhang hinter dem Tor zerriss; 147

zu den großen Stühlen der Schriftgelehrten,
die alle umgestoßen und durcheinander geworfen waren,
droben, wo Jesus (als Dreizehnjähriger) einmal saß;
147/148

zu den Toten, die umherschwebten, kein Fleisch, nur Gebein,
die in Leinentücher eingehüllt waren
(wie es damals bei Bestattungen üblich war),
sodass nur der Kopf frei war und herausschaute
(keine Realität, die jedermann hätte sehen können,
sondern eine schaurige Schreckvision,
die nur Kajaphas, Hannas und Pilatus schauten); 148

zu Pilatus, der Lohnarbeiter nach Gulgulta hinaufschickte,
ein wenig wilde, die Eisenzeug mitnahmen,

und die die Zeloten einfach erschlugen,
mit Eisenkeulen auf die Brust, dass es krachte; 149

zu dem Decurio, der auf Jesu Kreuz zuritt
und ihm die Lanze durch die rechte Seite stieß,
sodass sie durchging, die Haut ein wenig aufschob,
dass man die Spitze sehen konnte, ein wenig,
wobei, als er die Lanze zurückriss,
rötliches Blutwasser aus dem Wundkanal spritzte,
ihm ins Gesicht, dass er wie abgewaschen war; 149/150

zu Josef aus Arimathäa, der von Pilatus
auf seine Bitte hin etwas Schriftliches bekam,
um (mit anderen) die Stadt verlassen und auf Gulgulta
den Leib Jesu vom Kreuz abnehmen zu dürfen,
und zu Nikodemus, mit dem zusammen er im Basar
Leinentücher, Salböl, Salbe und Gewürzkräuter kaufte,
um den Leib Jesu provisorisch bestatten zu können; 151

zu Sklaven des Nikodemus, die nach Gulgulta trugen,
was für die Abnahme des Leibes Jesu vom Kreuz
und für seine Ganzwaschung erforderlich war
(es folgt eine ausführliche Beschreibung); 152–156

zu einer Trage mit Füßen und durchgezogenem Leder
für den Transport des Leibes Jesu zum Felsengrab
und zu drei langen leinenen Tüchern:
einem, mit dem der Leib Jesu vom Kreuz abgenommen,
einem, mit dem er in die Grabkammer transportiert,
und einem, in das er im Grabtrog eingehüllt wurde;
154–158

zu den Männern, die die Trage zum Felsengrab trugen,
zu den Männern und Frauen,
die unterwegs die Totenklage sangen,
und zu einigen römischen Soldaten,
die den Zug begleiteten, Fackeln anzündeten,
und den Rollstein vom Grabeingang wegrollten; 157

zu Sklaven des Nikodemus, die die Grabkammer
noch reinigen und ein wenig herrichten mussten; 157

zu Nikodemus und Josef aus Arimathäa,
die den Leib Jesu in der Grabkammer
von der Trage losbanden,
aus dem zerknitterten Tuch heraushoben,
und ihn dort in einen Grabtrog legten:
auf ein keilförmiges Kopfpolster
und auf die untere Hälfte eines reinen Tuches; 158

zu Jesu Mutter, die aus einem Parfümfläschchen
Nardenöl auf Jesu Haare goss,
seine Augenlider schließen wollte
und, weil sie nicht zuhielten,
wie üblich, auf jedes von ihnen eine Münze legte; 158

zu Nikodemus und Josef aus Arimathäa,
die den Leib Jesu am Hals salbten,
mit einer ganz weißen Salbe,
die von den Füßen bis zu den Achseln
und überall Gewürzkräuter hinstreuten
und die ihn dann zudeckten:
mit der oberen Hälfte des reinen Tuches
und mit einer dunkelbraunen Decke; 158

zu Maria aus Magdala, die inzwischen
im Grabgarten umhergegangen war
und Blumen gepflückt hatte,
die dann noch von Jesu Mutter
in das Felsengab gebracht wurden; 158/159

zu Nikodemus, Josef und römischen Soldaten,
die das Felsengrab zumachten:
zuerst die innere Tür, die aussah wie Kupfer,
dann eine Stange davor
und dann draußen einen Rollstein davor; 159

zu Josef aus Arimathäa, der Männer traf,
junge Männer aus dem weiteren Jüngerkreis,
die ihn gesucht hatten und denen er erzählte,
was alles sich an Jesus ereignet hatte,
und die wegliefen und entkamen,
als sie Tempelwächter kommen sahen,
während er, Josef, von ihnen festgenommen
und im Tempelbereich in einen Turm gesperrt wurde;
160/161

zu einem lichten Mann, der auf einmal da war,
der mitten in der Nacht auf dem Mauerring
(des nach oben offenen Turmes) stand,
Josefs Namen zu ihm hinunterrief,
ein langes weißes Tuch zu ihm hinabließ,
ihn vorsichtig daran hochzog
und auf einmal verschwunden war
(es folgt eine ausführliche Beschreibung
des weiteren Fluchtweges Josefs
und seiner Ankunft im Abendmahlssaal,
in dem die Leute Jesu sich eingeschlossen hatten); 161/162

zu römischen Soldaten (dem Decurio und sechs Mann,
mit zwei eisernen Feuerkörben und Feuerholz,
mit Fackeln und mit Proviant in Lederranzen,
mit weichem Ton, einem Band und einer Siegelgemme,
mit einem „Mannskopf" darin, der eine Glatze hatte),
die zur Grabstätte Josefs hinaufgingen,
um den Rollstein vor der Graböffnung zu versiegeln;
163/164

zum verklärten Jesus,
der mitten durch den gewachsenen Felsen
aus der Grabkammer herauskam
(oben heraus, gerade in die Höhe)
und der strahlte, wie aus lebendigem Licht
(es folgt eine ausführliche Beschreibung); 165/166

zu zwei lichten Männern,
einem, der von oben in die Grabkammer hineinsprang,
und einem, der den Rollstein nur anrührte,
wovon er weg war, wie ein Papier; 165

zu Jesu Mutter, die auf dem Gulgultahügel war,
da, wo sein Kreuz gestanden hatte,
und zu Jesus, der plötzlich bei ihr war und mit ihr sprach,
und der auf einmal wieder verschwunden war; 167

zu Frauen, die bei der Gartenpforte umhergingen:
Maria aus Magdala, die ein Licht unter ihrem Mantel trug,
und noch drei, die etwas mitgebracht hatten,
um den Leib Jesu zu salben (zur regulären Bestattung); 168

zu Maria aus Magdala und Marta, ihrer Schwester,
die sich schließlich doch in den Grabgarten trauten,
zu Maria, die die innere kupferne Tür einfach aufschob,
in die Grabkammer schaute und erschrak,
weil Jesu Leib nicht mehr darin lag,
die den Frauen etwas zurief, zum Abendmahlssaal lief,
Petrus und Johannes etwas Aufgeregtes sagte
und dann in den Grabgarten zurücklief; 168/169

zum Decurio, der in die Grabkammer gegangen war,
nach den Tüchern hingelangt hatte,
aber die beiden lichten Männer, die dort saßen,
überhaupt nicht gesehen hatte; 170

zu Maria aus Magdala, die in die Grabkammer rannte,
nach den Tüchern hinlangte,
etwas zu den drei Frauen sagte
und dann wieder davonlief (zu Jesu Mutter?); 170

zu den drei Frauen, die in die Grabkammer gingen,
die beiden lichten Männer sahen,
erschrocken waren und Angst hatten,
bis einer der beiden etwas zu ihnen sagte,
die dann wieder hinausgingen,
wonach die lichten Männer auf einmal weg waren; 170

zu Petrus, der vorausging in die Grabkammer,
zu Johannes, der ihm folgte,
und zu Petrus, der alle Tücher unter seinen Mantel steckte,
in die Jesus eingehüllt gewesen war:

das Schweißtuch, das extra lag,
mit dem sein Kinn hochgebunden war,
das lange Leinentuch, in dem sein Leib gelegen hatte
(das dalag, als ob jemand herausgekrochen wäre,
nicht zusammengepackt, nur zusammengesunken),
und die dunkelbraune Decke,
mit der der Grabtrog zugedeckt worden war
und die ein wenig weg an der Seite lag; 171

zum verklärten Jesus,
der dahergeschwebt kam, als Petrus allein war
(der jetzt wieder Angst hatte,
wie wenn er sich geniert hätte),
und den er anschaute, ohne ein Wort zu sagen; 172

zum Decurio, der auch fortgegangen war,
nachdem Petrus und Johannes weggegangen waren; 172

zu Maria aus Magdala (die fortgewesen war
und die noch einmal in die Grabkammer ging),
zu der einer der beiden lichten Männer,
die darin waren, etwas sagte,
und die weinte, als sie herauskam,
im Garten unter den Bäumen umherging,
auf einen Mann zu, und etwas zu ihm sagte,
der dann etwas zu ihr sagte
(woraufhin sie die Hände vors Gesicht schlug)
und der sich dann ein wenig vom Boden abhob
und auf einmal Jesus war
(so schön, wie er war, als er aus dem Grab kam),
der „Marjam!“ zu ihr sagte,
und zu dem sie dann „Rabbuni!“ sagte,

der abwehrte, als sie sich vor ihm hinknien wollte,
und auf einmal verschwunden war; 173/174

zu drei Frauen, die traurig im Grabgarten umhergingen,
und zu Jesus, der auf einmal da war,
nicht auf dem Boden, sondern höher,
der etwas Gutes zu den Frauen sagte
und schon wieder fort war; 175

zu vielen Männern in einer Stube (im Abendmahlssaal):
Petrus und Johannes, die immerfort redeten,
und den anderen, die ihnen zuhörten,
und einem (Thomas), der den Kopf schüttelte; 176

zu zwei Männern auf dem Wege nach Emmaus
und einem dritten, der von der Seite daherkam
(dessen Gesicht und Haare fast wie die Jesu waren),
den sie dann in die Mitte nahmen,
mit dem sie unterwegs viel redeten,
mit dem sie in ein größeres Haus gingen,
sich hinsetzten, um zu essen und zu trinken,
der betete und das Brot brach (wie Jesus),
der sich dabei etwas vom Boden abhob
und plötzlich so schön war,
wie Jesus war, als er aus dem Grab kam,
dessen Gewand wie aus Licht war,
und der auf einmal verschwunden war; 177–179

zu den beiden Emmausjüngern,
die an die Tür des Abendmahlssaales klopften,
wo die Zehn sich eingeschlossen hatten;

zu Petrus und Johannes, die sie hereinließen,
und zu acht von den Zehn, die die beiden auslachten,
die nicht glauben wollten, was sie ihnen erzählten
(während Petrus nichts dazu sagte,
obwohl Jesus sich ihm doch schon gezeigt hatte);
zu dem verklärten Jesus, der auf einmal da war,
nicht auf dem Boden, etwas höher,
der sie begrüßte, sich zu ihnen setzte, mit ihnen sprach,
darauf bestand, dass sie ihm etwas zu essen brächten,
der davon aß, weiter mit ihnen sprach,
auf einmal aufstand, sich vom Boden abhob,
zum Himmel aufschaute, etwas Mächtiges zu ihnen sagte,
die Zehn anhauchte, ins Gesicht hinein,
dann über drei andere hinhauchte,
die Hände über alle hin erhob,
noch einmal etwas Mächtiges zu ihnen sagte
und dann verschwunden war, einfach weg; 180–182

zu den Zehn, die etwas zu Thomas sagten,
zu Thomas, der den Kopf schüttelte
und dann etwas zu ihnen sagte;
zu dem verklärten Jesus, der auf einmal da war,
die Elf begrüßte, dann etwas zu Thomas sagte,
dabei auf seine Seite zeigte, ihm seine Hände hinhielt
und darauf etwas sehr Ernstes zu ihm sagte;
zu Thomas, der auf die Knie fiel
und „Mein Herr!“ – „Mein Gott!“ sagte,
und zu Jesus, der noch einmal etwas Ernstes zu ihm sagte
und auf einmal wieder weg war; 183

zu sieben Jüngern in einem Boot auf dem See Gennesaret,
die nachts Fische fangen wollten, erfolglos waren,
die, als sie an Land zurückruderten,

am Ufer ein Holzkohlenfeuer und einen Mann sahen,
der etwas zu Petrus (dem Bootseigner?) sagte
(über das Wasser hin; es war windstill),
woraufhin die Männer ihr Netz auswarfen
und „viele und viele" Fische fingen;
zu Johannes, der den verklärten Jesus erkannte,
zu Petrus, der ins Wasser sprang, auf ihn zu schwamm,
und zu den sechs übrigen Jüngern,
die das Boot ans Ufer ruderten,
das Netz an Land zogen und die Fische zählten;
zu Jesus, der etwas zu den Sieben sagte,
ihnen etwas von dem Brot und den Fischen gab
(die auf den glühenden Holzkohlen gelegen hatten),
dann etwas Mächtiges sagte, sich von der Erde abhob
und auf einmal verschwunden war; 184/185

zu den Elf im Abendmahlssaal (früh am Tage),
die auf Speiseliegen lagen,
um einen langen (etwas gebogenen) Tisch herum;
zur Mutter Jesu und anderen Männern und Frauen,
die in anderen Räumen waren;
zu Philippus Bar-Tholomäus,
der offenbar Tischdienst hatte
(es folgt eine ausführliche Beschreibung
des letzten Mahles Jesu mit seinen Jüngern);
zum verklärten Jesus, der auf einmal da war,
bei verschlossenen Türen,
hinter Petrus und Johannes, fast in der Mitte,
und der, nachdem er gegessen hatte,
aufstand und anfing zu reden,
ziemlich ernst und energisch und ziemlich lange;
zu den Elf, die dazwischen redeten, besonders Petrus;
186–188

zum verklärten Jesus und seinen Jüngern,
die zur Tür des Abendmahlssaales hinausgingen,
über den Kidron, unten am Ölberg entlang,
dann den Berg hinauf, fast ganz hinauf;
zu Jesus, der auf der Erde ging, nicht schwebte,
der ein weißes Gewand anhatte, weißer als Schnee,
und dessen Wundmale leuchteten;
zu einem großen Haufen von Leuten, die schon warteten,
und zu Jesus, der sich auf eine Steinplatte stellte,
der anfing zu reden, zuerst zu allen, kurz,
darauf zu den Elf, lange,
dann zu seiner Mutter, nicht viel
(es folgt eine Beschreibung der „Himmelfahrt"); 189/190

zu zwei lichten Männern, jungen, mit langen Haaren
(die über der Steinplatte standen,
auf der vorher der verklärte Jesus gestanden hatte),
in weißen Gewändern, zusammengehalten mit Licht,
die unter sich eine Wolke hatten,
die etwas zu den Elf sagten, gleichzeitig, ein Ton
(wobei einer der Männer nach Jerusalem deutete,
mehrmals, mit seiner rechten Hand),
und die auf einmal verschwunden waren; 190/191

zu Johannes, der entdeckte, dass auf der Steinplatte,
auf der der verklärte Jesus gestanden hatte,
Fußabdrücke zu sehen waren,
zu denen dann alle hingingen,
sich niederknieten und das Gesicht hinabbeugten
– zuerst Jesu Mutter und Johannes,
dann nacheinander alle,
einzeln oder mehrere gleichzeitig –
und von denen aus dann alle heimwärts gingen; 191

zum Abendmahlssaal, in dem die Zwölf beteten
(die Elf mit dem hinzugewählten Matthias) und Jesu Mutter,
in dem auf einmal ein Feuer war
und um das Haus herum ein Brausen, ein Sturm,
wie bei einem Gewitter und wie wenn es hagelt:
ein lebendiges Feuer, ein Feuer vom Himmel,
etwas länglich und etwas spitzig,
aus dem viele kleine Feuer wurden,
die erst über den Köpfen der Zwölf und der Mutter waren
und die dann in sie hineingingen; 192

zu vielen Leuten, die bei dem Haus zusammenkamen,
als sie das Brausen, den Sturm um das Haus hörten,
nicht nur die, die in Jerusalem wohnten,
auch viele Fremde, auch Farbige,
weil eine Festzeit war (unser Pfingstfest); 193

zu den Zwölf, die zu den Leuten redeten,
und den Leuten, die etwas fragten;
zu Petrus, der vortrat, weiter weg von dem Haus,
der anfing zu reden und dann lange redete,
der dabei immer wieder zum Himmel zeigte,
sich energisch durch die Haare fuhr
und weiter redete, immer weiter redete,
woraufhin dann die Leute redeten,
dann er wieder, dann die Leute wieder
(„Oh, ging das mächtig zu!"); 194

zu den Zwölf (und den übrigen Leuten Jesu)
und den vielen Leuten, die zugehört hatten,
die alle hinuntergingen von dem Berg

(auf dem das Haus mit dem Abendmahlssaal stand)
und dann an den Teich gingen,
an dem große Hallen waren,
auf der einen und auf der anderen Seite,
und der so gemacht war,
dass man auf Stufen in das Wasser steigen konnte; 194

zu Jakobus, der Wasser in einem Gefäß hatte,
Salzbrocken in das Wasser warf,
die Hände über den Teich hielt und betete,
und der dann das Wasser
mit dem Salz darin in den Teich schüttete; 194

zu den vielen und vielen Leuten,
die die Stufen hinab in den Teich stiegen
und von den Zwölf getauft wurden,
wobei die Jünger des weiteren Jüngerkreises
zuerst getauft wurden und dann halfen
und wobei jeder, der getauft worden war,
ein wollgelbes Hemd mit schwarzen Bändchen bekam,
das er dann über seine Kleidung zog
(die Hemden waren nach Therese „in den Hallen"); 195

zu Petrus und Johannes,
die den Berg hinauf zum Tempel gingen
(die übrigen zehn tauften weiter),
die auf dem Wege dorthin
vor einem Gelähmten stehenblieben
und etwas zu ihm sagten;
zu Petrus, der zum Himmel aufschaute und betete,
und dem Gelähmten,
der auf einmal aufstand und gehen konnte

und der dann mit den beiden in den Tempel ging:
zwischen den Säulen hindurch,
hinunter in einen schönen Gang,
in dem man mit großen Wagen fahren könnte,
hinein in eine riesige Halle (die Halle Salomos),
wo viele Leute waren, um zuzuhören, Getaufte,
die anscheinend schon wussten,
dass Petrus und Johannes kommen würden; 196/197

zu Johannes, der redete, nicht viel,
und zu Petrus, der redete, mächtig redete,
und der nicht mehr ängstlich war;
zu einigen Oberpriestern (?) und Tempelwächtern,
die wütend wurden, als Petrus so redete
und als der Geheilte so redete,
die weggingen und bald wiederkamen,
die Petrus und Johannes zusammenbanden,
mit Stricken und einer Kette, und dann fortführten:
erst zu Kajaphas, der etwas sagte,
dann, hinunterwärts, in eine Kerkerzelle; 198

zu den Ratsmitgliedern im Hohen Rat,
die miteinander redeten, berieten,
die Petrus und Johannes hereinführen ließen;
zu Petrus, der etwas sagte, furchtlos,
der zum Himmel hinaufzeigte, wieder etwas sagte;
zu den Tempelwächtern,
die Petrus und Johannes wieder wegführten;
zu den Mitgliedern des Hohen Rates,
die sie wieder hereinführen ließen;
zu Petrus, der ihnen etwas versprechen sollte,
der aber den Kopf schüttelte,
wieder zum Himmel hinaufzeigte

und dann noch einmal etwas Mächtiges sagte,
und zu den Ratsmitgliedern, die daraufhin
Petrus und Johannes die Stricke abnehmen
und gehen ließen – zum Abendmahlssaal,
wo die anderen zusammen waren; 199/200

zu vier Tempelwächtern, die Stephanus
in den Hohen Rat brachten, zu Kajaphas hinauf,
der etwas zu ihnen sagte und die dann
etwas zu ihm sagten, ziemlich aufgeregt;
zu den Ratsmitgliedern, die so halbrund hinauf saßen
(vielen, die auch bei Jesus dabei waren);
zu Kajaphas, der etwas zu Stephanus sagte,
der nichts sagte, sich aber auch nicht fürchtete,
der auf einmal zum Himmel hinaufdeutete,
der dann anfing, von Jesus zu reden,
begeistert, sodass sein Gesicht strahlte;
zu den Ratsmitgliedern, die gegen ihn anschrien,
mit den Händen abwehrten, sich die Ohren zuhielten;
zu Stephanus, der auf einmal wie weg war,
der gerade zum Himmel aufschaute
und dann etwas Mächtiges sagte,
und zu Kajaphas, der aufstand und mächtig schrie,
der darauf sein Messer nahm,
damit seinen Efodmantel einschnitt,
dann einen Riss hineinmachte
und dann noch lauter schrie: „Steinigungstod!“; 201/202

zu Kajaphas, dem eine Papyrusrolle gereicht wurde,
der daraus vorlas und etwas hineinschrieb,
und zu Tempelwächtern, die Stephanus wegführten,
an zwei Riemen, mit einem Fesselgürtel
(es folgt eine ausführliche Beschreibung der Steinigung,

bis zu dem Augenblick,
da ein Licht von ihm ausging, in die Höhe,
ein breiter Strahl, von der Brust aus). 202–204

SCHLUSSBEMERKUNGEN

Dass die voranstehenden Informationen aus den Schauungen Thereses im Neuen Testament nicht erwähnt sind, ist verständlich. Denn ihre Form und ihr Inhalt sind der literarischen Form, in der die Evangelien und die Apostelgeschichte verfasst sind, nicht angemessen. Einer Form, in der mit äußerster Strenge nur das Wesentlichste erfasst und dargestellt ist; nur das, was für die Verkündigung und die Lehre der Kirche unentbehrlich ist.

Diese Strenge reichte für die Urzeit der Kirche, in der es noch Apostel und andere Jünger Jesu gab, völlig aus. Denn die konnten den Darstellungen der Evangelien und der Apostelgeschichte bei Bedarf ihre Detailkenntnisse hinzufügen.

Doch als die Generation der Augen- und Ohrenzeugen ausgestorben war, da wurden Kommentare notwendig, die erklären sollten, was nicht für jedermann verständlich war. Und das umso mehr, je mehr Zeit verging und je weiter die Hörer und Leser der Evangelien und der Apostelgeschichte vom Ursprungsland der Jesusüberlieferung entfernt waren – in anderen Kulturkreisen und in anderen Zeiten lebten.

Dass Kommentare die Detailkenntnisse der Augen- und Ohrenzeugen nie ersetzen konnten, leuchtet unmittelbar ein. Und wie ist über die Schauungen Thereses zu urteilen? – Auch wenn die Detailkenntnisse, die sie vermitteln, denen der ursprünglichen Zeugen nicht ebenbürtig sind, kommen sie ihnen nicht nur sehr nahe, sondern sind ihnen gelegentlich sogar überlegen; weil Therese auch dann und dort visionär dabei sein konnte, wo es den Urzeugen unmöglich war. Zum Beispiel: in und bei dem Geburtsstall Jesu, in und bei der Hütte der Hirten, bei der Beschneidung und Weihe Jesu und so weiter. Wohlgemerkt: Soweit es die Detailkenntnisse betrifft, nicht das sie überbietende Offenbarungsgeschehen. Und: Dass Therese „dabei sein" konnte, das war nicht ihrem Wollen zuzuschreiben, sondern dem Willen dessen, von dem sie wiederholt sagte: „Der Heiland hat mich fortgepackt."

ANHANG

Inhalt

DAS ARAMÄISCHPHÄNOMEN DER THERESE NEUMANN

Es empfiehlt sich, das Aramäischphänomen der Therese Neumann von drei Standpunkten aus zu betrachten:

1. aus der Sicht Thereses,
2. aus der Sicht eines Kritikers,
3. aus aramaistischer Sicht.

Aus der Sicht Thereses

Dass es möglich ist, Thereses eigenes Urteil über das Aramäischphänomen zu vernehmen, wenn auch ins Schriftdeutsche übersetzt, ist dem Lemberger Erzbischof Josef Theodorowicz zu verdanken (*Konnersreuth im Lichte der Mystik und Psychologie* [1936], Seiten 498.499). Zitat:

„Sehen Sie – sagte Therese Neumann – es geht mir ganz so wie einem Kinde, das die Sprache hört, und aus dem bloßen Hören, wenn es auch nicht weiß, wann und wo, die Sprache nachschafft …

Ich habe während der Passionsszenen eine fremde Sprache in solcher Fülle an Worten und Sätzen gehört, daß ich nur bruchstückweise, wie in abgerissenen Brocken, einzelne Worte in meinem Gedächtnis aufbewahren konnte. Je öfter ich dieselben Worte und Wendungen in den Passionsekstasen vernahm, desto leichter ward es für mich, Fortschritte zu machen, so wie das Kind, das dieselben Sätze öfters hört. Die Wiederholung derselben Worte hatte zur Folge, daß die abgerissenen Brocken zahlreicher wurden, daß nachher die einzelnen kurzen Sätze schon mein sprachliches Eigentum wurden; ich kann bereits ohne Mühe alles wiederholen, was ich von der aramäischen Sprache höre, eben weil ich es so oft gehört habe."

Aus der Sicht eines Kritikers

Der einzige nennenswerte Kritiker des Aramäischphänomens der Therese Neumann war Josef Hanauer; nennenswert wegen der Quantität und der Dauer seiner Kritik, nicht wegen deren Qualität. Am wunderlichsten sind folgende Zitate (*Der Schwindel von Konnersreuth. Ein Skandal ohne Ende?* [1989], Seiten 68–70). Hier wird eine knappe Auswahl geboten und anschließend eine kurze Gegenkritik:

„Wie man auf dieses 'Phänomen' gekommen ist? Es ging auf folgende Überlegung zurück: Wenn Therese bei ihren Visionen, die sie in längst vergangene Zeiten zurückgeführt haben, alles so erlebt hat, wie es einstens abgelaufen ist, dann muß sie auch die damals verwendete Sprache vernommen haben."

„Dieser Gedanke ließ einen Mann nicht los, der seine Sprachkenntnisse zu vervollkommnen suchte. Dieser Mann war der Eichstätter Professor Wutz."

„Die ersten hebräischen, beziehungsweise aramäischen Ausdrücke, die Therese zum besten gab, waren lediglich die Wiedergabe der wenigen Wörter, die in der Passionsgeschichte enthalten sind."

„Damit gab sich Prof. Wutz nicht zufrieden. So fragte er also die Visionärin, was Jesus bei bestimmten Szenen der Passion gesagt habe. Wutz mußte immer und immer wieder die Antwort hören, 'dass sie nicht verstehen könne, was gesagt wurde.'"

„Was schließlich Therese produziert hat, hat sie niemals bei einer Vision wirklich gehört, sondern es war der Erfolg der Bemühungen des Professors. Dieser hat ihr sein eigenes Aramäisch, so wie er es vermutete, suggeriert; das Ergebnis, seine eigene Suggestion, hat ihn dann ungeheuer überrascht."

„Die aramäischen Sprachforschungen hörten vollständig auf, nachdem Wutz gestorben war. Das Ergebnis kann man nur als kläglich bezeichnen. Später hat Therese Neumann nichts mehr hinzugelernt, was ja verständlich ist: der Lehrer hat gefehlt."

Gegenkritik

Der obigen Kritik des Josef Hanauer am Sprachphänomen von Konnersreuth mangelt es an allen Voraussetzungen einer sachgemäßen Kritik. Denn sie wurde von einem Mann verfasst, der offensichtlich sowohl von der aramäischen Sprache als auch von dem, was er kritisieren wollte – vom Aramäischphänomen der Therese Neumann –, nicht die geringste Ahnung hatte.

Hinzu kommt noch: Ohne sich je persönlich vergewissert zu haben und ohne sich sorgfältig über das informiert zu haben, was man von jenem Phänomen schon zu seiner Zeit sicher wissen konnte, hat Hanauer, um nur drei Punkte zu nennen:

1. lediglich falsche Behauptungen „zum Besten gegeben",
2. positive Urteile von Fachleuten unterdrückt,
3. Professor Wutz fälschlich der Suggestion bezichtigt.

Dass dieser Vorwurf gegen Wutz völlig haltlos ist, wird die folgende Darstellung der Fakten aus aramaistischer Sicht unwiderleglich beweisen. Nur soviel sei hier vorweggenommen:

Entgegen Hanauers Behauptung hat Therese Neumann nicht nur „ein paar (aramäische) Brocken vorgebracht", sondern 94 Einzelwörter; und entgegen seiner Suggestionshypothese stammen drei davon aus der Zeit, bevor sie

Wutz kannte und 43 aus der Zeit, „nachdem er gestorben war".

Wer in aller Welt soll ihr denn diese 46 Wörter suggeriert haben? Es war doch niemand da, der das hätte tun können!

Aus aramaistischer Sicht

Zu behaupten, Therese Neumann habe aramäisch gesprochen, ist falsch. Noch falscher aber ist es, zu behaupten, die aramäischen Wörter und Satzteile, die sie *nach*-sprach, seien erst in sie hineinsuggeriert und dann aus ihr herausgefragt worden – wie Josef Hanauer behauptet hat.

Richtig ist vielmehr dreierlei: erstens, dass Therese in ihren Schauungen Jesus, den Hochpriester Kajaphas und andere aramäisch sprechen hörte; zweitens, dass sie von dem, was sie hörte, einzelne Wörter und kurze Satzteile oder Sätze im Gedächtnis behielt; drittens, dass sie diese Redeteile während der Nacherzählungen ihrer Schauungen nachzusprechen versuchte; was ihr jedoch – wie nicht anders zu erwarten war – nur mehr oder weniger fehlerhaft gelang, bedingt wohl auch durch ihren stiftländischen Dialekt.

Was davon durch Protokollanten festgehalten und was auf Tonträger aufgenommen wurde, das wurde nach Gehör wiedergegeben, also selten fehlerfrei. – Nur wer diese Tatsachen berücksichtigt, nur der kann das Aramäischphänomen der Therese Neumann richtig einschätzen und angemessen würdigen.

Es folgen erstens (unter A): alle aramäischen Textteile, die in den voranstehenden Schauungen Thereses vorkommen; zweitens (unter B): alle zusätzlichen aramäischen Textteile, die entweder in meinem Buch *Das Zeichen von Konnersreuth* vorliegen oder in Bruchstücken solcher Schaungen Thereses, deren Wortlaut nicht wiederhergestellt werden konnte.

Die aramaistische Bezeugung

Die folgende Auflistung war vorgegeben durch die Reihenfolge der Schauungen. Die neutestamentlichen Belege werden nach der „Einheitsübersetzung der Heiligen Schrift“ zitiert.

A

NT-Beleg Lk 1,28: „Sei gegrüßt, du Begnadete“. Seite 35
schelam lich mariam, gesprochen von Gabriel
(Umschrift: š^{e}lam lîḵ marjām „Heil dir, Maria!“
wobei das š wie sch klingt und das ḵ wie ch).

NT-Beleg Lk 2,21: „gab man ihm den Namen Jesus“. 42
jeschua, gesprochen von Josef
(Umschrift: ješûʿa „Jesus“,
wobei das š wie sch klingt).

NT-Beleg Jh 6,15: „um ihn … zum König zu machen“. 64
malka, gesprochen von den von Jesus Gespeisten
(Umschrift: malkā’ „Der König“).

NT-Beleg Lk 4,25: „in den Tagen des Elija“. 65
eliam, gesprochen von Jesus in Nazaret
(Umschrift: ’elijjāh „Elija“), mit angehängtem *-m.*

NT-Beleg Lk 4,22: „wie begnadet er redete“ ‘
Gnadenworte’. 65
gamal, gesprochen von Einwohnern Nazarets
(Umschrift: gāmêl „erweisend“),
ein Wort, das häufig mit ḥisdā’ „Gnade“ verbunden ist.

NT-Beleg Lk 4,21: „Heute hat sich … erfüllt“. 65
salem, gesprochen von Jesus in Nazaret
(Umschrift: mašlam „es ist erfüllt“,
wobei das š wie sch klingt), mit ausgelassenem *ma-*.

NT-Beleg Mt 21,9: „Hosanna dem Sohn Davids!“ 78/79
bardafidam, gesprochen von Kindern
bei Jesu Ritt in die Stadt
(Umschrift: bar dāwîd „Sohn Davids“),
mit angehängtem *-am.*

NT-Beleg Lk 22,34: „ehe heute der Hahn kräht“. 93
tr nagola, gesprochen von Jesus zu Petrus
(Umschrift: tarn^{e}gôlā’ „der Hahn“).

NT-Beleg Lk 22,31: „der Satan hat verlangt“. 93
satana, gesprochen von Jesus zu Petrus
(Umschrift: sātānā’ „der Satan“).

NT-Beleg Lk 22,42: „Vater, … dein Wille geschehe!“ 95
abba, gesprochen von Jesus im Gebet
(Umschrift: ’abbā’ „Vater!“),
und *tei sebudach,* gesprochen von Jesus im Gebet
(Umschrift: t^{e}hê ṣ^{e}ḇutāḵ „Lass geschehen
deinen Willen!“,
wobei das ṣ wie tz klingt, das ḇ wie w und das ḵ wie ch).
[Diese Gebetsanrede und diese Bitte Jesu
entsprechen genau denen des Vaterunsers.]

NT-Beleg fehlt. 96
machar, gesprochen von einem Tempelwächter
zu anderen Tempelwächtern in Getsemani
(Umschrift: m^{e}ḥar „morgen“,
wobei das ḥ wie ch klingt).

NT-Beleg fehlt. 55 + 96
ma hada, gesprochen von den Müttern
beim Kindermord
und von acht Jüngern bei der Verhaftung Jesu
(Umschrift: l^{e}māh hādā' „Warum dies?“).

NT-Beleg fehlt. 96
Juda, gesprochen von Jakobus zu Judas
während der Verhaftung Jesu
(Umschrift: jûdāh „Judas“).

NT-Belege fehlen. 96
gannaba, gesprochen von Jakobus zu Judas
während der Verhaftung Jesu
(Umschrift: gannāḇā' „Der Dieb, Täuscher!“,
wobei das ḇ wie w klingt.
und *magera,* gesprochen von Jakobus zu Judas
während der Verhaftung Jesu
(Umschrift: '^{a}gîrā' „Der Lohndiener, Mietling!“),
mit vorangestelltem *m-*.

NT-Beleg fehlt. 96
beizebuba, gesprochen von Jakobus zu Judas
während der Verhaftung Jesu
(Umschrift: bêz^{e}ḇûḇā' „der Fliegensohn“,
wobei das ḇ wie w klingt).
[Ein nicht belegtes Schimpfwort, etwa: „Satanssohn“.]

NT-Beleg Mt 26,49: „Sei gegrüßt, Rabbi!“ 96/97
schelam lach rabbuni, gesprochen von Judas zu Jesus
(Umschrift: š^{e}lam lāḵ rabbûnî „Heil dir, mein Gebieter!“,
wobei das š wie sch klingt und das ḵ wie ch).

NT-Beleg Jh 18,5: „Jesus von Nazaret.“ 97
jeschua nazarea, gesprochen von Tempelwächtern zu Jesus

(Umschrift: ješû‘a naṣôrājā’ „Jesus, [den] Nazoräer“,
wobei das š wie sch klingt und das ṣ wie tz).

NT-Beleg Jh 18,6: „Ich bin es!“ 97
ana ana, gesprochen von Jesus zum Verhaftungskommando
(Umschrift: ’^{a}nā’ ’^{a}nā’ „Ich, ich = Ich bin es!“).

NT-Beleg fehlt. 97
kumu, gesprochen von Jesus
zu etlichen hingestürzten Tempelwächtern,
die ihn verhaften wollten
(Umschrift: qûmû „Steht auf!“).

NT-Beleg fehlt. 100
ach, ein Ausruf der Klage und des Schmerzes Jesu,
ausgelöst durch die Dornen des Fesselgürtels,
der in Getsemani aus Sicherheitsgründen
um seine Hüften gelegt worden war.
(Umschrift: ’āḥ „Ach!“,
wobei das ḥ wie ch klingt).

NT-Beleg Lk 23,21: „Doch sie schrien: Kreuzige ihn!“ 117
salabu, gesprochen von der Menge zu Pilatus
(Umschrift: ṣ^{e}labû „Kreuzigt!“,
wobei das ṣ wie tz klingt und das ḇ wie w).

NT-Beleg Mt 27,21: „Sie riefen: Barabbas!“ 117
barabban, gesprochen von der Menge zu Pilatus
(Umschrift: l^{e}bar rabban „Den Sohn unseres Meisters!“
Auch „unseres Lehrers!“).

NT-Beleg Mk 15,18: „Heil dir, König der Juden!“ 122
schela lach malka de judae, gesprochen von
syrischen Söldnern,
die Jesus verspotteten und peinigten

(Umschrift: š^{e}lam lāḵ malkā' dîhûḏā'ê,
wobei das das ḵ wie ch klingt), mit ausgelassenem *-m*.

NT-Belege fehlen. 122
schela lach rabudach, gesprochen von syrischen Söldnern
(Umschrift: š^{e}lam lāḵ r^{e}ḇûtā' „Heil dir, Hoheit!",
wobei das š wie sch klingt, das ḵ wie ch
und das ḇ wie w), mit ausgelassenem *-m*.
Und *sabodach meschechie,* gesprochen von
syrischen Söldnern
(Umschrift: z^{e}ḇûḏāḵ m^{e}šîāḥ „Dein Geschenk, Messias!",
wobei das ḇ wie w klingt, das ḵ wie ch,
das š wie sch und das ḥ wie ch).
[Lauter Spotthuldigungen, um Jesus zu demütigen.]

NT-Belege fehlen. 128
immi, gesprochen von Jesus zu seiner Mutter
auf dem Kreuzweg
(Umschrift: 'immî „Meine Mutter!").
Und *wei beri ach,* gesprochen von Maria zu ihrem Sohn
(Umschrift: waj b^{e}rî 'āḥ „O weh! – Mein Sohn! – Ach!",
wobei das ḥ wie ch klingt).

NT-Beleg Lk 23,28: „Ihr Frauen von Jerusalem". 130
benat jerusalema, gesprochen von Jesus
auf dem Kreuzweg
(Umschrift: b^{e}naṯ j^{e}rûš^{e}læm „Töchter Jerusalems",
wobei das š wie sch klingt), mit angehängtem *-a*.

NT-Beleg fehlt. 131
kum, gesprochen von Tempelsklaven zu Jesus
auf dem Kreuzweg.
(Umschrift: qûm „Steh auf!").
Sie wollten den schwer Gestürzten
mit den Riemen des Fesselgürtels wieder hochreißen.

NT-Beleg fehlt. 134
tepochum, gesprochen von (wem?) zu Tempelsklaven
beim Ausstemmen der drei Mulden
und der Zapflöcher des Kreuzes Jesu
(Umschrift: t^{e}fûḥû „Schlagt zu!",
wobei das ḥ wie ch klingt), mit angehängtem *-m.*

NT-Beleg Lk 23,34: „Vater, vergib ihnen". 141
abba schabok lehon, gesprochen
von dem gekreuzigten Jesus
(Umschrift: 'abbā' š^{e}ḇôq l^{e}hôn „Vater! – Vergib ihnen!",
wobei das š wie sch klingt und das ḇ wie w).

NT-Beleg Lk 23,45: „Amen, ich sage dir: 142
Heute noch wirst du mit mir im Paradies sein."
amen amen amarna lach
bam (bampat) te (teje) emmi bardesa (barpardesa),
gesprochen von dem gekreuzigten Jesus
(Umschrift: 'āmen 'āmen '^{a}marnā' lāḵ
diômā t^{e}hê 'immî b^{e}pardêsā'
„Amen! Amen! – Ich soll dir sagen:
Eines Tages – wirst du sein – mit mir – im Paradies",
wobei das ḵ wie ch klingt).

NT-Belege Jh 19,26: „Frau, siehe, dein Sohn!" 143
ha brek (engl. = *brik*), gesprochen
von Jesus zu seiner Mutter
(Umschrift: hā' b^{e}rîḵ „Sieh! – Dein Sohn!",
wobei das ḵ wie ch klingt).
Und Jh 19,27: „Siehe, deine Mutter!"
ha ämmach, gesprochen von Jesus zu Johannes
(Umschrift: hā' 'immāḵ „Sieh! – Deine Mutter!").

NT-Beleg Mk 15,34: *„Eloï, Eloï, lema sabachtani?* 144
Mein Gott, mein Gott, warum hast du mich verlassen?"

eloi eloi lama sabachtani, gesprochen von Jesus, als Zitat
(Umschrift: ’^{æ}lāhî ’^{æ}lāhî l^{e}māh š^{e}ḇaqṯanî
„Mein Gott! – Mein Gott! –
Warum hast du mich verlassen?“,
wobei das š wie sch klingt und das ḇ wie w).

NT-Beleg Jh 19,28: „Mich dürstet.“ 145
ä-s-ch-e, gesprochen von Jesus
zu den syrischen Söldnern
(Umschrift: ’æṣḥê „Ich dürste!“,
wobei das ṣ wie tz klingt und das ḥ wie ch).
[Dies ist ein bisher nirgendwo sonst belegtes Wort.
Es ist aber völlig korrekt gebildet:
Peal impf. 1. Pers. Sing. von ṣ^{e}ḥî „dürsten“.
Ein schlagender Beweis für Thereses Zuverlässigkeit!]

NT-Beleg Jh 19,30: „Es ist vollbracht!“ 145
schalem kulechi, gesprochen von Jesus zu seinem Vater
(Umschrift: m^{e}šûllam kullê ḥ[ôḇā’].
„Bezahlt ist die ganze Sch[uld]!“,
wobei das š wie sch klingt, das ḥ wie ch
und das ḇ wie w), mit ausgelassenem m^{e}-
[und wobei das *i* von *kulechi* als Röcheln
des zu Tode erschöpften Jesus zu werten ist,
dem die Kraft fehlte,
das auf ḥ folgende ôḇā’ deutlich auszusprechen.]

NT-Beleg Lk 23,46: „Vater, in deine Hände 146
lege ich meinen Geist.“
abba bejadach afked ruchi, gesprochen
von Jesus zu seinem Vater
(Umschrift: ’abbā’ b^{e} ’aj^{e}ḏāḵ ’afqêḏ rûḥî
„Abba! – Deiner Obhut gebe ich
meinen Geist in Verwahrung!“,
wobei das ḵ wie ch klingt und das ḥ wie ch).

NT-Beleg Jh 19,38: „Josef aus Arimathäa“. 161
ather … arenther … aremeter,
gesprochen von einem Engel
(Umschrift: [jôsef min] rām^{e}ṯā’ „[Josef aus] Arimathäa“).
[Therese dazu: „Ich kann es nicht merken.“
Die Tatsache, dass sie das betonte,
gerade die macht sie glaubhaft!]

NT-Beleg Mk 16,7: „Er geht euch voraus nach Galiläa“. 170
galilam, gesprochen von einem Engel
in der Grabkammer des Josef aus Arimathäa
zu drei Frauen, gerichtet an die elf Jünger
(Umschrift: gālîlā’ „Galiläa“), mit angehängtem *-m.*

NT-Beleg Lk 24,18: „Bist du so fremd in Jerusalem, 178
dass du als einziger nicht weißt …?“;
wörtlich: Wohnst du allein als Fremder in Jerusalem … ?
geora, gesprochen von den Emmausjüngern zu Jesus
(Umschrift: gijjôrā’ „Proselyt, Fremdling“).
[Gemeint ist ein Nichtjude,
der zum Judentum übergetreten ist.]

NT-Beleg Lk 24,26: „Musste nicht der Messias“. 178
meschejam, gesprochen von Jesus
zu den Emmausjüngern
(Umschrift: m^{e}šîḥā’ „der Messias = der Gesalbte“,
wobei das š wie sch klingt und das ḥ wie ch),
mit angehängtem *-m.*

NT-Beleg Lk 24,20: „ans Kreuz schlagen lassen.“ 178
saleba, gesprochen von den Emmausjüngern zu Jesus
(Umschrift: ṣ^{e}lîḇā’ „das Kreuz“,
wobei das ṣ wie tz klingt und das ḇ wie w).

NT-Beleg fehlt: 180
rabboni, gesprochen von den
Emmausjüngern zu den Zehn
(Umschrift: rabbûnan „Unser Gebieter“).
[Allein der Plural ist hier korrekt.
Er wird durch die syrischen Übersetzungen bestätigt.]

NT-Beleg Lk 24,36: Friede sei mit euch!“ 181
schelam lachon ana latero,
gesprochen von Jesus zu den Jüngern
(Umschrift: š^{e}lam l^{e}ḵôn ’^{a}nā’ ’^{a}nā’ lā’ t^{e}wô
„Heil euch! – Ich bin es! – Erschreckt nicht!“,
wobei das š wie sch klingt und das ḵ wie ch).

NT-Beleg Jh 20,28: „Mein Herr und mein Gott! 183
mari eloi, gesprochen von Thomas zu Jesus
(Umschrift: mārî ’^{æ}lāhî „Mein Herr!“ – „Mein Gott!“).

NT-Beleg fehlt. 188
judam und *samariam,*
gesprochen von Jesus zu den Jüngern
(Umschrift: j^{e}hûḏ „Judäa“ und šām^{e}rajin „Samarien“,
wobei das š wie sch klingt),
mit zweimal angehängtem *-m.*

NT-Beleg fehlt. 190
ezal lewat abba, gesprochen von Jesus zu seiner Mutter
auf dem Ölberg,
unmittelbar vor seiner Himmelfahrt
(Umschrift: ’êzêl l^{e}wāṯ ’abbā’
„Ich gehe zu Abba = zum Vater!“).
[Dies war die letzte Aussage Jesu überhaupt.]

NT-Beleg fehlt. 202
sachla dimauta, gesprochen von Kajaphas

(Umschrift: saqlā' d^{e}môṯā' „Steinigung des Todes"
= „Steinigungstod").
So lautete das Todesurteil über Stephanus.
[Zu diesem Wort ist nur das Verb s^{e}qal „steinigen"
bezeugt.
Dennoch hat Therese das Substantiv saqlā'
völlig korrekt wiedergegeben.]

B

NT-Beleg Lk 1,28: „Sei gegrüßt, du Begnadete".
gaseta, gesprochen von Gabriel zu Maria
(Umschrift: ḥassîḏtā' „Die Liebreiche, Fromme",
wobei das ḥ wie ch klingt).
J. Steiner, Band 1 (^{2}1974) Seite 78.

NT-Beleg Mk 5,41: „Mädchen, … steh auf!"
thalitha koomi (engl. = *kumi*) gesprochen von Jesus
zur Tochter des Synagogenvorstehers Jairus
(Umschrift: talj^{e}ṯā' qûmî „Mädchen! – Steh auf!").
J. Parecattil, in: J. Steiner,
Theres Neumann (^{7}1974), Seite 289.

NT-Beleg fehlt (vgl. jedoch Lk 7,36-48).
kep, gesprochen von Jesus
zu seinem pharisäischen Gastgeber
(Umschrift: k^{e}f[înîn] „Hungrige").
k^{e}f ist die erste Silbe des Wortes k^{e}fînîn „Hungrige".
In Lk 7,36-48 kommt es nicht vor.
Es ist aber aus der Speisung Armer (= Hungriger)
anlässlich des Gastmahls zu erschließen,
zu dem ein Pharisäer Jesus eingeladen hatte.
F. Gerlich, Band 1 (1929), Seite 231.

NT-Beleg Lk 7,44: „Wasser zum Waschen der Füße".
maju, gesprochen von Jesus
zu seinem pharisäischen Gastgeber
(Umschrift: majîn „Wasser").
F. Gerlich, Band 1 (1929), Seite 231.

NT-Beleg Jh 11,43: „Lazarus, komm heraus!"
laasaar alla, gesprochen von Jesus zu Lazarus
in seiner Grabhöhle, so Therese,
(Umschrift: lā^{e}zār ‘ôl lāḵ „Lazarus!" – „Komm zu dir!",
wobei das ḵ wie ch klingt).
Auf dieses Machtwort Jesu hin
(das Therese nicht mitteilte)
kam Lazarus zu sich (wörtl.: ‘ging er in sich hinein’).
Aber erst nach dem darauf folgenden „Komm heraus!"
kam er die Treppe aus seiner Grabhöhle herauf.
J. Parecattil, in: J. Steiner,
Theres Neumann (^{7}1974), Seite 289.

NT-Beleg Mk 11,10: „das Reich unseres Vaters David".
makuta, gesprochen von der Menge bei Jesu Ritt in die Stadt
(Umschrift: malḵûṯā’ „die Herrschaft, das Reich",
wobei das ḵ wie ch klingt).
J. Theodorowicz, Konnersreuth (1936), Seite 494.

NT-Beleg Mk 7,34: „Öffne dich!"
etphetach, gesprochen von Jesus bei einer Heilung
(Umschrift: ’iṯp^{e}ṯaḥ „Werde geöffnet!",
wobei das ḥ wie ch klingt).
F. Gerlich, Band 1 (1929), Seite 231.

NT-Beleg Lk 17,13: „Meister, hab Erbarmen mit uns!"
rabbi, gesprochen von einem von zehn Aussätzigen
(Umschrift: rabbî „Mein Meister, Lehrer!").

F. Ritter von Lama,
Konnersreuther Chronik 1928 (1929), Seite 124.

Befunde und Ergebnisse

Was Therese Neumann in ihren Schauungen an aramäischen Redeteilen hörte und anschließend in ihrem stiftländischen Dialekt nachzusprechen versuchte, lag mir dreifach vor: von Protokollanten nach Gehör notiert, von Ferdinand Neumann, ihrem Bruder, auf Tonträger aufgezeichnet und von ihm von den Tonträgern abgehört und niedergeschrieben, also ebenfalls nach Gehör wiedergegeben.

Wohlgemerkt: Nach Gehör. Also mehr oder weniger von der Hörfähigkeit beeinflusst.

Die Formen, in denen die Protokollanten die von ihnen gehörten aramäischen Redeteile wiedergaben, variierten häufig und waren folglich nur bedingt zuverlässig. Ferdinand Neumanns Wiedergaben jener Redeteile waren schon deswegen vorzuziehen, weil er das Aufnahmegerät bedient hatte, also dabei war, wenn seine Schwester die aramäischen Wörter, Satzteile und Sätze aus dem Gedächtnis nachsprach. Hinzu kam noch, dass er die Tonaufnahmen bei seinen Übersetzungen ihrer Schauungen ins Schriftdeutsche nach Belieben stoppen und wiederholt ablaufen lassen konnte, bevor er sich entschied.

Jedoch: Gewichtiger als die Frage, welche Wiedergaben treuer sind, die der Protokollanten oder die Ferdinand Neumanns, ist die Frage: Wie treffsicher konnte die dialektgefärbte Aussprache Thereses – vor allem der Vokale, aber auch einiger Konsonanten – überhaupt sein?

Diesem Problem bin ich nachgegangen. Anhand des gesamten oben aufgelisteten aramäischen Wortbestandes. Es folgen die Ergebnisse:

Vertauschte Vokale und Konsonanten: a mit u; e mit a (8x); e mit ei; e mit i; h mit j; i mit ä; i mit e (2x); j mit i; m mit b; o mit a; o mit au; p mit ph = f; q mit ch (2x); t mit d; u mit a; u mit o; w mit b (5x); w mit f; w mit r. Auffällig sind die Vertauschungen e mit a (8x) und w mit b (5x).

Ersetzte Wortteile: a durch er; ahi durch oi (2x); aje durch ja; be durch bar; bi durch e; ch durch g; dih durch de j; ehe durch ei; ehu durch u; ejom durch am; fuch durch poch; finin durch p; gij durch ge; iach durch echi; ich durch ej; id durch et; iw duch eb; je durch i; lch durch k; oraja durch area; ra durch are; sch durch s (2x); unan durch oni.

Unerklärliches: Vorangestelltes m (1x). Angehängte Wortteile: a (1x); i (1x); am (2x); m (6x). Ausgelassene Wortteile: a (1x); ch (1x); di (1x); m (3x); m^{e} 1x. Eine eigenartige Rolle spielen hierbei das m (1x ist es vorangestellt, 6x angehängt, 3x ausgelassen) und das am (2x ist es angehängt). Könnte das dialektbedingt sein?

Zu einem keineswegs geringen Teil werden sich die vertauschten Vokale und Konsonanten vermutlich durch die verschiedenen Dialekte des Aramäischen erklären lassen, die zur Zeit Jesu in seiner Umwelt gesprochen wurden. Wir wissen nur wenig darüber. Immerhin aber so viel, dass die Galiläer im Norden des Landes auffallend anders sprachen als die Judäer im Süden. Erinnert sei zum Beispiel an Petrus. Von ihm teilten die Evangelisten mit, er sei im Palasthof des Hochpriesters, als er sich an einem Feuer wärmte, durch seine Sprache als Galiläer erkannt worden (Mt 26,73/ Mk 14,70 / Lk 22,59).

Und: Zumindest informierte Theologen werden wissen, dass Jesus in Galiläa ješû genannt wurde und nicht ješû'a, wie in Jerusalem. So zum Beispiel von Tempelpolizisten bei seiner Verhaftung in Getsemani. Warum? Weil die Galiläer den durch ' angedeuteten Buchstaben ajin nicht aussprechen konnten.

Und schließlich: Dass es Israeliten gab, und folglich auch Juden, die unfähig waren, den Buchstaben š = sch korrekt zu sprechen und ihn daher durch s = s ersetzen mussten, das war schon zu alttestamentlichen Zeiten bekannt (Ri 12,6).

Hinzu kommt noch: Zur Zeit Jesu wurden im Aramäischen, wie im Hebräischen, nur die Konsonanten geschrieben. Die Vokale wurden beim Lesen hinzugefügt. Dieser Tatbestand wird dazu geführt haben, dass die Vokale im Laufe der Zeit in den verschiedenen Gegenden des Landes unterschiedliche Färbungen angenommen haben – ebenso, wie überall in unserer Welt.

Schlussbemerkungen

Weder die vertauschten Vokale und Konsonanten noch die ersetzten Wortteile noch irgendwelche anderen Unregelmäßigkeiten waren ein nennenswertes Hindernis, die von Therese Neumann nachgesprochenen aramäischen Redeteile einwandfrei als aramäisch zu identifizieren und ins Deutsche zu übertragen.

Erstaunlich ist: Es war möglich, mehr als 80 aramäische Wörter nicht nur den Situationen zuzuweisen, in denen sie gesprochen wurden, sondern auch den Texten des griechischen Neuen Testaments, in denen die griechischen Entsprechungen überliefert sind. (Doppelungen wie ’ᵃnā’ ’ᵃnā’ „Ich!“ sind mitgezählt.)

Noch erstaunlicher ist, dass auch *die* aramäischen Wörter, deren Äquivalente in keinem Text des griechischen Neuen Testaments bezeugt sind, sich problemlos den Situationen zuordnen ließen, in denen sie in Thereses Schauungen gesprochen wurden.

Dieses doppelwertige Ergebnis ist ebenso überraschend wie beeindruckend. Und es ist nach meinem Urteil (eingebunden in die Schauungen der Therese Neumann, in die es gehört) eine zweifellos weiter wirkende Bereicherung unseres Wissens über Jesus, die es verdient, von der ganzen Christenheit wahrgenommen *und* ernst genommen zu werden.

Liste aller aramäischen Wörter

1. ’abbā’ „Vater!“
2. ’^{a}gîrā’ „der Lohndiener, Mietling“
3. ’āḥ „Ach!“
4. ’êzêl „ich gehe“
5. ’aj^{e}ḏāḵ „deine Hände = Obhut“
6. ’$^{\ae}$lāhî „Mein Gott!“
7. ’elijjāh „Elija“
8. ’immî „Meine Mutter!“
9. ’immāḵ „Deine Mutter!“
10. ’āmen „Amen!“
11. ’^{a}marnā’ „Ich soll sagen“
12. ’^{a}nā’ „ich“
13. b^{e} „in, an“
14. bêz^{e}ḇûḇā’ „Fliegensohn“
15. b^{e}naṯ „Töchter“
16. bar „Sohn“
17. b^{e}rî „Mein Sohn!“
18. b^{e}rîḵ „Dein Sohn!“
19. gijjôrā’ „der Proselyt, Fremdling“
20. gālîlā’ „Galiläa“
21. gāmêl „erweisend“
22. gannāḇā’ „der Dieb, Täuscher“
23. d^{e} „des“
24. dāwîd „David“
25. hā’ „Sieh!“
26. hādā’ „dies“
27. t^{e}hê (f. v. h^{a}wa’) „Lass geschehen!“
28. t^{e}hê (m. v. h^{a}wa’) „du wirst sein“
29. waj „O weh!“
30. z^{e}ḇûḏāḵ „Dein Geschenk!“
31. ḥ[ôḇā’] „die Schuld“
32. ḥassîḏtā’ „die Liebreiche“
33. t^{e}fûḥû „Schlagt zu!“

34. j^{e}hûḏ „Judäa“
35. jûdāh „Judas“
36. dîhûḏā’ê „der Juden“
37. dîômā’ „eines Tages“
38. j^{e}rûš^{e}læm „Jerusalem“
39. ješû‘a „Jesus“
40. k^{e}fînîn „Hungrige“
41. kullê „ganze“
42. lā’ „nicht“
43. l^e „den“
44. l^{e}hôn „ihnen“
45. l^{e}ḵôn „euch“
46. l^{e}māh „Warum?“
47. l^{e}wāṯ „zu“
48. lāḵ „dir“ (m.)
49. lā$^{‘e}$zār „Lazarus“
50. lîḵ „dir“ (f.)
51. māh „Was?“
52. môṯā’ „der Tod“
53. m^{e}ḥar „morgen“
54. malkā’ „der König“
55. malḵûṯā’ „die Herrschaft“
56. mārî „Mein Herr“
57. marjām „Maria“
58. m^{e}šîāḥ „Messias“
59. naṣôrājā’ „der Nazoräer“
60. sātānā’ „der Satan“
61. saqlā’ „die Steinigung“
62. ‘ôl lāḵ „Komm zu dir!“
63. ‘immî „mit mir“
64. ’afqêḏ „ich gebe in Verwahrung“
65. pardêsā’ „das Paradies“
66. ’iṯp̱^{e}ṯaḥ „Werde geöffnet!“
67. ṣ^{e}ḇutāḵ „deinen Willen“
68. ’æsḥê „Ich dürste!“

69. ṣ^{e}laḇû „Kreuzigt!“
70. ṣ^{e}lîḇā’ „das Kreuz“
71. qûm „Steh auf!“ (m.)
72. qûmî „Steh auf!“ (f.)
73. qûmû „Steht auf!“
74. rabban „unser Meister, Lehrer!“
75. rabbî „Mein Meister!, Lehrer!“
76. rabbûnan „Unser Gebieter!“
77. rabbûnî „Mein Gebieter!“
78. r^{e}ḇûtā’ „Hoheit!“
79. rām^{e}ṯā’ „Arimatäa“
80. rûḥî „meinen Geist“
81. š^{e}ḇaqṯanî „du hast mich verlassen“
82. š^{e}ḇôq „Vergib!“
83. mašlam „es ist erfüllt“
84. m^{e}šûllam „es ist bezahlt“
85. š^{e}lam „Heil!, Friede!“
86. šām^{e}rajin „Samarien“
87. t^{e}wô „erschreckt!“
88. tarn^{e}gôlā’ „der Hahn“
89. talj^{e}ṯā’ „Mädchen!“
90 majîn „Wasser“

Die hebräischen Wörter

Die folgenden hebräischen Wörter werden hier nur deswegen hinzugefügt, weil Therese sie in ihrer Schauung *Jesus feiert das Pascha – mit den Zwölf* erwähnt hat. Zum Aramäischphänomen gehören sie nicht, und für ein Hebräischphänomen geben sie nicht genug her. Gleichwohl ist es gerechtfertigt, sie hier anzufügen:

…. *halleluja,* 85
hal^{e}lûjāh „Lobt Jahwe!“

.... *eloim,* 85
’^{æ}lôah „Gott“

.... *adonai,* 85
’^{a}dônāj „mein Herr“

.... *Jerusalem,* 85
j^{e}rûšālajim „Jerusalem“

Weitere aramäische Wörter

Nachdem das Manuskript dieses Buches bereits abgeschlossen war, entdeckte ich in der nicht von Ferdinand Neumann übersetzten Kassette 50 (auf Seite 18 der Abschrift) zwei weitere aramäische Wörter. Ich fand sie in den „Betrachtungen zu den drei Königen“.

.... *samar,* gesprochen von Jesus in der Synagoge Nazarets;
Umschrift: ’^{a}marnā’ „ich sage“ oder ’^{a}mar ’^{a}nā’ „ich sage“(Lukas 4,25)

.... *sarep,* gesprochen von Jesus in der Synagoge Nazarets;
Umschrift: ṣārfaṯ „Sarepta“ (Lukas 4,26)

Bemerkenswert ist, dass diese beiden Wörter wirklich in dem Zusammenhang vorkommen, in dem Therese sie hörte.

Monate später fand ich in einem nirgends einzuordnendem Fragment zwei weitere aramäische Wörter:

.... *tali,* gesprochen vermutlich von Jesus;
Umschrift: tā’ und lî „Komm zu mir“.

QUELLEN UND BIBELBELEGE

1. Maria und Josef suchen eine Unterkunft – in Betlehem in Judäa: F. Neumann, *Herbergssuche,* Tonaufnahme von 1940 = Kassette 3/1; J. Naber, Tagebücher 1927 (1987), Seiten 29–31. – Lukas 2,1–5.
2. Jesus wird geboren – in einem Stall bei Betlehem: F. Neumann, *Herbergssuche,* Tonaufnahme von 1940 = Kassette 3/1; F. Gerlich, Band 1 (1929), Seiten 184–186. – Lukas 2,6.7.
3. Ein Erzengel verkündet Hirten die Geburt Jesu: F. Neumann, *Herbergssuche,* Tonaufnahme von 1940 = Kassette 3/1. – J. Naber, Tagebücher 1927 (1987), Seiten 33.34. – Lukas 2,8–14.
4. Die Hirten gehen nach Betlehem – zum Jesusknaben: F. Neumann, *Herbergssuche,* Tonaufnahme von 1940 = Kassette 3/1; J. Naber, Tagebücher 1927 (1987), Seiten 34.35. – Lukas 2,15–20.
5. Der Jesusknabe wird beschnitten – im Stall bei Betlehem: F. Neumann, *Beschneidung Christi,* Tonaufnahme von 1942 = Kassette 5/1; J. Naber, Tagebücher 1928 (1987), Seiten 44–47; F. Gerlich, Band 1 (1929), Seiten 217–219. – Lukas 2,21.
6. Der Jesusknabe wird Gott geweiht – die Mutter kultisch gereinigt: F. Neumann, *Aufopferung Jesu im Tempel,* Tonaufnahme von 19?? = Kassette 1; J. Steiner, Band 1 (2. Aufl. 1974), Seiten 111–113. – Lukas 2,22-24.
7. Sternkundige aus dem Osten suchen den Jesusknaben: F. Neumann, *Drei Könige,* Tonaufnahmen von 1939, 1940, 1941 = Kassetten 8, 1 und 23; J. Naber, Tagebücher 1928 (1987), Seiten 48–51; J. Steiner, Band 1 (2. Aufl. 1974), Seiten 129.130. – Matthäus 2,1-12.

8. König Herodes will den Jesusknaben töten lassen: F. Neumann, *Kindermord* (in Betlehem), Tonaufnahme von 1943? = Kassette 22 (Bruchstücke); F. Gerlich, Band 1 (1929), Seiten 209–213; J. Steiner, Band 1 (2. Aufl. 1974), Seiten 117–121. – Matthäus 2,16-18.
9. Der Tempel und der dreizehnjährige Jesus als Pilger: F. Neumann, *Der zwölfjährige Knabe im Tempel,* Tonaufnahme von 1941 = Kassette 6/1; J. Steiner, Band 1 (2. Aufl. 1974), Seiten 134.132. – Lukas 2,41.42.
10. Der dreizehnjährige Jesus mitten unter Schriftgelehrten: F. Neumann, *Der zwölfjährige Knabe im Tempel,* Tonaufnahme von 1941 = Kassette 6/1 (bruchstückhaft); J. Steiner, Band 1 (2. Aufl. 1974), Seiten 133–135. – Lukas 2,43-51.
11. Jesus auf einer Hochzeit in Kana in Galiläa: F. Neumann, *Hochzeit zu Kana,* Tonaufnahme von 1944 = Kassette 7/1; J. Steiner, Band 1 (2. Aufl. 1974), Seiten 142.143. – Johannes 2,1-10.
12. Jesu wunderbare Speisung am See Gennesaret: F. Neumann, *Brotvermehrung,* Tonaufnahme von 1944 = Kassette 7/2; J. Steiner, Band 1 (2. Aufl. 1974), Seiten 161.162. – Johannes 6,1-15.
13. Jesus lehrt in der Synagoge in Nazaret: F. Neumann, *Christus in Nazaret,* Tonaufzeichnung von 19?? = Kassette 52; J. Steiner, Band 1 (2. Aufl. 1974), Seiten 154–156. – Lukas 4,16-30.
14. Jesus zeigt sich drei Jüngern in seinem Lichtglanz: L. Witt, *Konnersreuth* (2. Aufl. 1927), Seiten 245.246; J. Steiner, Band 1 (2. Aufl. 1974), Seiten 173.174. – Matthäus 17,1-8 / Markus 9,2-8 / Lukas 9,28-36.
15. Jesus wird von Maria gesalbt – in Betanien: F. Neumann, *Letzter Besuch Jesu in Betanien,* Tonaufzeichnung von 1938 = Kassette 10/2; J. Steiner, Band 1 (2. Aufl. 1974), Seiten 189–193. – Matthäus 26,6-13 / Markus 14, 3-9; Johannes 12,1-8.

16. Jesus lässt ein Reittier holen – aus der Nähe von Betfage: F. Neumann, *Einzug Jesu in Jerusalem,* Tonaufzeichnung von 1938 = Kassette 10/1; J. Steiner, Band 1 (2. Aufl. 1974), Seiten 183.184. – Matthäus 21,1-7 / Markus 11,1-7 / Lukas 19,29-35.
17. Jesus reitet in Jerusalem ein – von Betfage aus: F. Neumann, *Einzug Jesu in Jerusalem,* Tonaufzeichnung von 1938 = Kassette 10/1; J. Steiner, Band 1 (2. Aufl. 1974), Seiten 184–187. – Matthäus 21,8.9 / Markus 11,8-10 / Lukas 19,36-38; Johannes 12,12-19.
18. Jesus vertreibt Händler und Wechsler aus dem Tempelvorhof: F. Neumann, *Einzug Jesu in Jerusalem,* Tonaufzeichnung von 1938 = Kassette 10/1; J. Steiner, Band 1 (2. Aufl. 1974), Seite 187. – Matthäus 21,10-13 / Markus 11,15-17 / Lukas 19,45.46; Johannes 2,13-16.
19. Jesus feiert das Pascha – mit den Zwölf: F. Neumann, *Abendmahl,* Tonaufnahme von 1938 = Kassette 11/1; F. Gerlich, Band 1 (1929), Seiten 276–278; J. Steiner, Band 1 (2. Aufl. 1974), Seite 200. – 2. Mose 12,1-11.
20. Jesus kündigt den Zwölf an, dass er übergeben werden muss: F. Neumann, *Abendmahl,* Tonaufnahme von 1938 = Kassette 11/1. – Matthäus 26,20-25 / Markus 14,17-21 / Lukas 22,14.21-23; Johannes 13,21-30.
21. Jesus, ihr Herr und Meister, wäscht den Zwölf die Füße: F. Neumann, *Abendmahl,* Tonaufnahme von 1938 = Kassette 11/1. – Johannes 13,4-10.
22. Jesus fügt dem Paschamahl etwas hinzu – das Heilandsmahl: F. Neumann, *Abendmahl,* Tonaufnahme von 1938 = Kassette 11/1. – Johannes 13,12-15; Matthäus 26,26-29 / Markus 14,22-25 / Lukas 22,15-20.
23. Jesus lässt sich festnehmen – im Garten Getsemani: F. Neumann, *Leiden und Sterben Jesu Christi,* Tonaufnahme von 1941 = Kassette 13/1. – Matthäus 26,30-46 / Markus 14,26-42 / Lukas 22,33.34.39-46.

24. Jesus wird Hannas vorgeführt, dem Althochpriester: F. Neumann, *Leiden und Sterben Jesu Christi,* Tonaufnahme von 1941 = Kassette 13/1. – Johannes 18,12.13.15; Markus 14,51.52.
25. Jesus wird von Hannas befragt und vor ihm geschlagen: F. Neumann, *Leiden und Sterben Jesu Christi,* Tonaufnahme von 1941 = Kassette 13/1. – Johannes 18,19-24.
26. Jesus wird von Kajaphas befragt und vorverurteilt: F. Neumann, *Leiden und Sterben Jesu Christi,* Tonaufnahme von 1941 = Kassette 13/1. – Matthäus 26,57.59-67 / Markus 14,53.55-65 / Lukas 22,54.63-71.
27. Petrus verleugnet Jesus – im Hof des Kajaphaspalastes: F. Neumann, *Leiden und Sterben Jesu Christi,* Tonaufnahme von 1941 = Kassette 13/1. – Matthäus 26,69-75 / Markus 14,66-72 / Lukas 22,56-62; Johannes 18,17. 25-27.
28. Jesus wird für den Rest der Nacht in einen Kerker gesperrt: F. Neumann, *Leiden und Sterben Jesu Christi,* Tonaufnahme von 1941 = Kassette 13/1. – Kein NT-Beleg.
29. Jesus wird Pilatus übergeben, um ihn kreuzigen zu lassen: F. Neumann, *Leiden und Sterben Jesu Christi,* Tonaufnahme von 1941 = Kassette 13/1. – Matthäus 27,1.2 / Markus 15,1 / Lukas 22,66; 23,1; Johannes 18,28-32.
30. Jesus wird zu Herodes Antipas geführt, seinem Landesherrn: F. Neumann, *Leiden und Sterben Jesu Christi,* Tonaufnahme von 1941 = Kassette 13/1. – Lukas 23,5-11.
31. Die Frau des Pilatus bittet ihren Mann, Jesus freizulassen: F. Neumann, *Leiden und Sterben Jesu Christi,* Tonaufnahme von 1941 = Kassette 13/1. – Matthäus 27,19.
32. Pilatus ist bereit und entschlossen, Jesus freizulassen: F. Neumann, *Leiden und Sterben Jesu Christi,* Tonaufnahme von 1941 = Kassette 13/1. – Matthäus 27,15-23 / Markus 15,6-14 / Lukas 23,17-23; Johannes 18,39.40.

33. Pilatus lässt Jesus geißeln – mit dreierlei Geißeln: F. Neumann, *Leiden und Sterben Jesu Christi,* Tonaufnahme von 1941 = Kassette 13/1; L. Witt, *Konnersreuth* (2. Aufl. 1927), Seiten 196.197; J. Steiner, Band 1 (2. Aufl. 1974), Seite 208. – Johannes 19,1 (Matthäus 27,26 / Markus 15,15).
34. Jesus wird mit einer Dornenhaube gekrönt und verspottet: F. Neumann, *Leiden und Sterben Jesu Christi,* Tonaufnahme von 1941 = Kassette 13/1; L. Witt, *Konnersreuth* (2. Aufl. 1927), Seiten 197.198. – Matthäus 27,27-31 / Markus 15,16-20; Johannes 19,2.3.
35. Pilatus verurteilt Jesus zur Kreuzigung: F. Neumann, *Leiden und Sterben Jesu Christi,* Tonaufnahme von 1941 = Kassette 13/1; J. Steiner, Band 1 (2. Aufl. 1974), Seiten 209.210. – Matthäus 27,11-16.24-26 / Markus 15,2-7.15 / Lukas 23,2-5; Johannes 18,33-39; 19,4-16.19-22.
36. Jesus auf seinem letzten Gang – zur Kreuzigung: F. Neumann, *Leiden und Sterben Jesu Christi,* Tonaufnahme von 1941 = Kassette 13/1; L. Witt, *Konnersreuth* (2. Aufl. 1927), Seiten 199–201; J. Steiner, Band 1 (2. Aufl. 1974), Seiten 210–213. – Matthäus 27,31.32 / Markus 15,20.21 / Lukas 23, 26-32.
37. Jesus wird gekreuzigt – zwischen zwei Zeloten: F. Neumann, *Leiden und Sterben Jesu Christi,* Tonaufnahme von 1941 = Kassette 13/1; L. Witt, *Konnersreuth* (2. Aufl. 1927), Seiten 202–204; J. Steiner, Band 1 (2. Aufl. 1974), Seiten 213–218. – Matthäus 27,33.34.38 / Markus 15,22-24.27 / Lukas 23,33.
38. Jesu Mitgekreuzigte streiten sich - seinetwegen: F. Neumann, *Leiden und Sterben Jesu Christi,* Tonaufnahme von 1941 = Kassette 13/1; F. Gerlich, Band 2 (1929), Seiten 394.395; J. Steiner, Band 1 (2. Aufl. 1974), Seiten 217.218. – Matthäus 27,35 / Markus 15,27 / Lukas 23,33.34.39-43.

39. Jesus übergibt seinen Geist in die Obhut des Vaters: F. Neumann, *Leiden und Sterben Jesu Christi,* Tonaufnahme von 1941 = Kassette 13/1; L. Witt, *Konnersreuth* (2. Aufl. 1927), Seiten 206.207; F. Gerlich, Band 2 (1929), Seiten 397.398; J. Steiner, Band 1 (2. Aufl. 1974), Seiten 218.119. – Matthäus 27,45-50.54 / Markus 15,33-37.39 / Lukas 23,44-47.49; Johannes 19,29.30.
40. Wirkungen des Erdbebens und umherschwebende Gerippe: F. Neumann, *Leiden und Sterben Jesu Christi,* Tonaufnahme von 1941 = Kassette 13/1. – Matthäus 27,51-53 / Markus 15,38 / Lukas 23,45.
41. Jesu rechte Seite wird mit einer Lanze durchbohrt: F. Neumann, *Leiden und Sterben Jesu Christi,* Tonaufnahme von 1941 = Kassette 13/1; L. Witt, *Konnersreuth* (2. Aufl. 1927), Seiten 205.206. – Johannes 19,31-35.
42. Josef aus Arimathäa erbittet von Pilatus den Leib Jesu: F. Neumann, *Leiden und Sterben Jesu Christi,* Tonaufnahme von 1941 = Kassette 13/1. – Matthäus 27,57.58 / Markus 15,42-45 / Lukas 23,50-52; Johannes 19,38.
43. Jesus wird von Freunden vom Kreuz abgenommen: F. Neumann, *Leiden und Sterben Jesu Christi,* Tonaufnahme von 1941 = Kassette 13/1. – Matthäus 27,59 / Markus 15,46 / Lukas 23,53; Johannes 19,38.39.
44. Jesus wird von Freunden provisorisch bestattet: F. Neumann, *Leiden und Sterben Jesu Christi,* Tonaufnahme von 1941 = Kassette 13/1. – Matthäus 27,60.61 / Markus 15,46.47 / Lukas 23,53-56; Johannes 19,39-42.
45. Josef aus Arimathäa wird eingesperrt und wieder befreit: F. Neumann, *Leiden und Sterben Jesu Christi,* Tonaufnahme von 1941 = Kassette 13/1; J. Steiner, Band 1 (2. Aufl. 1974), Seite 252–254. – Kein NT-Beleg.
46. Jesu Felsengrab wird versiegelt und bewacht: F. Neumann, *Leiden und Sterben Jesu Christi,* Tonaufnahme von 1941 = Kassette 13/1. – Matthäus 27, 62-66.

47. Der verklärte Jesus verlässt sein Felsengrab: F. Neumann, *Auferstehung Christi,* Tonaufnahme von 1941 = Kassette 15/2; F. Gerlich, Band 1 (1929), Seiten 233.234; J. Steiner, Band 1 (2. Aufl. 1974), Seiten 259–261. – Matthäus 28,2-4.
48. Maria aus Magdala entdeckt, dass die Grabkammer leer ist: F. Neumann, *Auferstehung Christi,* Tonaufnahme von 1941 = Kassette 15/2; F. Gerlich, Band 1 (1929), Seiten 234.235; J. Steiner, Band 1 (2. Aufl. 1974), Seiten 261.262. – Matthäus 28,1 / Markus 16,1-4 / Lukas 23,55.56; 24,1; Johannes 20,1-3.
49. Erst der Decurio, dann die Frauen in der Grabkammer: F. Neumann, *Auferstehung Christi,* Tonaufnahme von 1941 = Kassette 15/2; F. Gerlich, Band 1 (1929), Seiten 237.238. – Matthäus 28,5-8 / Markus 16,5-8 / Lukas 24,2-10.
50. Petrus und Johannes in der Grabkammer: F. Neumann, *Auferstehung Christi,* Tonaufnahme von 1941 = Kassette 15/2; F. Gerlich, Band 1 (1929), Seiten 235.236; J. Steiner, Band 1 (2. Aufl. 1974), Seiten 262.263. – Johannes 20,4-10.
51. Der verklärte Jesus zeigt sich Maria aus Magdala: F. Neumann, *Auferstehung Christi,* Tonaufnahme von 1941 = Kassette 15/2; F. Gerlich, Band 1 (1929), Seiten 236.237; J. Steiner, Band 1 (2. Aufl. 1974), Seiten 263.264. – Markus 16,9-11; Johannes 20,11-18.
52. Der verklärte Jesus zeigt sich drei Frauen: F. Neumann, *Auferstehung Christi,* Tonaufnahme von 1941 = Kassette 15/2; F. Gerlich, Band 1 (1929), Seiten 237.238; J. Steiner, Band 1 (2. Aufl. 1974), Seite 264. – Matthäus 28,9.10.
53. Petrus und Johannes berichten über die leere Grabkammer; F. Gerlich, Band 1 (1929), Seite 240. – Kein NT-Beleg.
54. Der verklärte Jesus begleitet zwei Männer nach Em-

maus: F. Neumann, *Jünger von Emmaus,* Tonaufnahme von 1954 = Kassette 2/2; F. Gerlich, Band 1 (1929), Seiten 241–243; J. Steiner, Band 1 (2. Aufl. 1974), Seiten 266–268. – Markus 16,12.13; Lukas 24,13-32.

55. Der verklärte Jesus zeigt sich zehn Jüngern: F. Neumann, *Jünger von Emmaus,* Tonaufnahme von 1954 = Kassette 2/2; F. Gerlich, Band 1 (1929), Seiten 243.240; J. Steiner, Band 1 (2. Aufl. 1974), Seiten 268.269. – Markus 16,14; Lukas 24,33-43; Johannes 20,19-22.
56. Der verklärte Jesus zeigt sich dem Thomas: J. Steiner, Band 1 (2. Aufl. 1974), Seite 272; J. Parecattil, in J. Steiner, *Theres Neumann* (7. Aufl. 1974) Seite 289 (betrifft jedoch nur die beiden in die Vorlage eingetragenen aramäischen Wörter). – Johannes 20,24-29.
57. Der verklärte Jesus zeigt sich sieben Jüngern: F. Neumann, *Fischfang,* Tonaufnahme von 19?? = Kassette 35; J. Steiner, Band 1 (2. Aufl. 1974), Seite 273. – Johannes 21,2-13.
58. Der verklärte Jesus beim letzten Mahl mit seinen Jüngern: F. Neumann, *Christi Himmelfahrt,* Tonaufnahme von 1953 = Kassette 16/2; J. Naber; *Christi Himmelfahrt,* Niederschrift von 1927, Seiten 1.2; J. Steiner, Band 1 (2. Aufl. 1974), Seite 275. – Kein NT-Beleg.
59. Der verklärte Jesus kehrt zurück zum Vater: F. Neumann, *Christi Himmelfahrt,* Tonaufnahme von 1953 = Kassette 16/2; J. Naber; *Christi Himmelfahrt,* Niederschrift von 1927, Seiten 2–4; F. Gerlich, Band 1 (1929), Seiten 248.249; J. Steiner, Band 1 (2. Aufl. 1974), Seiten 275.276. – Markus 16,19.20 / Lukas 24,50-53; Apostelgeschichte 1,9-14.
60. Die Begabung mit dem Geist an Pfingsten: F. Neumann, *Pfingstvision,* Tonaufnahme von 1953 = Kassette 16/1; F. Gerlich, Band 1 (1929), Seiten 250.251; J. Steiner, Band 1 (2. Aufl. 1974), Seite 278–280. – Apostelgeschichte 2,1-8.

61. Die Wirkungen des Geistes an Pfingsten: F. Neumann, *Pfingstvision,* Tonaufnahme von 1953 = Kassette 16/1; F. Gerlich, Band 1 (1929), Seite 251; J. Steiner, Band 1 (2. Aufl. 1974), Seiten 280–283. – Apostelgeschichte 2,14-41.
62. Ein Gelähmter wird geheilt – durch Petrus: F. Neumann, *Pfingstvision,* Tonaufnahme von 1953 = Kassette 16/1; F. Gerlich, Band 1 (1929), Seite 251; J. Steiner, Band 1 (2. Aufl. 1974), Seite 284. – Apostelgeschichte 3,1-11.
63. Petrus und Johannes werden verhaftet und eingesperrt: F. Neumann, *Pfingstvision,* Tonaufnahme von 1953 = Kassette 16/1. – Apostelgeschichte 3,12-4,3.
64. Petrus und Johannes werden freigelassen aus dem Kerker: F. Neumann, *Pfingsten,* Tonaufnahme von 19?? = Kassette 21. – Apostelgeschichte 4,5-31.
65. Stephanus wird verhaftet, verurteilt und gesteinigt: F. Neumann, *Stephanus' Verurteilung – Steinigung,* Tonaufnahme von 1940 = Kassette 3/2; F. Gerlich, Band 1 (1929), Seiten 193–199. – Apostelgeschichte 6,8-8,1.

BENUTZTE LITERATUR

Bühlmann, Walter: *Wie Jesus lebte,* 2. Aufl. 1989

Chavel, Ch. B.: *The Releasing of a Prisioner on the Eve of Passover in Ancient Jerusalem,* in: Journal of Biblical Literature 60, 1941

Dalman, Gustaf: *Orte und Wege Jesu,* 4. Aufl. 1924 = 1967

Gerlich, Fritz: *Die stigmatisierte Therese Neumann von Konnersreuth I/II,* 1929

Gnilka, Joachim: *Das Matthäusevangelium II,* 1988

Haag, Herbert (Hrsg.): *Bibel-Lexikon,* 2. Aufl. 1968

Irmscher, Johannes / Johne, Renate: *Lexikon der Antike,* 3. Aufl. 1978

Knoch, Otto (Hrsg.): *Vollständige Synopse der Evangelien,* 1988

Lama, Friedrich Ritter von: *Konnersreuther Chronik,* 1928 (1929)

Levy, Jacob: *Chaldäisches Wörterbuch über die Targumim und einen großen Theil des rabbinischen Schriftthums I/II,* Neudruck, 3. Aufl. 1959

Menge, Hermann: *Großwörterbuch Griechisch – Deutsch,* 22. Aufl. 1973

Merx, Adalbert: *Die vier kanonischen Evangelien nach ihrem ältesten bekannten Texte,* 1897

Montefiore, H: *Rabbinic Literature and Gospels Teachings,* 1930 = 1979

Naber, Josef: *Tagebücher über Theres Neumann,* (Hrsg.) J. Steiner, 1987

Negev, Avraham (Hrsg.): *Archäologisches Bibellexikon,* 1991

Pesch, Rudolf: *Das Markusevangelium II,* 2. Aufl.1980

Sand, Alexander: *Das Evangelium nach Matthäus,* 1986

Schoeps, Julius H. (Hrsg.): *Neues Lexikon des Judentums,* 1992

Steiner, Johannes: *Theres Neumann von Konnersreuth,* 7. Aufl. 1974

Steiner, Johannes: *Visionen der Therese Neumann I/II,* 2. Aufl. 1974

Teodorowicz, Josef: *Konnersreuth im Lichte der Mystik und Psychologie,* 1936

Witt, Leopold: *Konnersreuth im Lichte der Religion und Wissenschaft,* 2. Aufl. 1927

Wutz, Franz: *Die Psalmen, textkritisch untersucht,* 1925

UMSCHRIFTTABELLE

א	’	ז	z	מ	m	ק	q
ב/בּ	b/ḇ	ח	ḥ	נ	n	ר	r
ג/גּ	g/ḡ	ט	ṭ	ס	s	שׂ	ś
ד/דּ	d/ḏ	י	j	ע	‘	שׁ	sch
ה	h	כ/כּ	k/ḵ	פ/פּ	p/ph	ת/תּ	t/ṯ
ו	w	ל	l	צ	ṣ		

◌ָ	ā/ŏ	◌ִי	î	וּ	û	◌ְ	^{e}
◌ַ	a	◌ִ	i	◌ֻ	u	◌ֳ	^{o}
◌ֵי	ê	וֹ	ô	◌ֶי	æ̂	◌ֲ	^{a}
◌ֵ	e	◌ֹ	o	◌ֶ	æ	◌ֱ	^{æ}

DANK

Dieses Buch geht zurück auf eine Reihe geistiger Ahnen, denen es seine Existenz verdankt. Die Vermittlerin war Therese Neumann. Es folgen die Namen derer, ohne die es nicht geworden wäre, wie es ist:

> *Josef Naber, Leopold Witt, Franz Xaver Wutz, Erwein von Aretin, Fritz Gerlich, Ferdinand Neumann, Johannes Steiner.*

Mein Anteil an diesem Buch bestand lediglich darin, zu ordnen und zusammenzufassen, was mir vermittelt wurde und – da und dort zu ergänzen.